ERP
企业经营
（沙盘推演）模拟

孟飞荣　高秀丽　主编

ERP Corporate Management Simulation
(Sand Table Simulation)

·广州·

版权所有 翻印必究

图书在版编目（CIP）数据

ERP 企业经营（沙盘推演）模拟 / 孟飞荣，高秀丽主编．
广州：中山大学出版社，2025.4. -- ISBN 978-7-306-08391-3
Ⅰ．F272.7
中国国家版本馆 CIP 数据核字第 2025V3J196 号

ERP QIYE JINGYING（SHAPAN TUIYAN）MONI

出 版 人：王天琪
策划编辑：曾育林
责任编辑：曾育林
封面设计：曾 斌
责任校对：张 照 王洪霞
责任技编：靳晓虹
出版发行：中山大学出版社
电　　话：编辑部 020-84113349，84110776，84111946，84110779，84110283
发行部 020-84111998，84111981，84111160
地　　址：广州市新港西路 135 号
邮　　编：510275　传　真：020-84036565
网　　址：http://www.zsup.com.cn　E-mail：zdcbs@mail.sysu.edu.cn
印 刷 者：广东虎彩云印刷有限公司
规　　格：787mm×1092mm　1/16　14.5 印张　323 千字
版次印次：2025 年 4 月第 1 版　2025 年 4 月第 1 次印刷
定　　价：58.00 元

如发现本书因印装质量影响阅读，请与出版社发行部联系调换

编 委 会

主　编：孟飞荣　高秀丽
参编人员：王月萍　王锦霞　杨　菁　周　婷

前　言

在当今快速变化的商业环境中，培养具备实战经验和管理能力的高素质人才是高等教育的重要使命。为此，我们精心编写了这本教材，旨在为在校学生提供一个理论与实践相结合的学习平台。

本教材的编写遵循实用主义教育理念，强调"学以致用"的原则。我们的意图是通过企业经营管理沙盘的模拟推演，让学生在仿真的企业运营环境中，亲身体验管理的复杂性和挑战性，从而深化对管理理论的理解，并将所学知识转化为实际操作能力，感悟管理的真谛。

在编写过程中，我们坚持以下原则：一是真实性，确保模拟的企业运营贴近现实；二是互动性，鼓励学生积极参与，增强学习体验；三是启发性，通过在模拟过程中解决问题，激发学生的创新思维。在编写方法上，我们采用了案例教学与沙盘推演相结合的方式，以期通过反复的实践和反思，达到提高学生综合管理能力的目的。本教材整个编写过程历时数年，并经过多次修订和完善，以确保质量和实用性。

本教材的主要内容围绕用友企业经营管理沙盘展开，涵盖了企业战略规划、市场营销、生产管理、财务管理等核心模块。本教材的特点在于高度的仿真性、实操性和系统性。此外，我们开发了与手工沙盘相配套的电子辅助工具，进一步提升了模拟的真实感和便捷性。

本教材主要面向在校本科学生，特别是管理类、经济类等相关专业的学生。同时，它也适用于对企业运营管理感兴趣的广大读者，也可作为企业内部培训和职业经理人自我提升的参考资料。

本教材由孟飞荣老师和高秀丽老师担任主编，孟飞荣老师负责第一章和第二章的编写以及辅助软件的开发，高秀丽老师负责第三章的编写，并参与了王月萍和杨菁老师负责的第四章的编写，周婷和王锦霞老师负责第五章的编写，硕士研究生李菲菲同学参与协助工作。

在此，我们要感谢用友公司提供沙盘推演平台，感谢所有参与本书编写、审稿和出版工作的同仁。没有你们的辛勤付出，本书是不可能完成的。同时，尽管我们尽力确保教材的全面性和准确性，但疏漏和不足之处在所难免。我们真诚地希望读者能够提出宝贵的意见，以便我们不断改进和完善。

目　录

第一章　企业经营沙盘简介 ·· 1

第一节　企业经营沙盘概述 ·· 1
一、企业经营管理认知 ·· 1
二、企业经营沙盘简介 ·· 3
三、企业经营沙盘的产生与发展 ·· 3
四、ERP沙盘推演的价值 ·· 5

第二节　课程进度安排及企业经营流程 ······································ 11
一、整体进度规划 ··· 11
二、课前组建团队 ··· 12
三、确定成员职位 ··· 18
四、开始沙盘演练 ··· 33
五、每年操作经营流程明细 ··· 37

第二章　开始模拟企业经营 ·· 40

第一节　初始状态设置 ·· 40
一、企业财务现状 ··· 40
二、企业运营流程说明 ··· 42
三、企业初始状态 ··· 44

第二节　熟悉模拟下的企业运营 ·· 47
一、年初经营事项 ··· 47

二、第一季度经营……50
三、年末常规工作……56
四、随时可以操作的事项……58
五、后续三季度操作……58
六、财务报表的编制……60
七、自主经营……64
八、竞赛得分计算……65

第三节 电子版监控工具的应用……66
一、概述……66
二、操作注意事项……69
三、学生操作内容……70

第三章 企业经营沙盘规则……80

第一节 认识物理沙盘道具……80
一、沙盘盘面……80
二、生产线……81
三、产品标识……82
四、小圆币……82
五、空桶……83
六、市场准入证……83
七、产品资格证……84

第二节 掌握市场规则……85
一、运行的基本规则……85
二、总经理必须熟悉的规则……85
三、财务总监必须熟悉的规则……86
四、营销总监必须熟悉的规则……87
五、生产总监必须熟悉的规则……91
六、物流总监必须熟悉的规则……93

第四章 沙盘推演决策分析

第一节 企业经营战略及分析方法 95
一、企业运营的战略目标 95
二、企业的基本战略目标 96
三、企业经营战略管理及选择 98

第二节 企业经营市场营销战略 109
一、市场及产品分析 109
二、竞争对手分析 116
三、市场预测 122
四、ERP沙盘推演中的其他计划 124

第三节 企业经营财务战略 126
一、企业财务战略概述 127
二、融资战略（资金筹集战略） 127
三、资金配置战略 130
四、资金使用战略 131
五、财务风险管理 137
六、财务规划与预算管理 138
七、财务绩效评估 140
八、企业现金流量分析与策略 144

第四节 企业经营生产与物流战略 146
一、产能规划与设备管理 147
二、生产计划 151
三、物料管理与库存控制 153

第五节 企业经营管理中的科学 156
一、应用数据驱动进行决策 156
二、科学的组织管理 157
三、团队的建设与配合 161
四、沙盘推演中的行为模式法则 162

五、企业的目标与文化 ································ 163

第五章　实习报告的撰写 ································ 167

第一节　心得交流、总结与思考 ······················ 167
　　一、实习后心得交流的意义 ······················· 167
　　二、如何进行有效的实习后心得交流 ··············· 172
　　三、年度模拟经营成果总结 ······················· 175

第二节　撰写总结报告 ···························· 180
　　一、企业经营分析报告概述 ······················· 180
　　二、企业经营分析报告的编制 ····················· 186
　　三、撰写报告注意事项 ·························· 191

附　　录 ·· 197

　　附录1　整体经营流程 ··························· 197
　　附录2　经营规则 ······························· 198
　　附录3　市场预测 ······························· 201
　　附录4　企业经营记录表 ·························· 203
　　附录5　物流运营记录表 ·························· 217
　　附录6　生产计划表 ····························· 219
　　附录7　物流采购计划表 ·························· 220
　　附录8　广告策划表 ····························· 221

参考文献 ·· 222

第一章　企业经营沙盘简介

ERP（enterprise resource planning，企业资源计划）企业经营（沙盘推演）模拟就是以虚拟实物的道具为载体，把具有代表性的制造企业在现实环境下的运营操作进行简化，将去除了技术等非管理方面的内容模拟、微缩到桌面的一套仿真系统，通过情境在线加模拟教学的方法对学生进行企业经营管理能力的培训和教学。学生通过操作可以对企业经营管理的内涵有基本的认识和了解。

人们通常认为制造企业是这样的：一排排整齐的厂房，车间里机器轰鸣，工人和机器忙碌而有序地工作。有的制造家具，有的生产大型机械，有的生产实体商品，有的提供服务……从表面上看，成千上万的大小企业似乎各有特色。然而，在管理结构、管理过程和运营模式等方面，这些企业又有着惊人的相似之处。因此，我们可以通过研究企业的定义、组织结构、管理功能和运营过程来深入理解和掌握企业的本质。

第一节　企业经营沙盘概述

一、企业经营管理认知

企业是指依法设立的、以营利为目的的经济组织。它可以是法人或其他社会经济组织，自主经营、自负盈亏、独立核算。企业是在商品经济范畴内，按照一定的组织规律，有机构成的经济实体，一般以营利为目的，以实现投资人、客户、员工、社会大众的利益最大化为使命，通过提供产品或服务换取收入。它是社会发展的产物，因社会分工的发展而成长壮大。企业是市场经济活动的主要参与者。在社会主义经济体制下，各种企业并存，共同构成了社会主义市场经济的微观基础。

企业首先必须要遵纪守法，在国家制定的各项法律及规章制度下经营，同时，还要遵守行业内的各种约定。当然，在 ERP 沙盘推演中也一样，企业需要遵守各项规则，以确保沙盘的正常模拟以及教学效果，因此，学生必须了解并熟悉这些规则，才能真正掌握相关经营管理知识，才能在将来的企业经营管理中做到合法合规经营，进而才能在竞争中求生存、求发展。

（一）企业经营的本质

企业从事生产、流通和服务等经济活动，以满足社会需要和获取利润为目的，实行独立核算、自主经营、自负盈亏的基本经济单位。企业应具备以下基本要素：

（1）拥有一定数量的生产设备和资金。
（2）具备一定的生产经营活动的场所。
（3）有一定数量和质量的员工和管理者。
（4）从事社会商品的生产、流通等经济活动。
（5）自主经营、自负盈亏。
（6）生产经营活动的目的主要是获取利润。

在这些基本要素中，最本质的要素是企业的生产经营活动要获取利润。对于这一点，国内外许多企业家都有评述。其中，一种观点直言不讳地认为，企业是以获取利润为目的的经济组织。企业作为一个经济系统，其中心任务就是要千方百计地提高经济效益。若企业把追求利润作为最高目标，那么其他的一切都只是实现这一目标的手段而已。这种观点容易导致经营方面的短期行为，影响战略目标的稳定，也不利于企业在长期竞争中注重自身素质的提高。另一种观点认为，追求利润不是企业的唯一目的。企业需要利润，同时又必须承担一定的社会责任，为社会提供服务。利润只是为社会提供服务的合理报酬，是服务的结果。因此，企业要把为社会提供服务作为自己的宗旨。相较而言，后一种看法比较全面，体现了企业家的战略眼光，代表了当今企业发展的趋势。企业在追求利润的同时，更应讲求企业生产经营之道。

（二）企业经营管理

经营管理，是指企业为了满足社会需要，为了自己的生存和发展，对企业的经营活动进行计划、组织、指挥、协调和控制。其目的是使企业面向用户和市场，充分利用拥有的各种资源，最大限度地满足用户的需要，取得良好的社会效益和经济效益。

企业经营管理的内容包括：优化企业的运营架构和管理体系，搭建管理框架，并选派合适的管理团队；进行深入的市场研究，搜集经济数据，开展商业预测与决策，确立公司的运营策略、发展目标及产品结构；制定经营规划，并签订相关商务合同；完善经济责任体系及各类管理规章制度；高效利用人力资源，加强员工的思想政治教育；加强对土地及自然资源的研究、开发和管理工作；强化设备、物资、生产、技术和质量的管理工作；有效地规划产品销售网络，提升销售管理水平；增强财务管理与成本控制，合理分配收益与利润；综合评估企业运营的效益，并进行企业运营状况诊断分析。

（三）企业经营的基本任务

企业经营的基本任务是合理地组织生产力，使产、供、销各个环节相互衔接、密切配合，人、财、物、信息各种要素合理结合，使其得以充分利用，用尽量少的劳动消耗和物质消耗，生产出更多的符合社会需要的产品。也就是说，用最少的资源生产出最多的产品。

二、企业经营沙盘简介

（一）沙盘的概念

沙盘的早期形式可追溯至两千多年前的秦朝。相传，秦始皇在筹划征服六国时，亲自制作沙盘来分析各国的地理状况，并在李斯的协助下，指派王翦将军执行统一大业。秦始皇在建造自己的陵墓时，甚至在陵墓内构建了一个大型地形模型，其中不仅包括山脉、丘陵和城池，还使用水银模拟河流和海洋，并利用机械装置使水银流动。据《后汉书·马援传》记载，公元32年，在汉光武帝征讨隗嚣时，马援用米堆成山谷模型，向光武帝展示战场形势，让光武帝感觉敌人的一举一动尽在掌握之中。这被认为是沙盘作业的最早形式。1811年，普鲁士国王菲特烈·威廉三世的军事顾问冯·莱斯维茨制作了一个战场模型，用不同颜色表示不同地形，用小瓷块代表军队。这个模型被用于军事演习。莱斯维茨的儿子进一步发展了这种方法，使用沙盘和地图来表示地形，用算时器表示军队配置，进行实战策略规划。这便是现代沙盘作业的起源。

19世纪末至20世纪初，沙盘主要被用作军事训练工具。通过沙盘推演，让红方和蓝方军队在虚拟战场上进行对抗，以发现战略和战术上的不足，提升指挥官的指挥能力。

（二）企业经营沙盘推演

企业经营沙盘推演是一种体验式的教学方式，是根据ERP设计的角色体验的实验平台，让学生在模拟推演的过程中掌握企业经营管理思路，磨练商业决策敏感度，提升决策能力及长期规划能力。ERP沙盘推演以制造企业为模拟对象，按照其运营流程规划了营销与规划中心、生产中心、物流中心和财务中心，这些职能中心涵盖了企业运营的所有关键环节。通过模拟企业的经营，学生可以进行战略规划、市场营销、生产组织、采购管理、库存管理、财务管理等主要职能的训练来培养全局意识和团队精神，全面提升管理能力。

三、企业经营沙盘的产生与发展

（一）企业经营沙盘的产生

企业经营沙盘源于西方的战争沙盘模拟推演。最初，这种模拟训练方法被用于军事领域，但后来其对于实践能力培养的作用逐渐被发现，并开始在各行业中得到广泛应用，特别是在现代企业经营管理中。由于企业经营管理的复杂性和管理人员所处层次的局限性，沙盘推演训练成为提升企业管理人员经营管理实践能力的有效工具。通过沙盘推演训练，管理人员可以在较短时间内全面把握企业经营管理理念及经营战略，避免被经营管理的复杂外表所迷惑，从而提升自身能力并帮助企业发展。

从产生背景来看，企业经营沙盘的产生离不开三个方面的推动力。首先，企业管理理念的变革。随着全球经济一体化的推进，企业管理者意识到传统的管理模式已无法适应新的市场环境，迫切需要一种能够模拟企业运营、预测市场变化的工具。其次，信息技术的飞速发展为企业经营沙盘的产生提供了技术支撑。计算机技术、网络技术、大数据技术等的广泛应用，使得企业经营数据的收集、处理和分析成为可能。最后，系统思维方法的普及也为企业经营沙盘的产生创造了条件。系统思维强调从整体出发，分析事物之间的联系，这正是企业经营沙盘的核心所在。

（二）企业经营沙盘的发展历程

在发展历程上，企业经营沙盘经历了从简单到复杂、从实物到数字、从单一到多元的过程。20世纪20年代，英国、美国等国的知名商学院和管理咨询机构将军事沙盘引进到商业领域，并开发了企业经营决策模拟系统。最初的企业经营沙盘主要以实物模型为主，通过模拟企业的生产、销售等环节，帮助管理者理解企业运营的基本规律。这一系统不仅适用于企业管理人员使用，也适用于对大学管理专业学生的教学。通过模拟企业系统运营，学生可以在模拟企业各项经营管理活动的训练过程中体验得失、总结成败，进而领悟科学管理规律，掌握管理方法、经营策略和分析工具，提高经营管理能力。

企业经营沙盘的优势在于其全面性、可视化、模拟性和互动性。全面性体现在企业经营沙盘能够涵盖企业运营的各个层面，帮助管理者全面掌握企业状况。可视化使得企业运营数据以图形、图表等形式直观展现，提高了决策效率。模拟性让企业能够在无风险的环境中进行各种运营尝试，积累经验。互动性则让管理者能够实时调整策略，应对市场变化。

1986年，被誉为世界知识管理之父的管理大师斯威比博士，依托其在知识管理及企业管理方面的经验，开发出了沙盘推演商业运作模式。这一模式后来被引入哈佛商学院的工商管理硕士（Master of Business Administration，MBA）教学中，教师利用企业经营的实物模型，把企业的原材料采购、上线生产、销售、市场分析、广告、投资、产品研发以及资金周转等直观地展现在学生面前，让学生进行实际演练，增强学生的全局观及战略观。

21世纪初，国内用友公司将ERP理念与沙盘结合，研发出了ERP企业管理电子沙盘。随后，金蝶公司、北京中教畅享公司也相继研发出了类似软件，并在各大高校掀起了沙盘竞技热潮。现如今，企业管理沙盘已成为我国经管类专业教学中不可或缺的科目，它为学校向社会输送管理类人才提供了实践教学途径。

（三）ERP沙盘推演教学的特色

在高校的教学过程中，作为一种具有对抗性、体验式的互动学习方式，沙盘推演教学具有如下鲜明的特色。

（1）有助于学生对企业运营特别是制造型企业的运营有一个全面的认识。对于尚未走向社会的大学生而言，他们虽然学习了大量的专业知识，但他们的认识往往可能是片面的、局部的。企业经营到底是什么，应该如何经营企业，这些问题的答案他们并不清楚。沙盘推演可以让学生对企业运营有一个较为全面且直观的认识。

（2）ERP沙盘推演教学代表了一种创新的教育方式，其核心在于突出学生的中心地位，这与传统的以教师为中心的教学模式形成了鲜明的对比。这种方法着重于提升学生的主动学习能力，鼓励他们自主探索问题、进行深入分析、制定策略并实施解决方案。通过角色扮演、案例研究和专家点评等多种教学手段，使学生的学习热情、学习潜能得到了有效激发，学习成效得到了显著提升。

（3）ERP沙盘推演教学旨在全面培养学生的个人能力。与传统的注重理论传授的教育方式不同，它更注重于学生的能力和素质的提升，特别是增强他们在商业领域的洞察力和在企业运营决策方面的综合性能力。通过模拟真实的市场竞争、团队合作和优胜劣汰的规则，学生的抗压能力、协调能力和竞争意识得到有效锻炼。

四、ERP沙盘推演的价值

企业经营沙盘的产生与发展是企业应对市场挑战、提升管理水平的必然选择。随着技术的不断进步和市场环境的日益复杂，企业经营沙盘将继续完善和发展，成为企业经营管理的重要工具，助力企业在激烈的市场竞争中立于不败之地。

（一）沙盘推演针对的问题

沙盘推演主要针对以下问题：

（1）企业经营战略的迷失往往不是因为机会太少而背水一战，恰恰是因为机会太多而无从选择。如何在错综复杂的商业环境中做出正确的决策，是一种经营智慧。例如，一家初创公司可能会因为追求快速增长而尝试多个市场，最终导致资源分散，无法集中精力在任何一个领域取得突破。

（2）高层管理者必须站在整体立场上思考企业问题，必须建立起全局意识。这意味着其不仅要了解企业的各个部门，还要理解这些部门之间的相互依赖关系。各部门也需要彼此的深入了解与融洽沟通，努力改善企业经营各个环节间的配合与协作。例如，产品开发部门需要与市场部门紧密合作，以确保新产品能够满足市场需求。因此，高层管理者建立有效的沟通机制和跨部门协作流程是提升企业运营效率的关键。

（3）集团公司决策者常常因经营战略无法被正确地理解、贯彻与执行而苦恼，与此同时，经销商往往因缺少和集团公司的密切配合、相互支持与有效协同，而在战略实施中孤立无援。例如，集团公司可能制定了新的市场策略，但经销商由于缺乏足够的支持和信息，无法有效执行。解决这个问题需要进行定期的沟通会议、市场信息共享和培训，以增强双方的合作关系。

（4）企业全部经营决策的最终实施，需要执行力作为根本保障。然而，如何兼顾战略的长远性与执行的现实性，是企业经营人员面临的共同挑战。例如，一家公司可能制定了宏伟的五年发展规划，但如果缺乏有效的执行计划和管理流程，那么这些规划很难成为现实。企业可以通过设定明确的"里程碑"和绩效指标，以及建立有效的监督和反馈机制，来确保战略的顺利实施。

（5）各级管理者必须时刻关注经营成果，必须学会利用可量化的考核指标来评价工作的价值，这需要对公司内部运营和财务相关性的理解。例如，销售额、市场份额和客户满意度等指标有助于管理者了解业务的表现，而理解公司内部的财务流程和成本结构则对制定合理的预算和投资决策至关重要。

（6）企业的成功不是依靠企业家一个人，而是依靠团队的力量。公司各级管理者都需要培养企业家精神，以支撑企业未来的发展。例如，一家公司可能拥有一位杰出的企业家，但如果团队成员缺乏动力或能力，那么企业仍然难以实现长期成长。通过建立积极的企业文化、提供持续的职业发展和激励计划，可以提升团队的凝聚力和创新能力。

（二）沙盘推演课程教学目的

ERP沙盘推演经营课程通过高度仿真的对抗性经营环境，让学生在模仿过程中领会和掌握管理业务过程的知识，帮助学生体验企业经营过程，进而掌握企业经营决策能力。具体来说，其教学目的如下。

1. 通过模拟公司经营，让学生在实践中感悟管理的真谛

企业作为一个复杂的社会经济系统，其内部由多个部门构成，这些部门形成了一个多层次、相互依赖的组织架构。在这个架构中，业务流程不仅错综复杂，而且相互交织，形成了层层递进的职责与职务体系。在实际操作中，想要完全模仿这一系统的每一个细节是一项极其艰巨的任务，几乎是不可能实现的。

ERP沙盘推演训练则采取了一种更为高效的方法，它专注于提炼并展现企业运营中的关键业务运作流程、核心组织结构框架以及关键岗位人员的职责。这包括但不限于资金流转过程、物资采购流程、生产计划制订过程、销售策略执行过程、市场营销活动以及与之相伴的信息处理流程。通过对这些关键环节的精细模拟，沙盘训练生动地描绘了企业经营管理过程中资金、物质、信息的流转轨迹和处理机制。

这种模拟不仅展现了企业内部各流程之间的相互作用和依赖关系，而且还体现了企业在面对市场变化、资源约束和竞争压力时的动态调整能力。通过这种高度专业化的模拟训练，参与者能够更加深入地理解企业运营的复杂性，掌握在多变的环境中做出有效经营决策的方法，从而提升自己在实际商业环境中的管理能力和战略规划水平，了解、使用管理的相关理论并将其升华为自己的知识。

2. 使学生了解企业经营的本质与内在逻辑，提高系统思维与决策能力

企业经营决策并非固定不变，外部环境的变化必然会带来决策的调整，正所谓

"事变则备变"。正确的决策在企业经营过程中至关重要,因而学生在做决策时必须牢记其根本目的与本质,必须学会在动态的外部环境中如何分析、做出决策,从而真正提升系统思维能力与分析决策能力。

企业模拟管理的精髓在于模拟实际经营过程中作出决策时所面临的问题的复杂性和多样性,以及这些决策对预期经营成果的影响。在模拟环境中,学生有机会针对生产策略、产品开发路径、目标市场定位、市场营销组合以及财务策略等关键领域,进行探索和实施多种不同的策略方案。这些策略方案的不同组合将衍生出多样化的经营路径,进而产生差异化的经营绩效。

通过这种专业化的模拟实践,学生不仅能够深入理解各个决策领域之间的相互作用,而且能够掌握如何在复杂多变的商业环境中做出精准的判断和选择。通过对各种策略方案及其对应的经营成果进行分析和评估,学生能够有效地锻炼和提升自己的战略规划能力、市场洞察能力以及综合管理能力,从而能够在未来的实际工作中更加游刃有余地应对各种管理挑战。

3. 增进学生对公司内部运营和财务相关性的理解,建立利润意识

企业最原始、最核心的目标就是利润,成本意识和利润意识应该是每位管理人员必须要贯彻的理念。因此,为了在激烈的市场竞争中保持企业的持续盈利能力,增进成员对公司内部运营与财务相关性的理解显得尤为重要。深入剖析公司的运营流程与财务活动之间的内在联系并建立利润意识对于企业的发展至关重要。通过学习,学生能够认识到每一项运营决策都与财务表现紧密相连。从成本控制、资源配置到产品定价,每一个环节都直接或间接地影响着公司的利润水平。当学生们理解了如何通过优化运营流程来提高效率、降低成本,并将这些措施与财务报表上的数字相对应时,他们便能够更加自觉地从利润最大化的角度出发进行决策和行动。这种意识的建立,不仅有助于学生在实际工作中更好地执行公司战略,而且能够激励其在日常运营中持续寻求提升企业经济效益的途径,从而为企业盈利奠定更为稳固的基础。

4. 提高全局意识,加强各方面的沟通并增强团队协作能力

在企业的运营管理领域,一个优秀的管理者,不应该片面地分析和解决问题,必须要有全局观,实现业务流程的全面均衡至关重要。管理者在追求各运营环节最优化的同时,不可避免地会面临环节间的潜在冲突。因此,决策制定需要采取一种综合性的平衡策略。具体而言,在市场竞争中竞标时,必须综合考虑生产容量、库存状况以及财务流动性;在生产规划与执行阶段,需要同时考虑生产效率、供应链采购与销售同步性;在产品研发、市场投放、资本融通及债务清算等关键环节,需要精确匹配项目周期与资金运作。这种全方位的平衡管理方法,旨在确保企业在不断变化的市场环境中维持稳定且可持续的发展态势。

优秀的管理团队需要集思广益、据理力争、不断地完善经营决策,既要充分讨论、各抒己见,又要在决策确定后统一行动,确保经营决策的科学性和执行力。良好的沟通能力和团队合作能力是企业长久盈利的至宝。一流的团队可以把三流的理念做成一

流的企业,同样,三流的团队可以把一流的理念做成破产企业。

5. 加强企业经营决策与运营之间的协调性,并通过精细运营来创造成果

决策无好坏,只有适合与不适合。在经营决策的过程中,不同职位、不同部门必须要坚定地统一思想、统一步调,信息孤岛的存在会极大地降低工作效率并增加成本。经营中的细节与精打细算也最终决定了企业的利润,决定了企业的成功。

为了不断提升企业的管理效能和市场竞争力,管理层必须培养一种持续性的自我审视、深度剖析与优化提升的工作习惯。在经营决策过程中,应当充分利用先进软件工具所提供的实时操作数据,进行全面的动态分析。结合杜邦财务分析体系这一科学方法论,对财务表现进行深入解读,从而得出精确的评估结果。在此基础上,对既有的经营战略和计划进行必要的修正与调整,确保企业能够在不断变化的商业环境中保持战略的灵活性和适应性。

(三)沙盘推演实训的收获

通过 ERP 沙盘推演,学生可以在以下三个方面获得自我提升。

1. 拓展知识结构

专业课程的精细化确实有助于学生深入探究特定领域的专业知识,然而,这种专业化的教育路径往往会导致知识领域的孤立,从而在学生面对复杂综合性问题时,限制了其认知发展和思维的多维性。ERP 沙盘推演作为一种复刻真实企业经营管理流程的工具,要求参与者具备跨学科的综合专业知识、能力以及综合素质。参与 ERP 沙盘推演的学习,有助于学生知识结构的全面扩展,具体体现在以下专业领域:

1)战略管理能力的提升。

(1)学生在 ERP 沙盘推演中,将深入学习如何将企业战略与市场动态相结合,这包括对市场环境的持续监测、对竞争对手行为的分析以及对客户需求的预测。

(2)通过模拟,学生将掌握如何制订灵活的战略计划,以适应市场的快速变化,同时保持企业的核心竞争力。

(3)在战略决策时,学生将学会如何平衡长期目标与短期利益,确保企业可持续发展。除此之外,学生不仅要考虑企业的长期发展方向,还要及时调整策略以应对市场的短期波动。

2)营销管理技能的增强。

(1)学生将学习市场需求分析、市场细分、目标市场选择和定位策略,以及熟悉市场分析的方式和方法。

(2)在模拟经营中,学生需要制订和调整广告策略,分析市场反馈,以争取更多订单和市场份额;需要了解企业运营中简单的营销策略和方法。

(3)学生还将要掌握通过市场研究预测未来趋势的方法,为生产计划和财务预算提供依据。

3）生产管理效率的优化。

（1）学生将深入了解生产流程优化、产能规划和库存控制以及生产设备的合理配置。学生将探索如何在保证生产效率的同时，实施有效的成本控制措施。

（2）在ERP沙盘推演中，学生需确保生产线的有效运作，提高产品质量，缩短生产周期。学生将学习通过精细化管理和技术创新，实现在不牺牲质量的前提下降低成本。

（3）学生将学习如何根据市场需求调整生产计划，以实现成本控制并提升客户满意度。学生将面临如何在提高生产效率与降低成本之间寻找最佳平衡点的挑战，这对于企业的盈利能力和市场竞争力至关重要。

4）财务管理技能的强化。

成功的企业一定要以稳健的财务管理为保障，在资金分配、资金筹集、资金流动方面进行科学、合理的规划与调配。

（1）学生将掌握财务分析、预算编制和资金流动管理的方法。

（2）在模拟经营中，学生需进行财务预测、制定资金筹集和使用策略，以优化财务结构和提高资金使用效率。

（3）学生还将学习如何解读和分析财务报表，以支持企业的战略决策。

5）人力资源管理技巧的提升。

（1）学生将学习如何进行团队建设、员工激励、绩效管理和岗位设计。

（2）在ERP沙盘推演中，学生需合理配置人力资源，确保团队成员的能力与职责匹配，提高团队协作效率。

（3）学生将掌握通过人力资源管理提升企业整体绩效的方法。

6）信息管理能力的培养。

（1）学生将了解企业信息系统的构建、信息流的管理和决策支持系统的应用。

（2）在模拟经营中，学生需利用信息系统收集、处理和传播关键信息，以提高决策的速度和准确性。

（3）学生将学习如何通过有效的信息管理提升企业的市场响应能力和内部运营效率。

通过ERP沙盘推演，学生不仅能够在实践中运用理论知识，还能够提升解决复杂问题的能力，为未来的职业生涯打下坚实的基础。

2. 提升管理技能

1）专业能力。

（1）通过沙盘推演与模拟市场竞争，检验决策思路，认识企业全局经营的思考要素。

（2）培养统观全局的系统思考能力，不断提高决策水平和管理效率。

（3）学会用财务指标、量化指标来评价经营成果，培养理性决策能力。

（4）具备制订原材料部件采购计划的能力、制订安排生产计划的能力、市场预测分析能力以及财务预算成本控制的能力。

2）方法能力。

（1）通过反思与总结，把握经营活动的全局及各环节间的关联性与相互影响机制。

（2）将课程体验转化为实际的管理工具和方法，有效提升经营业绩。

（3）具备对企业资源进行高效配置、策略性规划与管理的能力，能够综合运用数据分析等各类手段，实现对公司资源的最大化利用和业务流程的最优化。

（4）具备强大的竞争情报搜集与分析能力，能够系统地识别并获取行业竞争对手的动态信息；通过战略性分析手段，洞察对手的弱点和市场机会，从而为企业制定精准的竞争应对策略并制订出差异化竞争方案。

（5）具备能够从容应对不同的企业经营规则和预测市场环境的能力。

3）社会能力。

（1）提升战略思维，强调构建全局视野，注重加强信息互动与沟通效率，促进团队协同合作文化的形成。

（2）具备卓越的跨部门沟通与协调技巧，能够在复杂的工作环境中有效整合资源，促进团队成员间的互动与合作，展现出高度的组织协调能力。同时，具有显著的团队建设与领导才能，能够激励团队成员共同协作，推动团队达成既定目标，确保团队效能的最大化。

（3）具备敏锐的问题识别与诊断能力，以及高效的制定问题解决策略与执行能力，能够持续优化工作流程、提升工作效率。同时，展现出强烈的自我驱动与持续学习精神，通过不断的自我挑战与创新，实现个人能力的跨越式提升和职业生涯的持续发展。

3. 全面提高学生的综合素质

ERP沙盘推演作为一种高度仿真的企业管理训练工具，对学生综合素质的全面提升具有显著的效果，具体体现在以下四个方面。

（1）培育竞争与合作并存的商业精神。在市场经济体制下，企业既要通过竞争实现自身发展，也要通过合作寻求共赢。ERP沙盘推演提供了一个逼真的商业竞争环境，在这个环境中，学生必须在广告投放、原材料采购、资金筹集等环节中展现出竞争与协作的双重精神。这种模拟训练有助于学生理解并实践如何在商业生态中平衡竞争与合作的关系。

（2）塑造严谨务实的工作作风、企业忠诚度与全局观。在ERP沙盘推演的决策实践中，学生必须扮演不同的企业角色，承担各自的职责，并通过有效沟通与协作来执行企业战略。这一过程不仅锻炼了学生务实的工作态度，而且培养了他们对企业的忠诚度和全局视野，这对于其在未来职业生涯中形成团队领导力至关重要。

（3）锻造诚信为本的管理者道德素养。ERP沙盘推演设定了一系列严谨的经营规则，要求学生在其指引下进行企业运营。通过这种模拟训练，学生深刻认识到诚信是企业和管理者生存发展的基石，从而在未来的管理实践中自觉遵循诚信原则，树立良好的职业操守。

（4）增强风险管理与逆境应对能力。ERP沙盘推演能够让学生体验存在市场波动、资源限制等不确定因素时，企业运营的风险和挑战。这种经历有助于学生培养良好的心理素质，提升其在面对企业经营困境时的风险识别、评估和控制能力，以及培养其在逆境中的复原能力和创新精神。

综上所述，ERP沙盘推演作为一种有效的教育工具，不仅能提升学生的专业技能，而且能在多个维度上促进其综合素质的全面发展，为学生未来在复杂多变的商业环境中取得成功奠定坚实的基础。

【课后思考】

1. 企业经营的本质是什么？
2. 探讨企业经营的目的，是单纯为了追求利润，还是在追求利润的同时承担社会责任？这两种观点对企业经营管理有何影响？

第二节　课程进度安排及企业经营流程

一、整体进度规划

企业是一个非常复杂的系统，并且与外部环境的关联性极大，不可能完全模拟出其真实的环境。但本课程对企业经营进行了大量的简化与抽象，保留了在管理领域纯理论模式下最核心的思维方式，最大化地模拟了一个理想状态下的企业竞争环境。因此，本课程对实践做出了大量的规定。要想完成本课程的实践，需要按图1-1所示流程进行。

图1-1　运营进度流程

提醒：三轮模拟中，教师指导的重点分别如下。第一轮模拟不计时，让学生充分讨论，尽量多地熟悉规则、熟悉操作。第二轮模拟计时，允许犯错、重做，形成外部环境不变的前提下的多套方案对比，在对比与纠错中升华理论、巩固经验和教训。第三轮模拟严格计时，检测学习后的成果。

二、课前组建团队

企业经营沙盘推演是由学员组队模拟企业进行对抗性实践的课程，因此需要提前完成团队的组建。每组 5~6 名成员，一般不少于 6 个团队。从竞争的角度来看，建议以 12 个团队为一批次进行对抗。每组自行命名企业。

作为一个临时组成的管理团队，其成员能否尽量缩短磨合时间，立即进入角色，并且在首席执行官（chief executive officer，CEO）的统一指挥下，各司其职，有效地协调合作非常重要。这就要求受训者既要积极向前，又要听从指挥；既要勇挑重担，又不厚此薄彼；既要各抒己见，又要彼此尊重。这样才能既发挥大家的作用，又不至于互不服气、各行其是，影响企业的经营运作。

让合适的人做合适的事，这是实现人才利用最大化的基本准则！

（一）为何要组建团队

有这样一则寓言故事，它会告诉你为什么要组建团队。

在一个小镇上，有一位技艺高超的老木匠，他制作的椅子因结实耐用而闻名。一天，老木匠决定退休，他想从他的四个徒弟中挑选一个来继承自己的手艺。

他给徒弟们分配了一个任务：每人制作一把椅子，但有一个特别的条件——他们必须在完全隔离的情况下独立完成，不得交流。

一周后，四个徒弟都完成了自己的作品。老木匠检查了每把椅子：第一个徒弟制作的椅子结实但丑陋，显然更注重实用性而忽视了外观。第二个徒弟制作的椅子美观但不够稳固，似乎过于追求外观而牺牲了质量。第三个徒弟制作的椅子既结实又美观，但椅子腿长短不一，不够平衡。第四个徒弟制作的椅子既结实又美观，而且平衡性好，是四把椅子中最好的。

老木匠问第四个徒弟是如何做到的。徒弟回答说："我意识到一个人的力量是有限的，所以我在制作过程中不断想象如果其他师兄弟在，他们会怎么做。我尝试结合每个人的长处，把每个人的优势融入我的作品中。"

老木匠满意地点了点头，他告诉徒弟们："一个人可能走得快，但一群人才能走得远。团队合作不仅要各司其职，更要互相学习、互相补充，共同创造出超越个人能力的结果。"

这个故事告诉我们，在团队合作中，每个成员都有自己的长处和短处。通过相互学习、相互补充，团队可以克服个人的局限、创造出更优秀的成果。真正的团队合作意味着 1+1>2，它能够激发出团队成员的潜力，使整个团队的表现超越个体表现的总和。

（二）项目团队的特性

项目团队是指为了完成特定的项目目标而组建的临时性工作群体。项目团队具有以下特性。

（1）目标导向性：项目团队的存在是为了实现特定的项目目标，这些目标通常是明确、可衡量的，并且有时间限制。

（2）临时性：项目团队是为了完成特定的项目任务而成立的，一旦项目完成，团队通常会被解散。

（3）多样性：项目团队成员可能来自不同的部门、拥有不同的专业背景和工作经验，这种多样性有助于团队从多个角度分析和解决问题。

（4）专业性：项目团队成员通常具备完成项目所需的特定技能和专业知识，以确保项目能够高效、高质量地完成。

（5）协同性：项目团队需要高度的协同合作，成员之间需要相互依赖、共享信息和资源，以达成项目目标。

（6）角色明确性：项目团队中每个成员都有明确的角色和职责，这些角色和职责通常在项目开始时就被定义。

（7）动态性：项目团队在项目生命周期中可能会经历成员的加入或退出，团队结构和规模可能会随着项目的进展而调整。

（8）领导力：项目团队中通常有一个项目经理或团队领导负责指导团队的工作，确保项目按照既定的方向和计划进行。

（9）沟通密集性：项目团队需要频繁的沟通来协调工作、解决问题和做出决策，有效的沟通是项目成功的关键。

（10）风险管理：项目团队需要识别、评估和应对项目过程中可能出现的风险，以减少其对项目目标的不利影响。

（11）绩效评估：项目团队的绩效通常根据项目目标的完成情况进行评估，团队成员的绩效也会根据其贡献进行评价。

（12）资源依赖性：项目团队需要一定的资源支持，包括人力、资金、技术、设备等，资源的可用性直接影响团队的表现。

（三）团队的发展阶段

任何项目团队的建设和发展都需要经历形成阶段、震荡阶段、规范阶段和辉煌阶段这四个阶段。项目团队创建与发展四个阶段如图 1-2 所示。

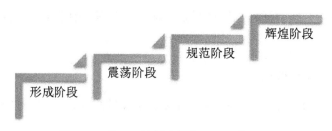

图1-2 项目团队创建与发展四个阶段示意

1. 形成阶段

在项目的形成阶段,团队从无到有,成员们逐步融入集体。这一时期,个体转变为团队的一部分,成员们普遍展现出积极的心态,情感上表现出激动、憧憬、担忧和犹豫不决,心态尚未完全稳固。项目经理此时肩负着为团队定下航向、明确使命与任务的重任,需要合理分配角色与职责,努力打造一个高效率的团队。

2. 震荡阶段

项目团队发展的震荡阶段紧随其后。在这个阶段,团队成员基于各自的职责开始合作,但个人预期与实际工作可能会有偏差,或是团队成员间的互动与个人期望有落差,甚至成员可能与管理人员或项目经理产生摩擦。成员的情绪可能表现为紧张、沮丧、不满、对立,甚至反抗。项目经理在此阶段需要妥善处理各类问题和冲突,容忍并化解不满,促进团队和谐,减少不稳定因素。

3. 规范阶段

在经历了磨合阶段的挑战后,项目团队步入成熟阶段。此阶段的团队冲突相对减少。成员们的情感状态转向信任、协作、忠诚、友爱和满足。项目经理应当在此时期对团队成员的成就给予肯定,鼓励他们多参与项目并提建议,与此同时,致力于塑造团队的良好行为准则。

4. 辉煌阶段

辉煌阶段是项目团队连续取得显著成果时期。在此期间,团队成员积极投身工作,全力推动项目目标的达成。成员们的情感特征为开放、真诚、相互依赖,成员们具有强烈的团队归属感和荣誉感。项目经理应在此期间适当授权,鼓励团队成员进行自我管理和自我激励。同时,项目经理需及时更新项目进展,表彰表现优异的团队成员,并助力团队完成项目计划,确保最终目标的实现。

(四)团队精神与工作绩效

1. 团队精神的内涵

团队精神是指团队成员在共同目标和价值观的指导下,相互协作、相互支持、共同奋斗的一种精神状态和行为表现。团队精神的内涵主要包括以下十二个方面。

(1)共同目标:团队成员对团队的目标有清晰的认识,并愿意为达成这一目标而努力。

（2）协作互助：团队成员之间能够相互协作、共同解决问题、互相帮助以提高团队的整体效能。

（3）互相尊重：团队成员之间相互尊重，认可彼此的角色和贡献，尊重不同的意见和观点。

（4）高度的信任与支持：团队成员之间建立起信任关系，相互支持，相信彼此的能力和承诺。

（5）平等的关系与积极的参与：在团队精神中，平等的关系意味着每个成员都被尊重和重视。无论他们的角色或地位如何，他们的意见和贡献都被视为同样重要。而积极的参与则体现在每个成员都主动承担责任、贡献自己的想法，并全力以赴地支持团队目标的实现。这种相互尊重和积极参与的氛围是团队成功的关键。

（6）自我激励和自我约束：自我激励是指个体内在驱动自己追求目标并保持积极态度的能力。而自我约束则是个体对自己行为的自律和限制，以确保行为符合既定标准和目标。两者共同作用，帮助个人在面对挑战时保持动力并坚持实现目标。

（7）沟通与透明：团队成员之间保持有效沟通，信息共享，确保决策和行动的透明度。

（8）责任共担：团队成员愿意共同承担责任，不仅在成功时分享荣誉，也在遇到挑战时共同面对。

（9）个人牺牲：为了团队的利益，团队成员愿意牺牲个人利益，做出对团队最有利的选择。

（10）团队忠诚：团队成员对团队忠诚，愿意为团队的成功和成长做出长期承诺。

（11）创新与学习：团队鼓励创新思维，成员之间相互学习，不断提升团队的能力和适应性。

（12）绩效导向：团队关注结果和绩效，努力提高工作效率和质量，以达到团队的目标。

团队精神是团队凝聚力和战斗力的体现，是推动团队持续发展和目标实现的重要动力。

2. 影响团队绩效的因素

除团队精神外，其他影响团队绩效的因素有以下七个。

（1）领导不力：项目经理和管理人员的能力不足可能导致决策失误、缺乏有效的方向指引和团队激励，从而影响整个团队的士气和效率。

（2）目标不明：如果项目的目标和预期成果不明确，那么团队可能会迷失方向、无法集中精力，导致工作效率低。

（3）职责不清：当项目相关利益者之间的职责不明确时，可能会出现工作重叠或疏漏的情况，影响项目进度和质量。

（4）缺乏沟通：沟通是团队协作的基石。沟通不利可能导致误解、冲突和决策失误，严重影响团队绩效。

（5）激励不足：缺乏有效的激励机制可能导致团队成员缺乏动力，影响其工作积极性和创造力。

（6）规章不全：项目管理和变更制度不完善可能导致工作流程混乱，增加项目风险。

（7）约束不力：对团队成员行为的约束不力可能导致纪律松散，影响团队的整体执行力。

团队精神各阶段水平与工作绩效示意如图1-3所示。

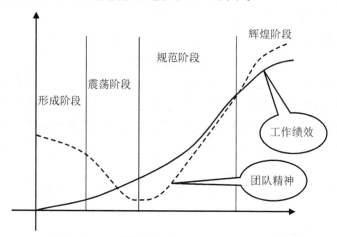

图1-3 团队精神各阶段水平与工作绩效示意

（五）团队成员的选择

为了确保团队的成功，团队成员的选择至关重要。有效的团队构建和管理依赖于对团队成员组成的精心规划。在组建团队时，必须遵循一系列基本原则和注意事项，以确保团队的协同效应和效率。

在进行ERP沙盘推演，选择团队成员时，应考虑成员性别、性格和工作意愿的均衡搭配。有性别差异性的团队能够引入不同的思维方式和视角，促进创新和解决问题。性格多样性同样重要，因为不同的性格特质的成员在团队中可以互补，增强团队的整体实力。此外，考虑成员的工作意愿和动机是关键，因为个人对工作的投入和热情程度直接影响团队的凝聚力和动力。在构建团队时，应注重成员间的互补性，以确保团队在能力和性格上的平衡。互补型的团队成员能够相互补充，提高团队的整体表现。同时，为了加速团队的磨合过程并提高团队协作的质量，应重视个人团队合作的意愿和偏好。

在选择团队成员时，团队领导者或管理者需要深入考虑以下十个关键注意事项。

1. 技能和经验的多样性

团队成员应具备多样化的技能和经验，以便在面临不同挑战时能够从多角度提供解决方案。例如，一个团队可能需要技术专家、市场营销专家和财务分析师等不同专业背景的成员。这种多样性不仅有助于解决复杂问题，还能促进创新和多角度思考。

团队成员的多样性可以帮助团队更好地适应不断变化的市场环境和客户需求。

2. 角色和责任的明确

应该清晰定义每个团队成员的角色和责任，以避免工作重叠和责任真空。这有助于确保团队成员了解自己的职责，并能够有效地协作。明确的角色和责任也有助于提高团队效率和减少冲突。团队领导者应该制定清晰的职责描述和工作流程，确保每个团队成员都清楚自己的工作范围。

3. 互补性

团队成员应该能够在技能和性格上互补。例如，一个具有创新思维的人可能需要与一个注重细节和执行力强的人合作，以平衡创新和实际操作。互补性有助于建立一个均衡的团队，使团队能够在各个方面都有出色的表现。团队领导者应该考虑成员之间的技能和性格互补，以促进团队合作和共同成长。

4. 沟通能力

团队成员应具备良好的沟通能力，能够有效地交流想法和反馈。这对于团队协作和问题解决至关重要。有效地沟通有助于建立信任，减少误解，并促进团队成员之间的合作。团队领导者应该努力营造开放的沟通环境，鼓励团队成员分享自己的想法和观点。

5. 团队合作精神

团队成员应该有团队合作的精神，愿意支持和帮助彼此，共同追求团队的目标。团队合作精神是团队成功的关键因素，它有助于建立团队的凝聚力和共同的认同感。团队领导者应该培养团队合作的文化，鼓励团队成员相互支持和协作。

6. 适应性和灵活性

团队成员应能够适应变化和不确定性，灵活地应对新的挑战和机遇。在快速变化的工作环境中，适应性和灵活性是非常重要的品质。团队领导者应该鼓励团队成员保持开放的心态，适应变化，并灵活调整工作计划。

7. 动机和承诺

团队成员应该对完成团队目标有强烈的使命感和责任感，愿意投入必要的时间和精力。这种使命感和责任感有助于确保团队成员在面对挑战时保持积极的心态和专注力。团队领导者应该激发团队成员的使命感和责任感，确保他们明白自己的工作对团队和组织的价值。

8. 文化契合度

团队成员应该与团队文化和价值观相契合，这有助于建立团队的凝聚力和共同的认同感。文化契合度有助于确保团队成员能够和谐地工作，共同完成团队的使命和愿景。团队领导者应该评估候选人的价值观和与团队文化的契合度，以确保团队成员能够融入团队并积极参与。

9. 个人发展

团队领导者应该考虑团队成员的个人职业发展需求和目标，并提供成长和发展的机会。这不仅有助于团队成员的个人成长，也有助于提高他们对工作的满意度和对团队的忠诚度。团队领导者应该与团队成员一起制订个人发展计划，提供培训和学习机会，以支持他们的职业发展。

10. 多样性和包容性

团队应该致力于多样性，包括性格、种族、文化背景等的多样性，以促进创新和产生不同的观点。多样性和包容性有助于建立一个更加开放和包容的团队环境，促进团队成员之间的相互理解和尊重。团队领导者应该鼓励多样性和包容性，确保团队成员能够尊重和欣赏不同的观点。

通过深入考虑这些注意事项，团队领导者可以更有效地选择和构建一个高效、协作的团队，从而提高团队的整体工作效能和成功的概率。团队成员的选择是一个持续的过程，需要定期对其进行评估和调整，以确保团队始终保持最佳状态。

三、确定成员职位

在构建企业组织结构时，应采取一种系统化和战略性的方法来确定职位。不建议通过随意的方式确定职位，而应根据个人的特长、性格、意愿、知识储备和技能等因素进行综合考虑。使用这种方法的目的是确保每个团队成员都能在其最擅长的领域发挥作用，从而提高团队的整体效能和成功的概率。

考虑到企业各个部门的业务职能不同，一般的划分方法是把教学对象按5～8人分为一组，构建一个企业的组织机构。各组形成特长、专业、能力和兴趣互相补充的模拟企业ERP运营小组。每组成员可以推选出各自的CEO，然后由CEO根据组员的兴趣、能力与特长，任命各部门负责人，组建一个各司其职、分工合作的新的管理层来管理、运作这个公司。

为了更好地帮助学生根据自身情况和实际情况来选择是否担任相应的角色，下面我们简单描述每个角色的工作内容和岗位职责。

明确每个角色的工作内容和岗位职责，可以帮助受训人员更好地了解各个职位的要求和责任，从而做出明智的选择。这种系统化和战略性的方法可以确保团队成员能够在最适合他们的职位上发挥最大的潜力，从而提高团队的整体效能和成功的概率。

某企业的组织结构如图1-4所示。

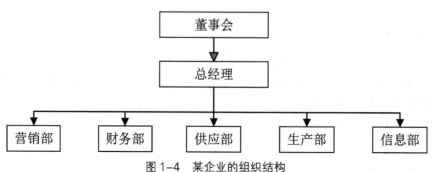

图1-4 某企业的组织结构

（一）首席执行官

首席执行官（CEO）：负责整个企业的战略规划和决策，领导和管理企业的日常运营。CEO 需要具备良好的领导能力、战略思维和决策能力。CEO 的职责如图 1-5 所示。

图 1-5　CEO 的职责

在构建企业组织结构时，CEO 的角色至关重要。CEO 不仅是公司的行政领导者，也是股东权益的最终代言人。在 ERP 沙盘推演课程中，CEO 的角色特别重要，需要承担更多的责任和职责。其职责涵盖了企业经营的各个方面，特别是当团队成员决策有较大分歧时，最终将由 CEO 来裁定。以下是关于 CEO 职责的详细阐述。

1. 制定发展战略

CEO 需要根据企业的愿景制定长期发展战略和目标，包括确定企业的市场定位、产品策略、技术发展路径等。CEO 需要具备前瞻性和战略思考能力，以确保企业能够在竞争激烈的市场中保持竞争优势。

所谓战略规划，简单来说就是使经营管理团队知道，企业要做什么，为何要这样做，什么时候做，如何做好，做与不做对企业有何影响。对于 ERP 沙盘推演来说，战略规划主要包括：厂房与生产线规划、市场开发与 ISO（International Organization for Standardization，国际标准化组织）认证、生产规划、产品开发、融资与投资规划。

2. 竞争格局分析

CEO 需要深入了解市场环境和竞争格局，分析竞争对手的优势和劣势，以及市场的需求和趋势。这有助于 CEO 制定有效的竞争策略，抓住市场机会，规避潜在风险。

3. 经营指标确定

CEO 需要与团队共同确定关键的经营指标，如销售额、市场份额、利润率等。这些指标将作为衡量企业绩效的重要依据，帮助 CEO 监控企业的运营状况，及时调整经营策略。

4. 业务策略制定

CEO需要根据企业的发展战略和市场需求，制定具体的业务策略。这包括产品开发策略、市场推广策略、销售策略等。CEO需要确保业务策略的创新性和可行性，以推动企业的持续发展。

5. 全面预算管理

CEO需要负责企业的预算编制和预算执行监督工作。这包括确保预算的合理分配，监控预算执行情况，以及及时调整预算以应对市场变化。

6. 管理团队协同

CEO需要建立高效的团队协同机制，确保各部门之间的沟通和协作顺畅。这包括明确各部门的职责和任务，解决部门间的冲突和问题，以及推动团队共同实现企业目标。

7. 企业绩效分析

CEO需要定期进行企业绩效分析，评估企业的经营成果和效率。这有助于CEO发现企业存在的问题和不足，及时采取措施进行改进。

8. 业绩考评管理

CEO需要建立科学的业绩考评体系，对团队成员的绩效进行评估和反馈。这有助于激励团队成员，提高工作效率，推动企业目标的实现。

9. 管理授权与总结

CEO需要合理授权，将部分职责和权力下放给团队成员，以提高工作效率和培养团队成员的管理能力。同时，CEO需要定期进行工作总结，反思自己的管理实践，不断优化管理方法和策略。

10. 监督和执行

CEO需要监督各部门的工作进展，确保各部门按照既定的战略和计划执行任务。同时，CEO还需要解决执行过程中出现的问题和挑战，确保企业运营的顺利进行。

综上所述，CEO的职责涵盖了企业经营的各个方面。CEO需要具备战略思考能力、决策能力、团队管理能力等多方面的能力。通过有效的战略规划和团队管理，CEO能够带领企业实现长期的发展和获得成功。

表1-1为企业战略规划表。CEO需要带领全体成员共同来完成该表的填写，并反复研究、磋商，最终达成统一的认识。

表1-1 企业战略规划表

项目	明细	说明	第一年				第二年				第三年			
			1	2	3	4	1	2	3	4	1	2	3	4
产品开发	P1	1M/季-2季												
	P2	1M/季-4季												
	P3	1M/季-6季												
	P4	2M/季-6季												
市场开发	本地	1M/年-1年												
	区域	1M/年-1年												
	国内	1M/年-2年												
	亚洲	1M/年-3年												
	国际	1M/年-4年												
ISO认证	9k	1M/年-2年												
	14k	2M/年-2年												
生产线投资及转产	1													
	2													
	3													
	4													
	5													
	6													
	7													
	8													
	9													
	10													
厂房	大	40-5												
	小	30-3												
贷款	长	10%												
		还长贷额												
	短	5%												
广告														

【议一议】谁更适合做CEO？

(二)营销总监

营销总监:负责制定企业的市场营销策略,制订销售计划,提升企业的市场份额和品牌知名度。CMO(首席营销官)的职责如图1-6所示。

图1-6 CMO 的职责

企业的利润是由销售产品取得的收入带来的,产品销售的实现是企业发展和生存的关键,营销总监在企业中的地位非常重要。CMO 负责制定和执行市场营销策略,推动企业产品或服务的销售和市场份额的增长。营销总监需要具备扎实的市场营销知识、良好的创新能力和客户服务能力。以下是关于 CMO 职责的专业分析阐述。

1. 市场调查和分析

销售部门是企业内部与外部市场互动的关键枢纽,承担着产品销售的核心职能。销售不仅是实现利润的途径,更是企业生存和发展的基础。市场预测作为销售部门的核心职责,对企业销售业绩和整体运营至关重要。CMO 负责深入的市场调查和分析,包括对市场需求、竞争对手、目标客户群体和行业趋势的洞察。通过这些分析,CMO 能够指导营销策略的制定,确保企业能够有效地应对市场变化。同时,销售总监需要在每年初对市场规模、技术要求、价格水平和产品需求进行精确预测。这些预测结果将作为本年度销售规划和广告预算的决策依据,并对订单选择提供数据支持。

2. 市场进入与品种发展策略

CMO 需要制定市场进入和产品品种的发展策略,包括选择合适的市场细分、确定目标市场、制定市场定位策略和进入市场的具体步骤、产品创新、产品线扩展和产品改进。这需要 CMO 具备市场分析能力和战略规划能力,以及了解客户需求,并确保产品品种与市场需求保持一致。

在 ERP 沙盘推演过程中,营销总监要结合市场预测和企业的战略规划,在每年底进行新产品、新市场的开发,精确计算开发的时间进度和安排资金使用进度,以便能顺利地抓住市场机会，也便于采购、生产、财务等部门进行配合。

我国中小企业在市场开拓中常采用以下策略。

（1）"滚雪球"策略：这是一种逐步扩展的市场开拓方法。中小企业首先在现有市场的同一地理区域内进行拓展，待一个区域市场饱和后再进入新的区域。此策略能有效降低市场风险，稳步扩大经营覆盖面和目标市场范围，有利于品牌基础的稳固。然而，这种策略的缺点是周期较长、发展速度较慢。

（2）"保龄球"策略：此策略侧重于首先攻占目标市场中的关键市场，利用其市场辐射力和影响力，逐步扩展至周边市场，最终实现目标市场的全面占领。例如，海尔集团在国内市场首先进入"北上广深"，在国际市场则首先攻占日本、西欧、美国。这种策略能使企业迅速占领关键市场，但需要企业具有精准的市场定位和强大的市场影响力。

（3）"采蘑菇"策略：这是一种高度跳跃性的市场开拓策略。企业根据市场的吸引力选择优先开拓的市场，而不受地理连续性的限制。企业首先占领最有吸引力的市场，然后逐步扩展至次优市场。这种策略的优势在于能够迅速占领最有价值的细分市场，但缺点是缺乏地理区域上的连续性，可能导致市场间的协调困难。

（4）"遍地开花"策略：这是一种全面进攻的市场开拓策略。企业同时向多个目标市场发动攻势，以实现对各个市场的同步占领。这种策略对资金和管理能力要求较高，需谨慎使用。

3. 制定广告宣传策略及制订销售计划

CMO需要制定广告宣传策略，包括选择合适的广告渠道、制定广告内容、确定广告投放时间和频率等。同时，COM需要确定销售目标、销售渠道、销售策略和管理销售团队。这需要CMO具备创意思维和媒体策略规划能力、销售管理能力和团队协作能力。

在ERP沙盘推演中，CMO需要在充分调研市场和分析竞争者的基础上，客观地进行市场广告的投放；需要在确保销售的前提下，尽量节约广告成本。

4. 与生产、财务部门协调

营销总监，作为市场营销部门的核心领导，肩负着推动企业市场战略实施的重要职责。该职位不仅负责领导市场营销团队，而且是企业内部资源整合与协调的关键枢纽。为了实现高效的市场营销活动，营销总监需采取以下专业且逻辑严谨的工作方式。

首先，营销总监需引领其团队通过精准的市场分析和有效的营销策略，积极开发市场潜力，争取产品订单。在这个过程中，营销总监不仅要关注市场动态，还要提高团队执行力与确保绩效目标的达成。

其次，在成功获取订单后，营销总监需扮演信息传递者的角色，将订单信息，即客户的具体需求，包括产品型号、数量、账期、交货期、质量要求等关键要素，实时、全面地传达给企业高层及相关职能部门，如CEO、采购总监、财务总监和生产总监等。

最后，营销总监还需协调企业内部资源，确保以下支持措施的落实。

（1）财务支持：与财务部门紧密合作，争取必要的资金支持，确保营销活动的顺利进行。

（2）生产支持：与生产部门沟通、协作，根据订单要求调整生产计划，确保按时、按质完成生产任务。

（3）采购支持：与供应部门协同，优化采购流程，确保原材料和产品的及时供应。

通过这种专业、系统的资源整合与协调机制，营销总监能够确保市场营销活动的连贯性和有效性，从而为企业创造更大的市场价值。

5. 争取订单

CMO需要负责签订销售合同，并确保合同条款的履行和过程控制。这需要CMO具备合同管理和风险控制能力。

在ERP沙盘推演过程中，CMO的职责包括在年初代表企业进行广告投放、参加订货会以及选择订单。为确保销售计划的实效性，CMO需结合市场预测和客户实际需求，制定相应的销售策略。此外，CMO需根据价格和销售量的预测，有选择地投放广告，以吸引与企业产能相匹配的优质客户订单。

在选择订单时，应考虑以下关键因素。

（1）供应能力：在订货会上，某些产品可能极具市场吸引力，但其生产或供应不足，应放弃这类订单。应优先选择能够充分生产和交付的P系列产品订单。接受无法生产或未计划生产的产品订单可能导致违约，进而产生高达订单总额20%的罚款，损害企业声誉和市场表现。

（2）市场条件：产品应符合目标市场的水平、技术标准、消费习惯和法律规定。企业需深入了解不同市场上消费者的需求，并评估自身的资格和生产能力，选择符合企业实际情况的销售订单。

（3）市场潜力：分析区域经济水平、消费习惯和消费水平，以判断产品的市场潜力。展示无市场潜力的产品可能被视为缺乏价值，甚至成为行业内的笑柄，对企业形象造成负面影响。

6. 销售绩效分析

CMO需要定期进行销售绩效分析，评估销售团队的表现、销售额、市场份额等指标，并根据分析结果调整销售策略和计划。这需要CMO具备数据分析和决策能力。

综上所述，CMO的职责涵盖了市场调查和分析，市场进入策略、品种发展策略、广告宣传策略的制定，销售计划的制订，订单争取与谈判，合同签订与过程控制以及销售绩效分析等多个方面。CMO需要具备市场分析、战略规划、团队管理、沟通谈判、合同管理、财务管理以及数据分析等多方面的能力，以推动企业的市场营销和销售目标的实现。

在ERP沙盘推演课程中，CMO在完成选单后应报备给财务总监（或首席财务官，CFO），并由财务总监完成表1-2的填写。

表 1-2 订单登记表

订单号									合计
市场									
产品									
数量									
账期									
销售额									

7. 充当"商业间谍"

CMO 还需要充当"商业间谍",密切关注市场动态,通过合法合规的渠道收集行业信息,分析竞争对手的生产经营情况。比如,竞争对手正在开拓什么市场,未开发哪些市场,他们在销售上的主要策略是什么,他们拥有哪种类型的生产线,产能如何,CMO 要充分了解市场,明确自己和竞争对手的动向,这样就才利于今后的竞争与合作。

【议一议】谁更适合做 CMO?

(三)财务总监

财务总监(CFO):负责企业的财务管理和预算控制,确保企业的财务状况健康、稳定。财务总监需要具备扎实的财务管理知识、良好的分析和决策能力。如果有必要可以设置财务助理来协助财务总监进行日常的财务工作,包括账务处理、报表编制等。财务助理需要具备扎实的财务知识和细致的工作态度。CFO 的职责如图 1-7 所示。

图 1-7 CFO 的职责

CFO 在企业中扮演着至关重要的角色，负责监督和管理企业的财务活动，确保企业的财务健康和合规。以下是关于 CFO 职责的专业分析阐述。

1. 日常财务记账和登记

CFO 负责监督和确保企业的日常财务记账和登记工作准确无误，包括收入、支出、资产和负债的记录。这需要 CFO 具备会计知识和财务管理能力。

2. 向税务部门报税

CFO 负责组织和协调企业的税务申报工作，确保企业遵守税法规定，按时向税务部门报税。这需要 CFO 具备税务知识，遵守法律法规。

3. 提供财务报表

CFO 负责编制和提供企业的财务报表，包括资产负债表、利润表和现金流量表等，以反映企业的财务状况和经营成果。这需要 CFO 具备财务分析和报告的能力。

财务总监的重要职责之一是填写并分析财务报表，包括产品核算统计表、综合费用表、资产负债表、利润表，以反映企业财务状况和生产经营结果。财务总监需根据盘面实际数据填写表 1-3 至表 1-6。

表 1-3　产品核算统计表

项目	P1	P2	P3	P4	合计
数量					
销售额					
成本					
毛利					

表 1-4　综合管理费用表

项目	金额	备注
管理费		
广告费		
设备维护费		
厂房租金		
转产费		
新市场开拓		□本地 □区域 □国内 □亚洲 □国际
ISO 资格认证		□ ISO 9000　□ ISO 14000
产品研发		P1（　）P2（　）P3（　）P4（　）
其他		
综合费用总计		

表 1-5　利润表

项目	本年金额
销售收入	
直接成本	
毛利	
综合费用	
折旧前利润	
折旧	
支付利息前利润	
财务费用	
税前利润	
所得税	
年度净利润	

表 1-6　资产负债表

项目	年末金额	项目	年末金额
现金		长期负债	
应收款		短期负债	
在制品		应交所得税	
产成品		—	
原材料		—	
流动资产合计		负债合计	
厂房		股东资本	
生产线		利润留存	
在建工程		年度净利	
固定资产合计		所有者权益合计	
资产总计		负债所有者权益总计	

4. 日常现金管理

CFO 负责监督和管理企业的日常现金流动，确保企业有足够的现金流来支持其运营和发展。这需要 CFO 具备现金流量管理和预测能力。

现金作为企业流动性最强的资产，虽然不直接产生利润，但对于维持日常运营至关重要。缺乏足够的现金储备可能导致企业无法应对突发事件，甚至面临破产风险。因此，现金预算成为企业财务管理的核心内容，它反映了企业在一定时期内的现金流入、流出及净现金流量状况。

编制现金预算的步骤如下。

（1）营业收入预测：基于充分的市场和财务信息，与生产、营销等部门紧密合作，预测未来一段时间内的企业生产和销售情况，为资金和成本费用计划提供可靠依据。

（2）存货管理：与生产、采购和营销部门协调，合理确定原材料和产品的库存水平，以满足预期销售需求。

（3）采购与付款安排：根据订单需求，与采购部门协调，确定物料采购资金，并安排付款计划。

（4）销售与收款时间估算：预测销售实现的时间节点以及客户的付款时间，以准确反映现金流入的情况。

（5）费用估算：估计产品开发、市场开发、行政管理和质量体系认证等费用的支付金额和日期。

（6）现金预算编制：综合以上信息，编制现金预算和使用计划，确定资金筹措量和渠道，并遵循低成本筹资原则，以优化资金成本。

5. 企业金融策略的制定与风险管理

CFO 负责制定和执行企业的金融策略，包括资本结构优化、融资计划、投资决策等，以支持企业的长期发展和利润增长，确保企业有足够的资金支持其运营和扩张，并有效管理风险。这需要 CFO 具备金融规划和战略思考能力、资金管理和风险控制能力。

在 ERP 沙盘推演过程中，CFO 需要制订企业的筹资计划，以及计算、控制好资金贴现等。

筹资是企业为满足其生产运营资金需求，向商业银行、其他金融机构、单位或个人以及利用内部资源筹集资金的一种财务策略。筹资的目的在于确保企业日常运营能够顺利进行，支持企业的创建和发展，以及优化资本结构。

筹资渠道主要包括：

（1）商业银行信贷：作为企业主要的资金来源之一，商业银行信贷依赖于企业在银行建立的信用等级。企业可以通过抵押或无抵押的方式，以相对较低的成本筹集所需资金。

（2）票据贴现：企业通过向银行支付一定利息的方式，将未到期的应收票据提前转换为现金，这是一种有效的短期资金筹集方式。在某些情况下，如在 ERP 沙盘推演时，贴现费用可能为 1/8 或者 1/10。

（3）资产出售：当其他筹资渠道无法满足企业短期资金需求时，企业可以考虑出售其生产线、厂房、原材料或库存产品，以快速筹集资金。

6. 成本费用控制

CFO 负责控制企业的成本和费用，确保成本控制措施得到有效执行，以提高企业的盈利能力和竞争力。这需要 CFO 具备成本分析和控制能力。

在ERP沙盘推演过程中，成本的控制不仅是财务的职责，也是所有成员需要思考的问题，成本控制贯穿于整个经营决策的过程中。

7. 建立财务制度与风险管理

CFO负责建立和维护企业的财务制度和内部控制体系，以规范企业的财务行为、防范财务风险。这需要CFO具备内部控制和风险管理能力。

8. 财务分析与协助决策

CFO负责进行财务分析，提供决策支持，帮助管理层做出明智的决策。这需要CFO具备数据分析和决策能力。

财务总监或财务助理在企业的资金管理中扮演着关键角色，负责根据企业的经营战略、计划、实际情况以及对未来经营需求的预测，制订资金预算和使用计划。此外，财务总监或财务助理还负责对企业融资的途径、数量与时机给出建议，并在CEO审核同意后，按照具体的操作步骤实施。

在编制财务报表后，财务团队对各部门的资金运用效果进行分析与总结，并向CEO提交分析报告和建议，以支持企业总的战略决策。此外，资金管理还涉及对采购、生产和营销等职能部门各项费用成本的管理，因此，财务团队需要与这些部门进行沟通与协调，既要支持其工作又要对其进行财务监督，以确保资金使用的效率。

综上所述，CFO的职责涵盖了日常财务记账和登记、税务申报、财务报表提供、现金管理、金融策略制定、成本费用控制、资金调度与风险管理、财务制度建立与风险管理以及财务分析与协助决策等多个方面。CFO需要具备会计、税务、金融、成本控制、风险管理、内部控制以及数据分析等多方面的能力，以支持企业的财务健康和长期发展。

【议一议】谁更适合做CFO？

（四）生产总监

生产总监或首席运营官（COO）在企业的生产运营中扮演着核心角色，负责制订和执行生产计划，以及管理生产过程，确保生产活动的高效和顺畅。这一职位需要具备扎实的生产管理知识、卓越的组织能力和强大的问题解决能力。COO的职责如图1-8所示。

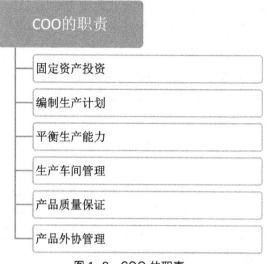

图 1-8　COO 的职责

COO 的职责主要包括但不限于以下七点。

1. 固定资产投资

COO 负责企业的固定资产投资决策，包括生产设备的采购、升级和维护，以支持企业的生产能力和效率。这需要 COO 具备资本预算和投资分析能力。

在 ERP 沙盘推演中，生产总监需要在资金允许和市场容纳所生产产品的前提下规划投入的生产线设备的类型、数量，以及厂房的租建情况。

2. 编制生产计划

COO 负责制订和优化生产计划，包括生产调度、产能规划和生产效率的提升，以满足市场需求和减少成本。这需要 COO 具备制订生产计划和调度的能力。

在 ERP 沙盘推演中，生产计划的基础是营销销售计划。生产计划同时又是物流总监采购原材料的前提。制订生产计划时，COO 不但要考虑企业的整体战略规划，还要考虑实际运营中的变化等情况，需要给出可以变更的最大边界。

3. 平衡生产能力

COO 负责平衡企业的生产能力，确保生产线的运行效率和生产目标的达成。这需要 COO 具备生产流程优化和资源管理能力。

4. 生产车间管理

COO 负责监督和管理生产车间的日常运营，包括人员管理、设备维护和生产流程控制，以确保生产过程的顺利进行。这需要 COO 具备车间管理和团队领导能力。

5. 产品质量保证

COO 负责制定和执行产品质量保证措施，包括质量控制、质量检测和质量改进措施等，以确保产品符合质量标准和客户要求。这需要 COO 具备质量管理知识。

6. 成品库存管理

COO 负责管理成品库存，包括库存水平控制、库存周转和库存优化，以减少库存成本和提高库存效率。这需要COO具备库存管理能力。

7. 产品外协管理

COO负责管理产品外协过程,包括选择合适的供应商、谈判合同、监督外协生产过程和确保外协产品的质量,以支持企业的生产和供应链管理。这需要COO具备供应链管理知识。

综上所述,COO的职责涵盖了固定资产投资、编制生产计划、平衡生产能力、生产车间管理、产品质量保证、成品库存管理和产品外协管理等多个方面。COO需要具备项目管理、质量管理、资本预算、生产计划、资源管理、车间管理、团队领导、库存管理和供应链管理等多方面的能力,以提高企业的运营效率和产品质量。

【议一议】谁更适合做COO?

(五)采购总监

采购总监或首席物流官(CLO):负责企业的采购计划和供应商管理,确保采购过程的顺利进行。采购总监需要具备扎实的采购知识、良好的谈判能力和对供应商的管理能力。CLO的职责如图1-9所示。

图1-9 CLO的职责

CLO在企业中扮演着至关重要的角色,负责监督和管理企业的物流和采购活动,确保企业供应链的高效运作和有效成本控制。以下是关于CLO职责的专业分析阐述。

1. 编制采购计划

CLO负责制订和优化企业的采购计划,包括原材料、零部件和服务的采购计划,以支持企业的生产和运营。这需要CLO具备供应链规划和需求分析能力。

在ERP沙盘推演中,CLO需根据已经制订的生产计划,综合考虑并制订出对应的物料需求计划,同时,要考虑到,在应急情况下,应尽量降低库存。

2. 与供应商谈判

CLO 负责与供应商进行谈判，以获取最佳的采购价格、交货期限和质量保证。这需要 CLO 具备谈判技巧和对供应商的管理能力。

3. 签订采购合同

CLO 负责与供应商签订采购合同，确保合同条款明确、合理，并符合企业的利益。这需要 CLO 具备合同管理和法律知识。

4. 监控采购过程

CLO 负责监控采购过程的执行，确保供应商按时交付合格的产品或服务。这需要 CLO 具备供应链执行和监控能力。

5. 到货验收

CLO 负责组织和协调到货验收工作，确保采购的产品或服务符合质量要求。这需要 CLO 具备质量控制和验收能力。

6. 仓储管理

CLO 负责监督和管理企业的仓储活动，包括库存控制、仓储设施规划和库存优化。这需要 CLO 具备库存管理和物流规划能力。

7. 采购支付抉择

CLO 负责制订和执行采购支付策略，包括支付条款的谈判和支付安排的优化，以优化企业的现金流。这需要 CLO 具备财务分析和支付管理能力。

8. 与财务部门、生产部门协调

CLO 需要与财务部门和生产部门紧密合作，确保采购活动的财务管理的合规性，确保采购计划与生产计划的一致性，以满足企业的生产需求。这需要 CLO 具备跨部门的沟通、协作和调度能力。

采购计划来源于企业的生产计划，因此 CLO 需要及时与 COO 沟通，了解生产的需要、库存的需要，依此进行原料的采购并进行库存管理。同时，CLO 需要结算采购成本与费用，需要立足财务成本，节约或延迟支付款项，需要争取财务部门 CFO 的理解和支持，所以，企业的 CLO 也要多与 CFO 进行协调与沟通，以获得足够的资金支持。

此外，在 ERP 沙盘推演中，CLO 可以协助财务部，根据资金周转情况及生产情况来分配好订单交货的顺序。

综上所述，CLO 的职责涵盖了编制采购计划、与供应商谈判、签订采购合同、监控采购过程、到货验收、仓储管理、采购支付抉择、与财务部门协调和生产部门协调等多个方面。CLO 需要具备供应链规划、谈判技巧、合同管理、供应链执行、质量控制、库存管理、财务分析、跨部门沟通和协作以及制订生产计划等多方面的能力，以支持企业的供应链运作和成本控制。

【议一议】谁更适合做 CLO？

企业管理团队组建后，将领导公司未来的发展，在变化的市场中进行开拓，应对激烈的竞争。企业能否顺利运营下去取决于管理团队是否具有做出正确决策的能力。

每个团队成员应尽可能地在做出决策时利用自身的知识和经验，不要因匆忙行动而陷入混乱。

提示：

（1）如果教学班人数较多，在指定了首席执行官、营销总监、生产总监、采购总监、财务总监之后，可以考虑分配总经理助理、财务助理、"商业间谍"等角色。

（2）对于有实践经验的受训者来说，可以选择不同的职位，以体验换位思考。

（3）在课程进行的不同阶段，也可以互换角色，以熟悉不同职位的工作及流程。

四、开始沙盘演练

（一）规则讲解与学习

ERP沙盘推演规则是确保实训活动有序进行并达到预期效果的关键。这些规则无论是与现实世界相同、相似还是有所差异，都是经过严格的筛选和长期的实践总结形成的，每一条规则都有其特定的目的和意义。在沙盘推演过程中，所有参与者必须严格按照既定规则执行操作，这是保证实训活动顺利进行的基础。

规则的制定并非易事，它需要结合实际情况和实训目标，经过多次讨论、测试和调整，以确保规则的合理性和有效性。这些规则旨在模拟真实世界的复杂性，同时提供一种安全、可控的环境，让参与者能够在没有实际风险的情况下学习和实践。

在ERP沙盘推演中，规则对所有人都是平等适用的。遵守规则不仅是对实训过程的尊重，也是对其他参与者的尊重。在执行过程中，任何对规则的怀疑或挑战都是不被允许的，因为这可能会破坏实训的秩序和效果。

为了更好地理解和遵守规则，参与者应在课前进行预习。通过预习，参与者可以提前了解规则的内容和要求，为实训活动做好准备。此外，指导老师在上课时的讲解也是非常重要的。老师可以通过实际案例和经验分享，帮助参与者更深入地理解规则背后的逻辑和目的，从而提高实训的效果。

总之，沙盘推演规则的讲解和遵守是实训活动成功的关键。通过严格的规则制定和执行，以及有效的预习和讲解，我们可以确保实训活动达到最佳效果。

（二）开始学习道具操作

在实训过程中，我们使用特制的道具来模拟企业及其运营环境。这些道具是模拟实训的重要组成部分，因为只有熟悉并掌握了这些道具的操作，我们才能确保模拟实训的正常运作。通过操作这些道具，参与者可以观察到企业运营的状态并及时掌握企业运营的现状，为后续的运营决策、教师点评和对其他企业的学习分析奠定基础。

熟悉道具操作是一个漫长的适应阶段。在这个阶段，参与者需要与原有管理层交接生产、经营、采购、销售等工作，并与团队成员紧密合作。这不仅要求参与者熟悉企业的工作内容和工作流程，还需要其理解整体经营发展工作的管理流程。这是一个全面的、深入的学习过程，旨在让参与者从实践的角度深入理解企业的运营。

为了帮助参与者更好地适应这个阶段，我们在模拟经营课程中设计了起始年。在这个阶段，指导教师将带领各个团队完成一系列任务。指导教师的作用不仅仅是传授知识，更重要的是引导参与者通过实际操作来理解和掌握企业运营的复杂性。通过起始年的设计和指导教师的引导，参与者可以逐步适应模拟实训的环境，为后续的独立运营和深入分析打下坚实的基础。

总之，熟悉道具操作是模拟实训成功的必要条件。通过精心设计的起始年和指导教师的引导，参与者可以逐步适应并深入理解企业运营的各个方面，为后续的实训活动打下坚实的基础。

（三）开始第一轮（熟悉规则）

ERP 沙盘推演是经营课程的主体部分，它通过模拟真实的企业经营过程，让参与者亲身体验企业的运作和管理。在模拟经营实施的过程中，每个经营年度的开始都是一次新的挑战和机遇。

经营伊始，市场预测资料为每个模拟企业提供了宝贵的信息。这些资料包括对每个市场每个产品的总体需求量、单价和发展趋势的有效预测。这些预测不仅为企业的战略规划提供了依据，也为企业的日常经营决策提供了指导。

在市场预测的基础上，每个模拟企业都需要讨论并制定自己的企业战略和业务策略。这是企业成功的关键步骤，需要 CEO 的领导和团队成员的紧密合作。CEO 需要按照一定的程序来开展经营，确保所有重要事项的经营决策都是经过深思熟虑的。这些决策包括但不限于产品开发、生产计划、市场营销策略和财务规划等。

决策的结果会直接体现在企业经营结果中。这是 ERP 沙盘推演最激动人心的部分，因为它让参与者直观地看到自己的决策对企业的影响。在这个过程中，参与者不仅需要自我总结，还需要接受教师的点评。教师的点评可以帮助参与者更好地理解自己的决策，发现自己的不足，并从中学习和成长。

总之，ERP 沙盘推演的第一轮是企业模拟经营的重要阶段。通过市场预测、企业战略和业务策略的制定、CEO 的领导和决策的实施，参与者可以深入理解企业经营的过程，并从中获得宝贵的经验和教训。

提醒：

（1）第一轮重点是熟悉规则，可以尝试规则里面的各种情况。

（2）每个经营年度结束时，小组要自我总结，教师尽量针对学生经营状态进行引导和点评。

（四）开始第二轮（学会决策）

在 ERP 沙盘推演的第二轮中，团队合作已经进入了一个新的阶段。随着成员之间默契的增强和协作模式的成熟，每个成员都被鼓励发挥更大的主观能动性。这不仅是对个人能力的考验，也是对团队整体实力的提升。在这一轮中，成员们需要充分展示自己的才华和能力，通过有效的沟通和协作来共同带领企业走向辉煌。

第二轮的核心是对策略的深入训练。这要求参与者对市场环境进行更深入的分析，对竞争对手进行更全面的研究，对内部资源进行更准确的评估，并基于这些信息制定和执行更有效的业务策略。通过这一轮的训练，参与者将更深入地理解策略的重要性，并学会如何在实际操作中应用策略。

此外，第二轮也是掌握知识并将其升华的过程。参与者不仅需要掌握知识，还需要能够将知识应用到实际情境中，通过实际操作来验证和巩固自己的知识。这是对参与者学习成果的一次重要检验，也是他们从理论到实践的必经之路。

总之，ERP沙盘推演的第二轮是一个关键的学习阶段。通过团队合作的发展、个人能力的展示、策略训练的深入和知识的掌握与升华，参与者将更深入地理解企业运营的复杂性，并从中获得宝贵的经验和教训。

提醒：

第二轮重点是决策摸索，可以尝试用从书本中以及实际中学到、看到的各种决策来进行企业运营。

（五）第三轮（比赛考试）

第三轮既是一次练习，也是一次考核，是检验成果和评定得分的依据。

1. 全方位的展示训练成果

第三轮是一个全面展示训练成果的阶段。参与者需要将前两轮学到的知识和技能应用到实际操作中，展示他们的综合能力。这包括对市场预测的分析、战略规划的制定、业务策略的执行等方面。

2. 检测自己对相关理论的掌握与应用情况

在第三轮中，参与者需要展示他们对企业经营相关理论的掌握和应用能力。例如，他们需要根据市场预测和内部资源来制定有效的业务策略，并能够迅速执行这些策略。此外，他们还需要展示其对财务管理的理解，包括成本控制、资金筹集和投资决策等方面。

3. 检测团队合作的能力

团队合作是ERP沙盘推演中至关重要的一环。在第三轮中，参与者需要展示他们的团队合作能力，包括沟通、协调、决策和解决问题等方面。他们需要学会如何与团队成员合作，共同面对挑战，并取得成功。

4. 通过反思与总结，提升自身管理素质

每次沙盘推演结束后，参与者需要进行反思和总结。他们需要分析自己的决策和结果，找出不足之处，并学习如何改进。通过反思与总结，参与者可以不断提升自己的管理素质，为未来的职业生涯打下坚实的基础。

5. 考核计算评定方法

在我们的日常生活中，人们往往习惯于用一个企业的财务指标去分析、判断、评价一个企业的业绩表现。然而，财务指标作为一种滞后的分析指标，仅仅反映了已经发生的情况，无法准确地预测出企业的未来。这种滞后性可能会导致高级管理层和其他管理人员严重短视，阻碍对未来发展的投资，从而可能使一个企业逐渐丧失可持续发展的能力。

为了更真实地反映企业的价值和未来发展的潜力，在 ERP 沙盘推演经营课程中，对模拟小组的评价需要接近对现实存在企业的评价，同时要考虑到企业将来的发展潜力。在沙盘推演课程中，计算总成绩时，必须要考虑到这些因素。在综合考虑企业权益及发展潜力的基础上，确定出以下计算得分的方法：

最终总分 = 第六年年末所有者权益 × (1 + 系数)

这个算法不仅考虑了企业的财务状况，还考虑了企业的整体表现和发展潜力。通过这种方式，我们希望能够更准确地评价企业的真实价值，并激励参与者更加关注企业的长期发展和可持续性。权重系数表如表 1-7 所示。

表 1-7 权重系数表

名称	权重系数
大厂房	0.15
小厂房	0.10
手工生产线	0.05/条
半自动生产线	0.10/条
全自动生产线/柔性线	0.15/条
本地市场开发	0.10
区域市场开发	0.10
国内市场开发	0.15
亚洲市场开发	0.20
国际市场开发	0.25
ISO 9000	0.10
ISO 14000	0.10
P1 产品开发	0.05
P2 产品开发	0.10
P3 产品开发	0.10
P4 产品开发	0.15
本地市场地位	0.15/经营结束年市场第一
区域市场地位	0.15/经营结束年市场第一
国内市场地位	0.15/经营结束年市场第一
亚洲市场地位	0.15/经营结束年市场第一
国际市场地位	0.15/经营结束年市场第一

总之，ERP沙盘推演的第三轮是一个关键的学习阶段。通过训练和全面展示参与者的能力、检测他们对相关理论的掌握情况以及团队合作的能力，我们希望能够帮助参与者更好地理解企业的运营和管理，为他们未来的职业生涯打下坚实的基础。

（六）完成总结报告

现场点评与分析是ERP沙盘推演经营课程的精彩所在。在每次经营结束后，指导教师会根据巡查的观察结果，结合经营结果数据，进行现场点评与分析。他们不仅讲解共性问题，还讲解各组之间的差异。这种点评和分析能够帮助参与者深入理解自己的经营过程和成果，学习和借鉴他人的经验。

指导教师在现场点评与分析中扮演着重要的角色。他们通过观察经营过程和经营结果数据，能够提供专业的点评和分析。他们的指导不仅能够帮助参与者理解自己的经营过程和成果，还能够让参与者学习和借鉴他人的经验。通过点评与分析，指导教师能够起到画龙点睛的作用，让学员有顿悟的感觉、真正感受到管理知识与管理实践之间的差距。

完成总结报告是ERP沙盘推演经营课程的重要环节。通过撰写总结报告，参与者可以系统地回顾和总结他们的经营过程和成果，找出成功之处和导致失败的原因，以及分析竞争对手的情况和经营战略是否需要调整。这有助于他们在实践中学习和成长，提高自己的管理能力。

课后，参与者需要按要求完成对整个实训环节的分析汇总，总结经验与教训，沉淀好发现并掌握的知识。这有助于他们巩固学习成果，为未来的职业生涯打下坚实的基础。

五、每年操作经营流程明细

沙盘的运营需要分四个季度来完成，每个季度又分了若干步骤。其中，年初有7项工作、每季度有18项工作、年末有3项常规工作，有4项工作随时可以进行，然后还需要完成财务报表的制作。

在经营之前首先需要进行两项工作。

（一）制定企业发展战略，明确远景发展目标

在经营伊始，企业必须首先制定明确的发展战略。这包括确立组织的使命、发展路径与目标体系，以及深入分析经营环境，确定所处行业结构和竞争地位。同时，企业还需评估自身资源的匹配度，并选择合适的发展路径。

企业发展战略的核心在于明确技术创新与产能战略、市场战略和财务战略。技术创新与产能战略涉及产能调整决策、产品组合决策和新品研发决策，这些决策对于企业保持长期竞争力和市场地位至关重要。市场战略则包括市场定位与产品组合决策、新市场开发决策和市场竞争策略，这些决策有助于企业更好地满足市场需求、扩大市

场份额。财务战略则包括筹资决策、投资决策、还款决策和成本控制决策，这些决策对于企业的财务健康和可持续发展至关重要。

通过明确战略制定流程、分类和具体内容，参与者能够更好地理解企业发展战略的重要性，并学会如何制定和执行有效的战略决策。

（二）制订具体经营计划，实现企业经营目标

在实现企业经营目标的过程中，制订具体经营计划是至关重要的一环。这些计划应以年度、季度为时间单位，将企业发展战略细化为具体的行动计划。通过实现短、中期目标，企业可以逐步实现其长期战略目标。

经营计划包括多个方面，如市场开发计划、产品研发计划、物料采购计划、生产计划、资金使用计划等。这些计划涵盖了企业运营的各个方面，确保企业在各个领域的活动都朝着共同的战略目标迈进。

在实施经营计划的过程中，企业需要进行均衡性控制和综合成本管理。均衡性控制确保企业在各个计划之间保持平衡，避免企业将资源过度集中在某一领域而忽视其他重要方面。进行综合成本管理则有助于企业有效控制成本、提高运营效率，确保企业在实现战略目标的同时保持财务健康。

通过明确经营计划的制订与战略目标的关系、经营计划制订的分类和内容，以及强调实施过程中的均衡性控制和综合成本管理，参与者能够更好地理解如何通过具体经营计划来实现企业经营目标。

（三）完成四个季度的具体操作，感悟企业经营过程

年初工作：新年度规划会议—广告投放—参加订货会选订单/登记订单—支付应付税—支付长贷利息—更新长期贷款/长期贷款还款—申请长期贷款。

每个季度的工作：季初盘点—更新短期贷款/短期贷款还本付息—申请短期贷款—原材料入库/更新原料订单—下原料订单—购买/租用厂房—更新生产/完工入库—新建/在建/转产/变卖生产线—开始下一批生产—更新应收款/应收款收现—按订单交货—产品研发投资—厂房出售/租转买—新市场开拓—ISO 资格投资—支付管理费/更新厂房租金—出售库存—厂房贴现—季末收入合计—季末支出合计。紧急采购、应收款贴现工作随时可以进行。

年末的相关工作：缴纳违约订单罚款—支付设备维护费—计提折旧—新市场/ISO 资格换证。

注意：应严格按照上述执行顺序执行，不得错乱、不得跨步执行。

（四）制作年度财务报表，分析财务数据

完成四个季度的运营后，需要根据执行的情况完成财务报表制作的相关工作。需要完成产品核算统计表、综合费用表、利润表、资产负债表等。

(五)分析、总结经营成果,反思、改进经营决策

完成年度经营后,企业应对经营成果进行深入的分析与总结。首先,评估是否实现了既定的战略目标。其次,识别和分析经营过程中的失误及其原因。最后,基于分析结果,进行经营决策的改进,包括但不限于战略的调整、经营计划的优化,以及企业资源的重组与配置优化。这些措施旨在提高团队协作效率、增强决策质量,从而全面提升经营绩效。

(六)教师点评,升华知识

在 ERP 沙盘推演课程中,教师扮演着不可或缺的角色,是课堂活动的灵魂人物。课程设计遵循"以学生为中心"的教学理念,教师根据经营阶段的变化,灵活转换角色,包括但不限于引导者、管理者、客户代表、供应商代表、咨询专家和评论家。这些角色不仅确保了模拟经营的顺利进行,而且促进了学生的积极参与和深度学习,从而提高了教学效果和学生的学习体验。

【课后思考】

1. ERP 沙盘推演在培养学生的管理技能方面有哪些优势?它如何帮助学生掌握生产管理、市场营销、财务管理等方面的技能?

2. ERP 沙盘推演如何帮助学生理解企业运营的系统性和协同性?它如何帮助学生理解各部门之间的相互依赖关系和协作机制?

3. 如何通过 ERP 沙盘推演增强学生的团队协作能力和全局意识?它如何帮助学生在追求各运营环节最优化的同时,避免环节间的潜在冲突?

第二章　开始模拟企业经营

第一节　初始状态设置

该企业自三年前创立以来，便致力于传承制造业的优良传统，主要从事 P 系列产品的研发与制造。目前，公司自己建设了一个"大厂房"，内设有三条手工生产线及一条半自动生产线，均保持良好的运作状态。这些生产线均专注于 P1 产品的制造，产品主要在本地市场推广，获得了较高的市场声誉和消费者认可。

关于公司的起始状态，涵盖了财务状况、市场份额、产品系列、生产设备以及盈利水平等方面，这些信息均通过资产负债表和损益表这两份财务表进行了详细阐述。

一、企业财务现状

财务状况是对企业资产、成本、负债、所有者权益、损益等要素的构成及其相互关系的总称。公司内部的财务经营状况主要通过资产负债表来展示。资产负债表的编制遵循"资产＝负债＋所有者权益"的会计恒等式，按照特定的分类方法和标准，对企业的资产、负债、所有者权益、成本和损益等会计要素进行排列和整理，以反映企业在特定时点的实际财务状况。其主要目的是提供准确的信息，帮助专业投资者了解企业的经济资源、资本结构和资本分布情况，评估企业的成长能力和偿债能力，以及对其经营业绩进行准确评价。

在 ERP 沙盘推演课程中，为了降低会计报表编制的复杂性，我们对资产负债表的项目进行了简化，形成了如表 2-1、表 2-2 所示的简易的利润表和资产负债表。

表 2-1　利润表

项目		金额（M）
销售收入	+	36
直接成本	−	14
毛利	=	22
综合费用	−	9
折旧前利润	=	13
折旧	−	5
支付利息前利润	=	8
财务收入/支出	+/−	4
额外收入/支出	+/−	—
税前利润	=	4
所得税	−	1
净利润	=	3

表 2-2　资产负债表

资产		金额（M）	负债		金额（M）
现金	+	20	长期负债	+	40
应收款	+	15	短期负债	+	0
在制品	+	8	应付款	+	0
成品	+	6	应交税	+	1
原料	+	3	一年到期的长贷	+	0
流动资产合计	=	52	负债合计	=	41
固定资产			权益		
土地和建筑	+	40	股东资本	+	50
机器和设备	+	13	利润留存	+	11
在建工程	+	0	年度净利	+	3
固定资产合计	=	53	所有者权益合计	=	64
总资产	=	105	负债+权益	=	105

您将接手一家正在正常经营的企业，企业的总资产为1.05亿元（模拟货币单位105M，M表示百万元），其中，流动资产共计52M，而固定资产共计53M；负债41M，所有者权益为64M。

（一）流动资产

流动资产包括企业账面的现金、应收账款、存货等，其总额为 52M。

现金资产：企业拥有现金 20M。

应收账款：应收账款总额为 15M，在应收款的第三期。

存货：存货包括 4 个 P1 在制品，价值 8M；3 个 P1 成品，价值 6M；3 个 R1 原料，价值 3M。

（二）固定资产

固定资产包括企业拥有的土地（在 ERP 沙盘推演中，就是厂房）、生产设施等，总额为 53M。其中，土地是指价值 40M 的大厂房一个。生产设施包括三条手工生产线（每条价值 3M）和一条半自动生产线（价值 4M），总价值 13M。生产线是企业在几年前投资建设的。

目前无在建工程。

（三）负债

负债包括短期负债、长期负债和应付款项，总额为 41M。

长期贷款为 40M，有 20M 为五年期贷款，还有 20M 四年期贷款。

应付税金为 1M。

目前无短期负债。

（四）所有者权益

所有者权益包括股东资本、利润留存和年度净利，总额为 64M。

股东资本为 50M。

利润留存为 11M。

年度净利为 3M。

二、企业运营流程说明

企业生产运营流程是模拟企业运作的核心框架，它依据企业实际运营需求和模拟操作要求设计，包括年初、季度和年末的关键工作步骤。该流程是 ERP 沙盘推演中必须严格遵守的步骤。该流程包括年初的 7 项工作、按季度的 18 项工作以及年末的常规 3 项工作。CEO 负责模拟企业运营流程的控制，团队成员各司其职，确保工作有条不紊地进行。每完成一项任务，CEO 负责填写电子监控表，财务总监需要在年度经营记录表上记录具体的操作。

现金管理是企业运营的命脉，现金的流动性直接关系到企业的财务健康。随着企业生产经营活动的进行，现金的流入和流出形成净现金流量。为此，企业特别设立现金收支明细登记表,以详细记录现金的流动情况。各部门在执行任务时,一旦涉及现金收付,财务总监必须同步在现金收支明细登记表上记录相应的收支情况,确保现金流动的透明性和可追溯性。

1. 财务总结、记录规则

如表 2-3 所示,严格从左向右、从上到下一步一步来完成每一步操作。每执行完一项操作,请在相应的方格内进行记录。

表 2-3 运营记录表

用户____第____年经营

操作顺序	请诚信操作				
	手工操作流程	手工记录			
年初	新年度规划会议				
	广告投放				
	制定年度规划/订单登记				
	支付应付税				
	支付长贷利息(四舍五入)				
	更新长期贷款/长期贷款还款				
	申请长期贷款				
1	季初盘点(请填余额)				
2	更新短期贷款/短期贷款还本付息				
3	申请短期贷款				
4	更新应付款				
5	原材料入库/更新原料订单				
6	下原料订单				
7	更新生产/完工入库				
8	新建/在建/转产/变卖生产线				
9	向其他企业购买原料				
10	开始下一批生产				
11	更新应收款/应收款收现				
12	出售厂房				
13	向其他企业购买成品				
14	按订单交货				
15	产品研发投资				
16	支付行政管理费				
17	其他现金收支				
18	支付租金/购买厂房				

续上表

操作顺序	请诚信操作	
	手工操作流程	手工记录
19	支付设备维护费	
20	计提折旧	
21	新市场开拓/ISO 资格投资	
22	季末收入合计	
23	季末支出合计	
24	期末现金对账	

（1）有钱入账记录正的数字。
（2）有钱出账记录负的数字。
（3）无钱入账但有组员操作，记录"√"。
（4）无钱入账也没有操作，打叉号"×"。
（5）表格内的四列代表了一年内的四个季度。

提醒：在企业模拟经营中，每个成员都应主动参与，优先负责自己的工作，并在完成自身工作后，协助其他岗位的成员；应重视团队的力量，以确保企业运营的高效和顺畅。

2. 知识点

（1）所得税。按我国税法规定，企业盈利后需要按规定上缴一定比例的税金。计算所得税时收入弥补前五年所有亏损后多余的部分才计入税金的计算基数。

在 ERP 沙盘推演中：税金 =（本年度盈利 – 上次缴税后的所有亏损额）× 25%

（2）订单违约，系指企业在接受客户订单后，若在本经营年度内没有交货，或者加急订单没有在第一季度交货，则需承担相应的违约责任。一旦发生违约，订单将被取消，并且企业需支付违约金。违约金的计算公式为所有违约订单金额的 20% 累加，即：

$$违约金 = \sum（每张违约订单金额 \times 20\%）$$

其中，$\sum$ 代表求和符号，用于累加所有违约订单的违约金。

三、企业初始状态

尽管资产负债表、综合费用明细表和利润表这三张核心财务报表能够提供企业整体财务状况和年度经营成果的概览，但它们并不包含某些具体的财务细节，例如，长期借款的到期时间或应收账款的回款时间。为了确保 ERP 手工沙盘课程中各模拟企业之间的公平竞争，有必要统一设定模拟企业的初始运营状态。

根据资产负债表显示的数据，模拟企业的总资产规模达到 1.05 亿（其中每个百万单位以灰色模拟数字货币表示，以下同）。因此，各沙盘企业目前拥有 105 个单位，每个单位代表 1 百万单位（1M）的模拟币（灰币）值。接下来，我们将按照资产负债表上各项目的排列顺序，将企业资源的分布状况还原到手工沙盘上。在此过程中，建议各岗位工作人员从熟悉自身工作内容开始，各司其职，以确保复原过程的准确性和效率。

（一）流动资产

ERP 沙盘推演中的流动资产包括现金、应收账、原料、成品库存以及在制品等。

1. 现金

首先请财务总监从发放的道具里拿出满满一桶灰色币（共 20 个）放到手工沙盘的现金库里面。

2. 应收账款

为了扩大客户基础，企业通常实施信用销售策略，允许客户在规定的期限内支付货款，而非即时支付。应收账款按照账期划分，最多不超过四个账期，每个账期为一个季度。财务总监或财务助理需准备一个空桶，并装入 15 个灰币（总计 15M），然后将其放置在手工沙盘上应收账款第三账期的位置。

提示：账期分为四个季度；离现金库最近的为第一账期，最远的为第四账期。

3. 在制品

在制品是指处于生产过程中、尚未完成的产品。初始盘面设置包括三条手工生产线和一条半自动生产线，每条生产线上各有一个 P1 产品，分别放置在手工生产线的第一、二、三期位置（注意每条生产线上只能有一个产品）。手工生产线有三个生产周期，靠近原料库的为第一周期。半自动生产线有两个生产周期，P1 在制品位于第一周期。每个 P1 产品的成本为 2M，由 R1 原料费 1M 和人工费 1M 组成。生产总监、财务总监和采购总监需协作制作四个 P1 在制品，并将其摆放到手工沙盘生产线的相应位置。

4. 成品

在 P1 的成品库里面有三个成品，每个成品的成本由一个 R1 原料费 1M 和人工费 1M 构成。生产总监、财务总监和采购总监需协作制作三个 P1 成品，并将其摆放到手工沙盘 P1 成品库中。

5. 原料

目前，R1 原料库中备有三个原料，每个价值 1M。采购总监需放 3 个 R1 原料（红色币）到 R1 的库房里面。此外，还有已向原材料供应商发出的采购订货，预定 R1 原料两个，采购总监需将两个空桶放置到手工沙盘 R1 原料订单处。

（二）固定资产

固定资产包括土地及厂房、生产设备、在建工程等。

1. 大厂房

企业已拥有一个大厂房，价值 40M。财务总监或财务助理需将两桶、40 个灰色币装好,放置于手工沙盘大厂房价值处。

2. 机器设备

企业成立以来,已购置三条手工生产线和一条半自动生产线。目前,这三条手工生产线的账面价值为3M,半自动生产线的账面价值为4M。财务总监或财务助理需取三个空桶,分别放入3个灰币,然后将桶放到三条手工线下面的资产净值处;再拿一个空桶,放入4个灰币,然后将桶放到半自动生产线的资产净值处。

(三)负债情况

负债包括长期负债、短期负债、应交税费及各项应付款。

1. 长期负债

企业先后获得银行长期贷款40M,其中有20M贷款需五年以后还款,还有20M贷款需四年以后还款。请财务总监或者财务助理在沙盘中长期贷款FY5里面放一个空桶、FY4里面放一个空桶。空桶表示欠银行20M。

提示:长期贷款一格代表一年,长期贷款期限最多五年;短期贷款一格代表一季度,短期贷款期限最长为四个季度;如果有高利贷,则把空桶放在其他贷款处。

2. 应付税

报表显示,上一年度有1M的税款需要缴纳。税金在下一年年初交纳。

至此,企业初始状态设定完成。设定好的沙盘盘面如图2-1所示。

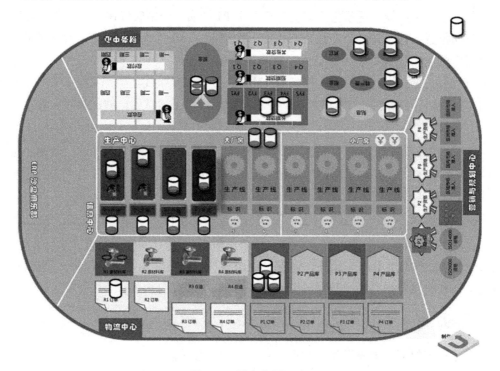

图2-1 沙盘盘面示意

【课后思考】

在企业经营的过程中，为什么不允许企业经营操作跳步执行？

第二节　熟悉模拟下的企业运营

在一家企业完成新管理团队的构建之后，原有管理层需承担起"传帮带"的任务，以确保新团队在整体经营管理与发展策略制定上经历一个渐进的学习与适应过程。在初始阶段，新任管理层仍将在资深领导的指导下开展工作，企业的关键决策依然由原管理团队主导。在此期间，指导教师扮演着原领导的角色，新管理层则遵循既定流程并执行任务。此举的核心目标在于促进团队成员间的相互磨合，确保各自职能的有效发挥，使团队成员深入理解企业的生产经营和运作机制，并掌握企业全年的生产运营流程。

一、年初经营事项

1. 年度规划会议

（1）制定企业的整体战略规划。在新的一年之初，企业首席执行官（CEO）需引领管理团队制定或调整公司的发展战略，这包括但不限于生产经营规划、生产线投资规划、长期贷款策略以及营销策划方案。具体而言，这涉及采购预算、销售预算、财务预算等多个方面。

历史经验表明，"预则立，不预则废"。前期预算管理是企业战略决策和长期投资决策的重要量化体现，它通过相关数据和信息的系统展示，影响企业的所有财务、经济行为。销售预算管理作为预算编制的核心和基础，其主要目标是预测本年度的销售总体目标，涵盖销售市场、产品类型、产品数量、产品单价、销售收入、销售成本等关键要素。

此外，企业的最大产能的计算同样至关重要。在参加客户产品订货会并获取订单之前，企业准确计算本年度各产品的最大可接单量是必要的。若无法获得理想订单，企业需考虑变通接单方案。企业的可持续接单量主要取决于现有生产能力和库存水平，因此，产能计算的准确与否将直接影响订单能否成功交付。

（2）制订当年度具体计划。本年度销售目标确立后，企业应以确立的销售目标为核心，结合对未来几年市场趋势的预测，制订自己的销售计划、生产计划、采购计划以及生产线投资计划等。同时，企业需及时制订相应的资金预算和资金使用规划，确保资源的有效配置和利用。

通过这种方式，企业的各个部门可以被有机地结合起来，形成一个协同工作的整体。各部门将不再是孤立的，而是相互支持、相互依赖的。例如，销售计划将直接影响生产计划和采购计划，而生产计划又依赖于物流的支持。资金预算和使用计划则确保了企业在执行各项计划时拥有足够的资金支持。

通过这种整合，企业能够更有效地应对市场变化，提高资源利用效率，降低运营成本，最终实现销售目标和企业的长期发展。

（3）初始年的年度计划。初始年的企业运营是由指导教师带领所有企业共同完成的，目的是让学生掌握道具的使用和熟悉企业运营的流程。同时，为了给所有参与者一个相同的起始状态，初始年所有企业的运营决策是一模一样的，企业的成员没有决策权，主要是熟悉整个运作模式。

初始年的规划是，不投资任何生产线，不研发任何产品，不开拓任何市场，不进行任何贷款，仅仅维持正常的生产，同时，不计算零库存，每个季度采购一个 R1 原材料。因此，新管理团队要在指导教师的带领下完成初始年的运营，目的是熟悉道具的操作。

2. 广告投放

企业订单的获得情况涉及企业的方方面面，跟企业产品的研发情况和市场的开拓情况有关，跟自己的产能相关，跟自己在市场中的地位有关，当然最重要的是跟自己本年度的广告策划方案有关。在本次实训过程中，训练的是企业内部的经营管理能力，因此，企业外部的广告公司等的影响不在考虑范围之内，广告的所有策划相关的具体内容均不予考虑，所有企业的广告效果都是直接按广告额度来衡量营销策划对订单获取的影响。广告额度越高，效果越好。

在广告投放环节，营销总监需要完成广告单的填写，如表 2-4 所示。每一个细分市场都要填写，不填代表不投入广告，则没有机会在该细分市场获得订单。初始年，因为企业只开拓了本地市场，也只研发了 P1 产品，所以只能在本地 P1 细分市场投入广告。

表 2-4　广告单

第 0 年本地				第 1 年本地				第 2 年本地			
产品	广告	9K	14K	产品	广告	9K	14K	产品	广告	9K	14K
P1	1			P1				P1			
P2				P2				P2			
P3				P3				P3			
P4				P4				P4			
第 0 年区域				第 1 年区域				第 2 年区域			
产品	广告	9K	14K	产品	广告	9K	14K	产品	广告	9K	14K
P1				P1				P1			
P2				P2				P2			
P3				P3				P3			
P4				P4				P4			

初始年，所有企业的广告费都是一样的，在本地 P1 细分市场投放 1M。

广告投放后，企业需要支付广告费，财务总监或财务助理需要从现金区拿 1M 放到沙盘盘面上的综合区上的广告费里面。按前面要求的记录规则，记录"-1"。

3. 参加订货会

所有企业都投放完广告后，根据广告投放的情况，企业召开产品订货会，就可以从订货会上获得本年度所有的订单。

（1）参加客户产品订货会。在ERP沙盘推演课程中，所有订单均来源于订货会。所有企业都需要派人参加订货会，至少派遣营销总监或一名其他指定人员参加。订货会现场由指导教师组织，按规则分配，各企业根据排序规则逐个进行订单的选择，直到订单选完或者所有企业都不再选择了为止。

提示：企业在参加订货会前，需要提前计算好自己的产能，根据自己的产能来进行选单，避免因无法交货而导致违约、导致企业信用受损；或者因为销售不足而导致库存太多或停产，造成资金周转问题或不必要的损失。

（2）登记企业销售订单。每一个订单都代表一个客户，在ERP沙盘推演课程中，企业不需要跟客户进行谈判，产品需求与单价均已固定，一旦选择订单就表明与该客户签订了一份具备法律效力的销售合同。企业需要在本年度完成该订单的管理、生产、交货等。所有订单需要告知财务总监并由其填写到"订单记录表"中，纳入企业的运营管理中。通过以上措施，企业能够更好地管理客户订单，提高订单处理效率，确保订单按时完成，从而提升客户满意度和企业信誉。

在初始年，所有企业的订单情况完全相同，订单登记表如表2-5所示。

表2-5 订单登记表

订单号	LP1-1/12		合计
市场	本地		
产品	P1		
数量	6		
账期	2		
销售额	32		

4. 支付应付税

依据法律法规，纳税是企业和公民的基本义务。在ERP沙盘推演课程中，企业需按照25%的税率计算并缴纳所得税。财务总监或财务助理应根据上一年度利润表中"应交税金"项目的数额，从企业现金中取出相应金额，放置于物理沙盘综合费用区里的"税金"区域。

同时，在企业年度经营流程记录表中，财务总监或财务助理需详细记录现金支出和使用情况，确保纳税过程透明和可追溯。通过这种方式，企业能够遵守税法规定，履行纳税义务。同时，这种方式也为企业的长期发展奠定了坚实的基础。

初始年应缴的税金是1M。财务总监在单元格里面记录"-1"。

5. 支付长贷利息

长期贷款的还款通常涉及年初的利息支付和到期时的本金偿还。具体而言，每笔贷款的利息支付额为贷款金额的 10%，即 20M × 10% = 2M。财务助理负责从现金库中取出相应的利息金额，放置于手工沙盘的综合区"利息"位置，并在年度经营流程记录表中详细记录这一现金支出。

初始年长期贷款为 40M，所以长贷利息为 4M，此处填写"4"。

6. 更新长期贷款/长期贷款还款

如果企业向银行借入长期贷款，财务总监或财务助理就需要将代表长期贷款的空桶向现金库方向移动一格。如果该空桶进入现金区，则表示该贷款到期，企业需要归还本金了。

当长期贷款到期时，财务总监或财务助理需从现金库中取出对应的现金，用于归还贷款本金。同时，在年度经营流程记录表中，应准确记录这一现金收支情况。这样的管理流程确保了企业负债的透明度和偿还的及时性。

这一过程不仅涉及现金流的安排，还可能影响企业的资本结构和财务策略。因此，财务团队需密切关注贷款到期时间，确保企业有足够的资金储备来应对还款。同时，维持良好的财务状况，为企业的财务健康和信誉维护提供了保障。

初始年长期贷款分别为五年期 20M 和四年期 20M，更新后变为四年期和三年期各 20M，此处填写"√"。

7. 申请长期贷款

长期贷款的申请仅限于每年初进行。企业可根据自身的经营需求，选择是否申请长期贷款，其额度受限于上一年所有者权益的三倍减去已有的长期和短期贷款总额。贷款金额需为 10 的倍数，且贷款期限可在 1～5 年之间选择。

申请长期贷款时，企业需领取一个空桶（每 20M），并将其放置在物理沙盘上，以此代表所申请的长期贷款。例如，若申请 40M 的长期贷款，贷款期限为五年，则拿两个空桶放置在长期贷款 FY5 的位置，然后拿 40 个灰色币放在现金区。这一操作不仅代表了贷款的获取，也是企业财务状况的一种体现，需要在企业的财务记录中进行相应的记载。

初始年不贷款，所以该处填写"×"。

二、第一季度经营

1. 季初现金盘点

财务总监或财务助理负责对现金库中的资金进行精确清点，并确保在企业年度经营流程记录表中准确登记现金余额。

在初始年初，企业拥有 20M 的现金储备。随后，企业需支付 1M 的广告费用、1M 的税收以及 4M 的利息。因此，财务团队需在记录表中更新现金余额，反映出扣除这些支出后的剩余现金为 14M。这样的精确记录有助于企业更好地管理现金流，确保财务决策的准确性和有效性。

此处填写"14M"。

2. 更新短期贷款/还本付息

若企业当前持有短期贷款，财务总监或财务助理应将代表短期贷款的空桶向现金库方向移动一格，例如，将位于第三季度的空桶移动至第二季度。当空桶移动至现金库位置时，即表示短期贷款已到期，此时企业需进行本金和利息的偿还。

短期贷款的还款付息采用利随本清的方式。具体而言，每笔短期贷款到期时，企业需支付本金加上相当于本金 5% 的利息，即对于 20M 的贷款，需支付 1M 的利息，总计 21M。财务总监或财务助理应从现金库中取出现金，其中 20M 用于归还银行贷款。财务总监或财务助理在指导教师指定的地点进行还款并获取确认，将剩余 1M 放置于沙盘上的"利息"位置，并在年度经营流程记录表中详细记录这一现金收支情况。

尚未进行短期贷款的企业，无须进行上述操作，也无须在记录表中更新短期贷款的相关信息。

此处填写"×"。

3. 申请短期贷款

短期贷款的申请仅限于每个季度经营开始时进行。企业可根据自身的经营需求，选择是否申请短期贷款，其最高额度受限于上一年所有者权益的三倍减去已有的长期和短期贷款总额。贷款金额需为 20M 的倍数，且贷款期限固定为四个季度。

为申请短期贷款，企业需领取相应数量的空桶，并将其放置在物理沙盘上，以此代表所申请的短期贷款。具体而言，每获取 20M 的短期贷款，企业需领取一个空桶，并将其放置在短期贷款 Q4 的位置。这一操作不仅代表了贷款的获取，也是企业财务状况的一种体现，需要在企业的财务记录中进行相应的记载。

此处填写"×"。

4. 原材料入库/更新原料订单

首先，采购总监负责将原材料订单区中的所有空桶向原料库方向推进一格。如果有空桶到达原材料库时，则表明供应商已经按要求发货且货物已到达收货区。采购总监需向财务总监或财务助理申请原料款，该款项将支付给供应商，用于购买事先订购的各类原材料。当企业订购的原材料到货时，企业必须按照原材料订单的要求无条件接受货物，并以现金方式支付材料款，不允许赊购。

其次，在现金支付完成后，财务总监或财务助理需在企业年度经营流程记录表中详细记录这一现金收支情况。这样的操作确保了企业原材料的及时补给，同时也维护了与供应商良好的关系和透明的财务记录规则。

在初始年，企业已预定了一个 R1 原材料。因此，采购总监需要将位于 R1 订单区的空桶移动至 R1 库房内，并从财务处取得 1M 的现金以购买该 R1 原材料，同时，在记录表中，相应地填写"–1"，以反映这一现金支出。

5. 下原料订单

原材料订单是有进货周期的，R1 和 R2 的进货周期是一个季度，R2 和 R3 的进货周期是两个季度，因此必须提前下订单才能不影响正常的使用。物流总监需要根据生产计划表来提前采购原材料。如果为保证正常生产而大量库存原材料，则会影响企业的资金周转，因此，如何把库存降到最低安全状态是企业必须要研究的一个课题。在ERP沙盘推演的课程中，应尽量做到 0 库存。

初始年，企业按计划每个季度下一个 R1 订单，因此物流总监拿一个空桶放在 R1 的订单区。由于该操作没有资金往来，故填写"√"。

6. 更新生产/完工入库

生产总监负责将各生产线上的在制品逐个前移一个位置，当产品被移动出生产线时，表明该产品已经加工完成。然后，生产总监把移动出生产线的产品放到对应的产品库房里面。

初始年，企业有四条生产线，第一条（手工线）由位置 1 推到位置 2，第二条（手工线）由位置 2 推到位置 3，第三条（手工线）由位置 3 生产完成放到 P1 库房里面。第四条（半自动）由位置 1 推到位置 2。

由于该操作没有现金的流入和支出，故此处填写"√"。

7. 投资新生产线/变卖生产线/生产线转产

生产总监可以提出自己的生产线投资计划，根据生产线的特性来选择生产线的种类。

1) 投资新生产线。

（1）领取生产线标识牌。企业运营总监到指定地点领取新生产线及其相应的生产标识牌。

（2）放置标识牌与空桶。运营总监将生产线和标识牌翻转放置于厂房内预定的位置，并在其上放置一个空桶，以示投资进度。

（3）申请建设资金。每个季度，运营总监需向财务部门提交生产线建设资金申请。计算公式为：资金额度 = 设备总购买价值 ÷ 安装周期。例如，全自动生产线的季度投资额为 5M。

（4）资金记录。财务总监或财务助理负责在年度经营流程记录表上准确记录生产线的现金收支情况。

（5）投资完成与投产准备。生产线全部投资完成后，运营总监可以把生产线标识牌翻转，并把投币的桶移动到生产线的资产净值里面。

（6）生产线投入使用。完成上述步骤后，生产线方可开始生产指定产品。

请注意，以上流程需严格按照既定步骤执行，以确保生产线投资的顺利进行与生产线的顺利投产。

2) 变卖生产线。企业如果需要更换落后的生产线，或者因为经营资金缺乏而需要变现，可以考虑变卖一些生产线。

（1）变卖生产线的前提是生产线上没有产品正在生产。

（2）根据规则，不管生产线价值几何，其只能卖到残值。如果要变卖生产线，企业则需从资产净值里面拿出残值金额放到现金区，然后把其余的放到综合区的其他里面，记为损失。

（3）财务总监在该步骤记录进入现金区的金额。

3）生产线转产。生产线转产是指将现有生产线从生产一种产品转换为生产另一种产品，生产线的类型不能改变。例如，生产线原来生产 P1 可以转换为生产产品 P4。不同类型的生产线转产所需的调整时间和资金投入是不同的。

（1）标识牌翻转：将生产线标识牌翻转，以示转产开始。

（2）支付转产费用：找财务人员申请相应的转产费用并支付到对应的地方，同时停产，该季度将无法继续生产产品。

（3）完成转产：等转产费支付完成以后，就把生产线的标识牌翻转过来。同时找老师换取新的产品标识牌，然后就可以重新开始新一轮的生产了。

（4）财务记录：财务总监或财务助理需在年度经营流程记录表上准确记录生产线的现金收支情况。

注意事项：①生产线一旦建设完成，不得在大小厂房间随意移动；②未建好的生产线，生产线背面向上，产品标识背面向上；③费用投资应记录在生产线背面；④如果在转产环节尚未租用或购买厂房，可以先进行生产线建设，后续再决定厂房的购买或租赁。

以上流程旨在确保生产线转产活动的顺利进行，并确保相关财务信息的准确记录。

如果在该环节还没有租用或者购买厂房的，可以先在该步骤建设生产线，到后面再决定厂房是买是租。

初始年，不新建、不转产、不变卖生产线，因此这个单元格填写"×"。

初始年，企业不需要紧急采购也不跟其他企业交易。该单元格填写"×"。

8. 开始下一批生产

当生产线上的在制品完工并入库后，企业可以考虑开始在该生产线上生产新产品。新产品的生产由生产总监负责，但要确保以下条件得到满足。

（1）生产线可用性确认：检查生产线是否处于良好工作状态，能够支持新产品的生产。

（2）生产线空闲状态确认：确保生产线当前没有正在进行的生产任务，处于空闲状态。

（3）产品资格证检查：核实所要生产的产品是否已经获得必要的资格认证，被允许生产。

（4）原材料准备：生产总监根据 P 系列产品结构，从原料库中取出所需原料，为生产新产品做好准备。

（5）加工费用申请：向财务总监或财务助理申请产品加工费用，确保生产资金充足。

（6）产品上线：放一个空桶在生产线的第一期位置，然后根据产品构成把从库房里提取的原料放到桶里，准备开始生产。

只有在上述所有条件均得到满足的情况下，企业方可开始下一批新产品的生产。这些步骤旨在确保生产过程的顺利进行，并减少任何可能的中断或延误。

由于第三条生产线已经完成生产，生产的是 P1，所以需要从库房提取一个 R1 原料，并找财务总监领取 1M 的加工费，拿一个空桶放到生产线 3 的 1Q 里面，并把原料与加工费放进塑料桶中。此处填写"1"。

9. 更新应收款/应收款收现

在 ERP 沙盘推演经营课程中，财务总监或财务助理在该环节负责将应收款项沿预设路径向现金库方向推进一格。当应收款到达现金库时，即自动转化为现金，可供企业自由使用。同时，财务总监或财务助理需要在年度经营流程记录表上准确记录这一现金收支变动，确保财务数据的准确性和完整性。这一流程有助于维护企业资金流转的透明度和可追溯性，是良好财务管理和内部控制的重要环节。

此处，有应收款在三期，需要将三期的应收款推到二期里面，填写"√"。

10. 出售厂房

在企业面临资金短缺的情况下，出售厂房成为一种可行的解决方案。由于厂房在 ERP 沙盘推演中不进行折旧计算，因此其可以按照原始购买价值进行出售。然而，需要注意的是，出售厂房所获得的并非现金，而是等同于厂房价值的四个账期应收账款。这些应收账款将按照预设的路径，在每个季度向现金库方向推进一格，直至最终转化为现金。财务总监或财务助理需要在年度经营流程记录表上准确记录这一过程，包括厂房出售的价值、应收账款的生成及后续的现金变化情况，以确保财务数据的准确性和完整性。

由于初始年，企业不出售厂房，此处填写"×"。

11. 按订单交货

在 ERP 沙盘推演经营课程中，需要有人根据企业运行状态和订单参数来对订单交货顺序进行排序，以求达到资金周转效益最大化，同时也需要有人负责核对各成品库中的成品数量，以确保库存能够满足客户订单的需求。一旦库存量达到订单要求，物流总监将按照订单指定的产品数量进行交付，并在订单登记表上详细记录该批产品的成本和预计销售利润。根据订单上的支付条件，客户可能选择现金支付或采用账期支付。对于现金支付的情况，财务总监直接将收到的现金放入现金库，同时负责在年度经营流程记录表上准确记录这笔现金收支。若客户选择账期支付，则财务总监则将相应的应收账款放置在对应的账期位置上。需要注意的是，必须严格按照订单全额完成交货，不得交付部分订单。

由于库存不够交付订单的六个 P1，因此企业不进行交货处理。此处填写"×"。

12. 产品研发投资

根据公司年度产品研发战略规划，营销总监需在取得首席执行官的正式批准后，向财务总监正式提交产品研发资金的申请报告。经财务总监审批同意后，相应的研发资金将划拨至对应产品的专项生产资格账户，以确保研发活动的顺利进行。同时，财务总监或其指定的财务助理负责在公司的年度运营资金流程记录表中，对此次研发资金支出的详细信息进行准确记录和归档。

当产品研发投资完成后，营销总监应前往指导教师处领取相应产品的生产资格证，以正式获得该产品的生产权。

考虑到 P1 产品只是市场上最初级的产品，企业为了未来的发展，可以选择研发其他产品。研发时间和产品的选择应基于对市场和企业实际情况的分析。例如，企业可以选择研发 P2 产品。在此情况下，营销总监每季度都需向财务总监申请一百万单位（1M）的研发资金，并将其放置于物理沙盘盘面上，同时，在企业经营记录表中对应位置填写"–1M"，以记录这笔支出。

在初始年，企业已拥有 P1 产品的生产资格，因此不进行任何其他产品的研发。相应地，应在记录表中对应位置填写"×"，以示无研发活动。

13. 支付行政管理费

在企业模拟经营过程中，为确保管理活动的正常进行，企业需支付一定的管理费用。这些费用包括但不限于管理人员工资、水电费、招待费等。每个季度，企业需支付 1 百万（1M）作为管理费用。具体操作流程如下：

（1）确定管理费用：在每个季度开始时，财务总监根据企业的管理需求，确定本季度应支付的管理费用总额为 1M。

（2）放置管理费用：财务总监将 1M 的管理费用放置于物理沙盘盘面上标有"管理费"的位置，以示该项费用的支出。

（3）记录管理费用：在企业经营记录表中，财务总监需在相应的位置填写"–1M"，以准确记录这笔费用的支出。

通过以上流程，企业能够确保管理活动的资金需求得到满足，并保持良好的财务记录和管理控制。

14. 支付租金/购买厂房

在企业模拟经营过程中，选择厂房的投资方式是一个重要的战略决策。企业可以选择自行建造、购买厂房，也可以选择租用他人的厂房。具体操作流程如下：

（1）厂房选择：企业需根据自身的生产需求和财务状况，决定是否购买或租用厂房。目前，大厂房为自建厂房，不涉及购买或租赁决策。

（2）购买厂房：如果选择购买小厂房，财务总监或财务助理需取出与厂房价值相等的现金，并将其放置于沙盘上的"厂房价值"处。

（3）租赁厂房：如果选择租赁小厂房，财务总监或财务助理需取出与厂房租金相等的现金，并将其放置于沙盘上的"租金"处。小厂房的租金为每年 3M。

（4）生产线安置：1～6 号生产线应安置在大厂房，而 7～10 号线则需在小厂房中安装。

在初始年，由于企业尚未开始生产活动，因此无须处理厂房购买或租赁的决策。在记录表中对应位置填写"×"，以示无相关活动。

思考：购买和租用厂房的决策取决于多种因素，包括企业的长期战略、财务状况、市场预测等。购买厂房可以提供稳定的生产基地，但需要较大的初始投资；租赁厂房则提供了更大的灵活性，但长期成本可能更高。企业应根据自身的具体情况和战略目标来做出最佳选择。

15. 现金收入合计

计算本季度所有现金收入的总额。

初始年第一季度，企业没有收入，此处填写"0"。

16. 现金支出合计

汇总本季度盘点以后所有现金支出的总额。第四季度的汇总额包括年底支出去的维护费、市场开拓费用等金额。

初始年第一季度，企业总共支出了 4M，此处填写"4M"。

17. 期末现金对账

首先，计算季末现金：季末现金 = 季初现金 + 本季度收入 − 本季度支出。然后，跟实际盘面现金对比。如果有误，则需尽快返回查找错误。

在企业运营记录表中，填写"10M"。

以上 17 项工作是每个季度都需要执行一次的环节。

三、年末常规工作

1. 支付设备维修费

在 ERP 沙盘推演经营课程中，企业需对已建成的每条生产线每年支付一百万单位（1M）的维护费用。财务总监或财务助理计算出所有生产线的维护费用总额，并将相应现金放置于沙盘上的"维修费"处，同时，在年度经营流程记录表中的对应位置填写与维护费用总额相等的负值，以记录这笔费用的支出。

在初始年，企业拥有三条手工线和一条半自动生产线，其年度维护费用总计为 4M。因此，需在企业运营记录表中对应位置填写"–4M"。

2. 计提折旧

在企业财务管理中，折旧是一个必须考虑的关键环节。在沙盘课程中，折旧是按年计提的。具体来说，厂房不计提折旧，而生产线则采用平均年限法进行折旧计提。值得注意的是，在建工程以及当年新建的生产线均不计提折旧。

生产总监负责从生产线的净值中提取折旧费用，并将其放置在手工沙盘的"折旧"位置。当设备的价值降至其残值时，将不再计提折旧。

提醒：生产线从建成的第二年开始计提折旧，折旧降低的是生产线的净值，所以是从生产线净值里面来提取，不需要从现金区提款支付。因此，在记录相关数据的时候，这部分内容需要以括号标注，以示区别。因为折旧没有现金的流入和支出，所以在计算现金收支合计时，不要把这部分纳入里面。

在 ERP 沙盘推演课程中，初始年大厂房里的三条手工线每条折 1M，一条半自动线折 2M。财务总监在运营记录表中，填写"√（5）"。

3. 新市场开拓/ISO 资格认证投资

进行市场开拓是企业扩展业务的关键环节。财务总监或财务助理需要从现金区取出现金，并将其放置在沙盘上对应的市场开拓位置。通常，企业需要开发区域、国内、亚洲和国际市场。开发过程可以间断，但企业必须在第六年完成所有市场的开拓，并在年度经营流程记录表中准确记录现金支出。

市场开拓完成后，企业需要从指导教师处领取相应的市场准入证。初始年，企业已拥有本地市场资格，但若要在其他市场销售产品，必须先完成对应市场的开拓。

获取 ISO 质量资格认证是企业保证产品质量的重要手段。财务总监或财务助理需从现金区取出现金，放置在沙盘上的 ISO 9000 和 ISO 14000 认证位置。企业必须按时进行 ISO 认证投资，并在年度经营流程记录表中记录现金支出。认证完成后，企业将从指导教师处领取 ISO 产品质量资格证。

拥有 ISO 国际体系认证是客户对合作企业的重要要求。若无此类认证，企业在某些市场将无法与客户进行合作。例如，企业可能首先投资 1M 进行 ISO 9000 认证。

初始年，企业不进行开拓，此处填写"×"。

4. 缴纳违约订单罚款

本年度，企业需核查是否存在订单违约情况。若发生订单违约，相关订单将被取消，同时，企业需支付违约金。

5. 结账

年末，企业需进行一次全面的沙盘盘面盘点，以准确反映一年的生产经营状况。此时，财务部门需编制综合费用表、利润表和资产负债表，以全面评估企业的财务状况。所有报表编制完成后，指导教师将核对企业已支出的各项费用，并从沙盘上取走相应的金额，为下一年的生产经营做好准备。

年末结账时，所有资金的计算方法为：第四季度季末的现金数额减去维修费、市场开拓费和 ISO 认证费。这样的计算有助于企业了解年末的实际资金状况，为下一年的预算和投资决策提供依据。

6. 支付违约金

本项只有企业违约时才会产生，所以并非常规项目。只要存在订单没有完成交货，那么该订单将会被收回，同时，企业将会被罚没订单金额的 20% 作为违约金。

四、随时可以操作的事项

随时可以操作意味着并不受流程顺序制约,在运营记录表里面没有留出单独的记录单元格,在哪一步执行就补填在哪一个单元格内。

1. 紧急采购

紧急采购旨在应对突发的紧急情况或操作失误,以确保生产的连续性。在紧急采购中,企业可以购买原材料和产品。紧急采购的价格设定为:原材料单价为正常成本价的200%,即2M;产品单价为正常成本价的300%。紧急采购时,需要用成本价购买,然后把其余的放到综合费用其他的里面,记为损失。财务总监在目前所执行的步骤单元格里面记录支出金额。

2. 出售库存

当企业面临资金短缺,可能导致运营中断的情况时,可通过出售原材料或产品库存来筹集必要的资金。此时,原材料库存的出售价格设定为成本价的80%,而产品库存则按成本价出售。出售所得资金将取整数部分,以支持企业的持续运营。

3. 厂房贴现

面临资金链即将断裂的风险时,企业可以采取抵押厂房的措施以获取现金流。具体而言,若企业拥有厂房产权,可选择将其作为抵押物,以此方式筹集资金,确保企业能够继续运营。在ERP沙盘课程中,厂房贴现可以看成首先把厂房卖掉,原价金额进入应收款的第四期,然后立马全部贴现并立马缴纳厂房房租。

4. 应收款贴现

在资金需求迫切的情况下,企业可以选择对未到期的应收账款进行提前回收,此操作称为应收款贴现。进行此操作时,企业需承担一定的贴现利息成本。财务总监直接从应收款拿出资金,并按规则把现金放到综合费用区的贴现费里面,同时在其运营对应环节所在单元格增加一个记录,直接记录收到的现金。

5. 高利贷或其他资金收入

面临资金困境时,企业可考虑申请高利贷以缓解短期资金压力。高利贷的贷款额度取决于企业的具体状况,且申请高利贷需获得指导教师的批准后方可实施。一旦获得高利贷,企业应使用空桶作为标识。高利贷的利息率为20%,其管理方式与长期贷款相同。

其他资金收入是对企业进行奖惩的,资金的增减会影响所有者权益。

五、后续三季度操作

根据第一季度的操作,完成后面三个季度的相关操作流程。经营记录表如表2-6所示。

第二章 开始模拟企业经营

表 2-6 经营记录表

操作顺序	手工操作流程	手工记录			
年初	新年度规划会议	√			
	广告投放	-1			
	制定年度规划/订单登记	√			
	支付应付税	-1			
	支付长贷利息（四舍五入）	-4			
	更新长期贷款/长期贷款还款	√			
	申请长期贷款	×			
1	季初盘点（请填余额）	14	10	6	18
2	更新短期贷款/短期贷款还本付息	×	×	×	×
3	申请短期贷款	×	×	×	×
4	更新应付款	×	×	×	×
5	原材料入库/更新原料订单	-2	-1	-1	-1
6	下原料订单	√	√	√	√
7	更新生产/完工入库	√	√	√	√
8	新建/在建/转产/变卖生产线	×	×	×	×
9	向其他企业购买原料	×	×	×	×
10	开始下一批生产	-1	-2	-1	-2
11	更新应收款/应收款收现	√	√	15	32
12	出售厂房	×	×	×	×
13	向其他企业购买成品	×	×	×	×
14	按订单交货	×	√	×	×
15	产品研发投资	×	×	×	×
16	支付行政管理费	-1	-1	-1	-1
17	其他现金收支	×	×	×	×
18	支付租金/购买厂房	×	×	×	×
19	支付设备维护费				-4
20	计提折旧				（5）
21	新市场开拓/ISO资格投资				×
22	季末收入合计	0	0	15	32
23	季末支出合计	4	4	3	8
24	期末现金对账	10	6	18	42

六、财务报表的编制

1. 订单登记表

企业需详细记录本年度客户订单的获取与交货情况。年初,营销总监应积极参与订货会,抓住这一年度唯一的机会,尽可能争取把生产的产品及库存销售出去,并争取价格最高。成功获取订单后,应立即进行订单登记,详细填写订单登记表中的订单号、市场、产品、数量、账期和销售额等信息。

交货时,务必计算P系列产品的成本,并在订单登记表中记录成本项目,同时计算每张订单的毛利。年末,对于未能按时交货的订单,应在订单登记表的"未售"栏目中单独标注,以便于跟踪和管理。

本年度只有一个订单,订单登记表如表2-7所示。

表2-7 订单登记表

订单号	LP1-1/12								合计
市场	本地								
产品	P1								
数量	6								
账期	2								
销售额	32								32

2. 产品核算统计表

产品核算统计表旨在对P系列产品的销售情况进行品种级别的详细统计。它汇总了各品种在本年度的销售收入、销售成本和毛利数据。本年度销售数据的计算通常基于订单登记表中的销售合计数,并减去本年度未能售出的产品数量。

初始年的产品核算统计表如表2-8所示。

表2-8 产品核算统计表

品种级别	P1	P2	P3	P4	合计
数量	6				6
销售额	32				32
成本	12				12
毛利	20				20

3. 综合管理费用明细表

本表用于详细记录企业日常生产运营过程中产生的各项管理费用。对于管理费、广告费、市场开拓费等项目,除了记录本年度的总投入金额外,还需在备注栏中提供详细说明。具体操作为:在ISO资格认证和市场准入开拓的相关项目上打勾以确认,同时在产品研发项目的对应栏目后的括号内填写实际投入的金额。

初始年的综合费用表如表2-9所示。

表 2-9　综合费用表

项目	金额	备注
管理费	4	
广告费	1	
设备维护费	4	
厂房租金	0	
转产费	0	
新市场开拓	0	□本地 □区域 □国内 □亚洲 □国际
ISO 资格认证	0	□ISO 9000 □ISO 14000
产品研发	0	□P1 □P2 □P3 □P4
损失	0	
信息费	0	
综合费总计	9	

4. 利润表

利润表，亦称损益表，是一种会计报表，用于反映企业在一定会计期间（如月度、季度、半年度或年度）的生产经营成果。该报表不仅展示企业的盈利情况，也揭示其亏损状态。利润表详细列出了企业在特定时期内的各种收入、费用、成本或支出，以及实现的利润或发生的亏损。

利润表的编制基于"收入 – 费用 = 利润"的基本会计关系，其具体内容取决于收入、费用、利润等会计要素及其内容。作为一种动态会计报表，利润表主要提供有关企业经营成果方面的信息，反映企业经营资金的动态表现。

初始年的利润表见表 2-10。

表 2-10　利润表

项目		金额
销售收入		32
直接成本	−	12
毛利	=	20
综合费用	−	9
折旧前利润	=	11
折旧	−	5
支付利息前利润	=	6
财务费用	−	4
税前利润	=	2
所得税	−	1
年度净利润	=	1

提示：

$$毛利 = 销售收入 - 直接成本$$

综合费用：根据"综合费用表"计算得出，即

$$折旧前利润 = 毛利 - 综合费用$$

折旧：可从物理盘面获取，即

$$支付利息前利润 = 折旧前利润 - 折旧$$

财务费用：包括"利息 + 贴现费"，即

$$税前利润 = 支付利息前利润 - 财务费用$$

所得税：若税前利润小于 0，则所得税为 0，否则，所得税为税前利润的 25%；若前几年净利润为负数，今年的盈利可用于弥补以前亏损，则可减除的亏损期限最多为五年。

5. 资产负债表

资产负债表是一种非常关键的财务报表，它提供了企业在特定会计期末（如月末、季末或年末）的资产、负债和所有者权益的详细概览。该报表依据"资产 = 负债 + 所有者权益"的会计恒等式编制，通过对资产、负债和所有者权益的类别进行有序排列，反映企业的财务结构。

作为企业财务状况的静态快照，资产负债表揭示了企业在报告期末所拥有的经济资源、所承担的债务责任以及所有者对剩余权益的求偿权。符合会计准则的交易项目被分为资产和负债及所有者权益三大类别，经过会计分录、过账、账户汇总、试算平衡和必要调整等流程，最终形成一张反映企业财务状况的综合性报表。

资产负债表的多重功能不仅体现在内部管理上，如错误侦测、经营指导和风险预防，而且还在于其为外部利益相关方，包括投资者、债权人等，提供了快速了解企业财务状况的窗口。该报表对经营决策具有指导作用，能够帮助利益相关者评估企业的财务稳健性、偿债能力以及盈利潜力，进而支持他们做出更为精准的判断和决策。

1）资产负债表的解释。

现金：盘面现金库里面的现金数。

应收款：盘面应收账款里面的应收款的总金额。

在制品：生产线上面正在生产的产品的成本。

成品：库房里面所有产品的成本。

原料：原料库里面所有原料的成本。

流动资产合计：现金 + 应收款 + 在制品 + 成品 + 原料。

土地和建筑：在沙盘推演课程中只有厂房的价值。

机器和设备：所有生产线的资产净值。

在建工程：正在投资建设的生产线的价值。

固定资产合计：土地和建筑 + 机器和设备 + 在建工程。

总资产：流动资产 + 固定资产。

长期负债：盘面长期贷款里面所有的银行贷款减去一年期的贷款。

短期负债：盘面短期贷款里面所有的银行贷款。

应付款：本课程中暂无此项。

应交税：从利润表里面抄过来。

一年到期的长贷：盘面长期贷款中一年期里面的贷款。

负债合计：长贷 + 短贷 + 应交税 + 一年到期的长贷。

股东资本：股东投入的资金，培训运营版是 50M，创业版是 65M。

利润留存：上年利润留存 + 上一年净利润（历年的利润积攒到本年的总金额）

年度净利：利润表里面计算出来的年度净利。

所有者权益合计：股东资本 + 利润留存 + 年度净利。

负债 + 权益：负债合计 + 所有者权益合计。

2）在编制资产负债表时，特别需要注意以下三项。

（1）若资产负债表的最后一行"资产总计"与"负债和所有者权益总计"不相等，这通常表明资产负债表的制作存在错误。在这种情况下，财务人员要仔细检查并修正错误，确保报表的准确性。

（2）财务报表的制作，包括资产负债表、利润表（损益表）和综合管理费用明细表等的制作，是层层递进、相互嵌套的。每个报表都是基于前一个报表的数据编制的。因此，若前一个报表存在错误，后续报表也极有可能出现错误。这种层层递进的关系强调了报表准确性的重要性。

（3）对于企业模拟经营而言，财务报表的制作不仅能够让你学到相应的财务、会计知识，还能锻炼你的逻辑思维能力、问题解决能力和观察能力。通过正确编制财务报表，你可以更好地理解企业的财务状况，为企业的经营决策提供依据。

【议一议】你认为，编制财务报表能让自己在哪些方面得到锻炼呢？

初始年末的资产负债表见表 2-11。

表 2-11 资产负债表

项目	金额	项目	金额
现金	42	长期负债	40
应收款	0	短期负债	0
在制品	8	应交所得税	1
产成品	6	—	—
原材料	2	—	—
流动资产合计	58	负债合计	41
厂房	40	股东资本	50
生产线	8	利润留存	14
在建工程	0	年度净利	1

续上表

项目	金额	项目	金额
固定资产合计	48	所有者权益合计	65
资产总计	106	负债和所有者权益总计	106

七、自主经营

1. 由实习者自主经营

该企业长期致力于 P 产品领域的深耕。特别是 P1 产品，在本地市场享有盛誉，客户满意度高。企业拥有现代化厂房，配备了三条手工生产线和一条半自动生产线，运营状况良好。然而，近年来，企业盈利增长放缓，上年度盈利仅为 3M，显示出增长乏力。这主要归因于生产设备陈旧、产品线和市场单一，以及管理层长期固守传统经营模式，缺乏创新活力。

面对这一挑战，企业董事会和股东决定引入新一代管理层，以期实现以下目标：

（1）投资最新产品的研发，提升市场竞争力。

（2）拓展新的市场领域，增加市场份额。

（3）扩大生产规模，引入现代化生产技术，提高利润率。

总体而言，企业目标是在竞争激烈的市场中保持领先地位，并实现长期稳定的盈利。

在新 CEO 的领导下，企业将采取群体决策模式，充分利用课堂所学和社会经验，进行科学决策分析，提升管理水平和理论知识水平。当前，行业内还有其他 11 家企业生产类似产品，竞争激烈。企业必须通过创新和优化管理，适应市场变化，确保能够在未来市场中生存和发展。

2. 年度总结分析

在每一年的经营结束后，企业必须进行全面的经营反思，以分析实际经营情况与既定计划的偏差。这一过程涉及深入剖析经营决策、市场反应、资源配置和生产效率等方面的表现，旨在识别成功因素和不足之处。

CEO 在这一过程中扮演关键角色，负责识别出错的根本原因，并提出相应的解决方案，以确保下一年度的运营避免重复同样的错误。此外，CEO 还需积极倾听指导教师基于现场数据所做的点评和分析。这些点评和分析能够为企业提供宝贵的洞察，帮助企业优化运营策略和提升决策质量。

记录这些学习收获对完善企业的知识体系至关重要。通过记录和总结这些经验教训，企业能够构建一个不断进化的知识库，为未来的决策提供参考。

3. 间谍分析其他企业

在现代商业环境中，经营决策是一个动态且复杂的过程，它不仅依赖于内部资源和能力，还深受外部市场竞争环境的影响。企业的利润并非孤立产生的，而是从企业在市场中与竞争对手的互动和博弈中获得的。因此，决策的质量及其对利润的影响，很大程度上取决于竞争对手的策略和行为。

企业必须密切关注市场动态和竞争对手的行动，以便及时调整自己的策略。这包括对竞争对手的产品、定价、营销策略、生产效率和市场定位等方面的深入分析。通过这些分析，企业可以识别市场中的机会和威胁，从而制定出更有效的经营策略。

综上所述，企业的决策过程应当是一个开放且互动的系统。它要求企业不仅要关注自身的资源和能力，还要密切关注竞争对手的动向，并据此调整自己的策略，以在竞争激烈的市场中保持竞争优势。

八、竞赛得分计算

六年的经营结束后，指导教师需要对学生的经营状况及决策能力进行评价。经营成果既包括企业最终的利润情况，同时也涵盖企业发展的潜力。最后经营得分 = 所有者权益 ×（1+ 企业综合发展潜力）- 罚分。企业综合发展潜力系数如表 2-12 所示。

表 2-12　企业综合发展潜力系数

名称	权重系数
大厂房	0.15
小厂房	0.10
手工生产线	0.05 / 条
半自动生产线	0.10 / 条
全自动 / 柔性线	0.15 / 条
本地市场开发	0.10
区域市场开发	0.10
国内市场开发	0.15
亚洲市场开发	0.20
国际市场开发	0.25
ISO 9000	0.10
ISO 14000	0.10
P1 产品开发	0.05
P2 产品开发	0.10
P3 产品开发	0.10
P4 产品开发	0.15
本地市场地位	0.15 / 经营结束年市场第一
区域市场地位	0.15 / 经营结束年市场第一

续上表

名称	权重系数
国内市场地位	0.15／经营结束年市场第一
亚洲市场地位	0.15／经营结束年市场第一
国际市场地位	0.15／经营结束年市场第一

注意：

（1）生产线建成即加分，无须生产出产品，也无须有在制品。

（2）运行超时扣分：运行超时有两种情况，一是指不能在规定时间完成广告投放；二是指没有按时提交财务报表。

【课后思考】

1. 计算最终比赛得分时，为什么不直接以权益来排名？

2. 如何通过ERP沙盘推演提高学生的战略思维和决策能力？它如何促进学生对市场环境的持续监测、竞争对手行为的分析以及客户需求的预测？

第三节　电子版监控工具的应用

一、概述

在我国的本科教育体系中，理论教学占据了主导地位。这在一定程度上导致了学生在实际操作和应用能力上的不足，尤其是经济管理类专业的学生。这种教育模式虽然有助于学生建立扎实的理论基础，但往往忽视了对学生实际应用能力的培养。这在很大程度上影响了学生的就业竞争力。

企业运营模拟沙盘的出现，为解决这个问题提供了一个有效的途径。通过模拟真实的企业运营，学生可以在一个安全、可控的环境中实践所学的知识、提高自己解决实际问题的能力。这种模拟沙盘不仅能够帮助学生更好地理解理论知识，还能提高他们的动手能力、团队合作能力和创新思维能力，从而为他们将来的职业生涯打下坚实的基础。

综上所述，企业运营模拟沙盘作为一种创新的教育工具，在提高经济管理类专业学生的实践能力方面发挥着重要作用，有助于解决学生实习环节的薄弱问题，并为他们的职业发展提供有力支持。

（一）电子沙盘和手工沙盘的优缺点

在企业运营管理模拟教育中，手工沙盘和电子沙盘是两种主要的教学工具，它们各自具有独特的优势和局限性。在选择教学工具时，教师应根据教学目标、学生特点和资源条件进行综合考虑，以达到最佳的教学效果。

1. 电子沙盘的优缺点

（1）易管控。使用者通过软件平台集中控制和管理电子沙盘，可以快速设置和调整模拟参数。电子沙盘便于大规模教学和多用户同时参与。操作界面直观，使学生和教师可以轻松查看和调整模拟数据，从而提高模拟的效率和精准度。

（2）省时省力。电子沙盘的使用减少了物理教具的准备和清理时间，使教师可以更专注于教学内容而非繁琐的物理操作。数据处理和分析速度快，有助于学生快速获取模拟结果和进行决策分析。

（3）操作简单。电子沙盘通常具有用户友好型操作界面。即使是没有计算机操作经验的学生也能快速掌握基本操作。电子沙盘支持多种交互方式，如点击、拖拽等，使操作更加直观和便捷。

（4）不受场地限制。电子沙盘可以在任何有电子设备的地点使用，无论是教室、实验室还是远程网络环境，都能提供一致的模拟体验。电子沙盘适用于开展远程教学和在线模拟，提高了教学的灵活性和可访问性。

（5）互动性强。电子沙盘支持实时数据分析和模拟结果展示，使学生可以立即看到决策的影响。支持多种互动功能，如在线讨论、实时反馈等，促进学生之间的交流和协作。

（6）对初学者友好度低。对于没有计算机操作经验的学生，电子沙盘可能显得复杂和难以掌握，需要一定的学习曲线。电子沙盘缺乏实体操作的直观性，可能影响初学者对模拟过程的理解和参与感。

（7）仿真度相对较低。电子沙盘可能无法完全模拟现实企业运营的复杂性和不确定性，如市场动态、人力资源管理等。电子沙盘依赖于预设的模型和参数，可能无法完全反映现实世界的多变性。

（8）互动和沉浸感低。过度依赖电子设备可能减少学生之间的实际互动，特别是在远程教学环境中。电子沙盘的虚拟性可能导致学生对模拟的沉浸感和真实感降低，影响学习效果。

2. 手工沙盘的优缺点

（1）深入理解运营流程。手工沙盘通过实体操作和手工调整教具，使学生能够直观地了解企业运营的各个环节。学生通过亲手操作教具，能够加深对理论知识的理解和应用，提高学习效果。

（2）促进团队合作。手工沙盘通常需要小组合作完成任务，促进学生之间的沟通和协作。共同解决问题和完成任务，能够提高学生的团队协作能力和解决问题的能力。

（3）增强参与感。实体操作和手动调整教具可以提高学生对模拟的兴趣和投入。亲手操作和参与决策过程，能够提高学生对模拟的参与感和投入度。

（4）操作繁琐。使用手工沙盘，学生需要大量时间和精力来准备和操作物理教具。重复性和繁琐的操作可能导致学生疲劳和注意力分散。

（5）资源需求高。手工沙盘需要大量教具和空间，对教学资源的投入要求较高。定期更新和维护教具需要额外的时间和成本。

（6）监控和评估困难。手工沙盘操作难以被实时监控，导致教师难以全面掌握每个学生的参与度和操作质量。评估学生表现和模拟结果可能需要额外的监控表格和数据整理工作。

（7）可能引起不正当行为。面对激烈竞争，学生可能采取非正常手段，如抄袭、作弊等，损害模拟的公平性和教育价值。教师需要进行有效的监控和指导，以确保模拟的诚信和教育的有效性。

（8）教师监控困难。教师在手工沙盘操作过程中难以详细掌握每个学生的操作细节。即使设计了监控表格，教师也不可能在每个年度认真检查每一项数据，导致监控工作不力。

（二）手工沙盘和电子沙盘相互结合

为了能更好地让没有企业经营经历的学生真正学到知识，必须要保留手工沙盘的特色，同时充分利用电子沙盘来改善手工沙盘的缺陷，特别是解决监控问题。解决途径之一就是在手工记录的同时，使用计算机进行记录和判断。对于所有违反规则的操作，计算机将自动提醒，并拒绝执行。这样就可以把教师从监控者的角色中解脱出来，让学生把精力集中在如何利用所学知识完成模拟经营（操作）工作，可以培养诚信经营的精神和综合应用各种知识分析问题、解决问题的能力，从而诞生了电子版监控工具，让手工沙盘和电子沙盘进行了很好的结合。

1. 电子版监控工具的诞生

电子监控工具的引入使得手工沙盘和电子沙盘能够无缝结合，发挥各自的优势。这种结合不仅提高了模拟的效率和效果，也为学生提供了一个更加真实和便于互动的学习环境。这种结合方式，使手工沙盘和电子沙盘的优势得到了充分发挥，同时解决了监控难题，为学生提供了一个更加高效、真实和利于互动的学习环境。

2. 结合手工沙盘和电子沙盘的优势

（1）解决监控问题。在手工沙盘操作中引入电子监控工具，可以有效解决手工沙盘监控和评估困难难题。计算机记录和判断系统能够自动识别和提示违规操作，确保模拟的公平性和真实性。

（2）提高效率和准确性。电子监控工具能够实时记录和分析模拟数据，提高数据处理的效率和准确性。电子监控工具可减少教师在监控上的工作量，使他们能够更多地专注于教学指导和学生的个性化辅导。

（3）培养诚信经营精神。电子监控工具的使用有助于培养学生的诚信意识，因为他们知道所有操作都将被严格监控和记录。通过认识诚信的重要性，学生能够更好地理解商业伦理和职业道德。

（4）综合应用知识能力。结合手工操作和电子监控，学生可以综合运用所学知识进行问题分析和决策制定。模拟经营过程中的挑战和问题解决有助于学生将理论知识与实际操作相结合，提高综合应用能力。

（5）促进学生专注学习。教师能够从监控者的角色中解脱出来，更加专注于教学内容的传授和学生学习过程的引导。学生能够将更多精力集中在模拟经营操作上，通过实际操作巩固和应用所学知识。

二、操作注意事项

监控软件是用 Excel 制作而成的，内含了所有规则和订单等数据，并记录和判断每一步操作，因而使用时需要注意如下事项。

（一）需由专人负责操作

为了确保企业运营模拟的准确性和效率，监控软件扮演着至关重要的角色。它通过实时检测和记录每一步操作，确保物理沙盘与电子记录的一致性，从而避免混乱和错误。指定专人操作监控软件、制定详细的操作流程，可以有效提高模拟的准确性和效率，使学生能够专注于策略制定和问题解决，从而达到更好的学习效果。

（二）Excel 的设置

监控软件用到了 VBA，调用了大量宏，需要使用有宏的 Excel（家庭版的 Excel 及 WPS 无法正常使用），同时需要设置启用宏。（以 Office 2021 为例）

（1）打开 Excel，依次点击"文件"→"选项"→"信任中心"，启用宏设置如图 2-2 所示。

图 2-2　启用宏设置

（2）点击"信任中心设置"→"宏设置"，在如图 2-3 所示界面选中"启用 VBA 宏"以及"信任对 VBA 工程对象模型的访问"两个选项。

然后确认退出。

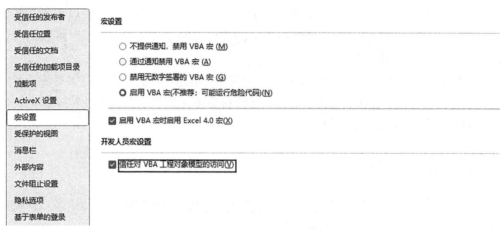

图 2-3　Excel 启用 VBA 图

（3）打开文档的过程中，如果出现如图 2-4 所示的提示，则单击"启用内容"。

图 2-4　Excel 设置

三、学生操作内容

1. 打开给定的 Excel 文档

（1）打开给定的 Excel 文档，选择自己的组别号，不要修改年度数值（不同版本的起始年度是不同的，培训版的起始年度是"0"，创业版和运营版的起始年度为"1"）。

（2）选择对应的版本号。

创业版：只有 65M 的启动资金，没有其他任何的设备和研发等。创业板第一年为建设年度，没有订单。适用于熟悉规则后的竞赛。

培训版：接手已经正在运营的一家企业，拥有了厂房、生产线、产品、市场等。适用于对道具和规则不熟悉的学生，一般由指导教师带领学生完成各种操作。培训班主要用于对新的学生进行培训。

运营版：学会道具操作后，正式接手企业的运营，在整个经营过程中，自主决策，在原始基础上开始研发产品、开拓市场、生产产品并销售出去。运营版的起始数据与培训版运营一年后的数据是一样的。

（3）数据库：选择对应的数据库 8 组和 12 组。目前该监控软件支持 8 组和 12 组两种订单，具体选择需要按指导教师的要求来进行。

（4）点击"确定"按钮，进入年度操作界面。如图2-5所示。

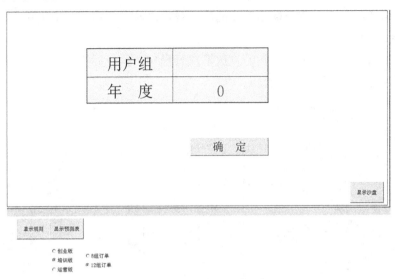

图2-5 监控工具登录

2. 完成年度规划

进入界面后，需要在该界面（图2-6）下完成本年度的操作。

（1）跟运营流程记录表相同，一个单元格代表一个步骤，一个竖列代表一个季度。

（2）在需要填写数据的单元格中，先填写数据，然后再点击复选框执行。一旦点击复选框就无法撤销，点击复选框代表执行该步操作。

（3）所有操作必须按季度、按步骤的先后进行，不允许跳步执行。

（4）年度规划电子监控无须进行任何输入。

图2-6 监控工具

3. 广告投放

（1）需要向营销总监咨询本年度的广告投放总额，并填入对应的单元格里面。数值会自动转变为负数。

（2）录入数值后，选中左侧的复选框执行操作。执行后当时所录入的广告额度会计入系统数据库，如图2-7所示。

操作顺序	手工操作流程	系统操作	手工记录			
年初	新年度规划会议		20	转产		
	广告投放	输入广告费并确认 ☑	-1	租金		
	制定年度规划/订单登记		🖥	贴息		
	支付应付税	点击右侧选择框运行（导入年度）	🖥	利息		
	支付长贷利息（四舍五入）	点击右侧选择框运行	🖥	损失		
	更新长期贷款/长期贷款还款	点击右侧选择框更新	🖥	收入		
	申请长期贷款	输入贷款数额并确认 🖥	金额	年限 5	售成本	
1	季初盘点（请填余额）		19	0	0	0
2	更新短期贷款/短期贷款还本付息	点击右侧选择框更新	🖥	🖥	🖥	🖥
3	申请短期贷款	输入数据并点选框	🖥	🖥	🖥	🖥

图2-7 监控工具广告录入

4. 参加订货会

投放广告后，耐心等待订货会的召开。订货会由教师负责组织开展。根据规则，在指导教师的安排下进行订单的选择。

5. 订单登记

（1）参加完订单会后，选中订单登记单元格里面的复选框，然后会弹出如图2-8（该图为初始年录入订单后的数据截图）所示界面。

市场代码	产品代码	订单序号	订单基数	编码
L	P1	1	12	LP1-1/12

订单总张数

1

P1订单张数: 1 P3订单张数: 0
P2订单张数: 0 P4订单张数: 0

读订单 确认

图2-8 监控工具订单录入

（2）把已选所有订单录入系统后确认退出。随后弹出如图 2-9 所示界面。

（3）注意：如果订单错误，在订单数据后面会显示"输入有误"。

（4）订单的录入是后面整年操作的基础，一定要认真检查、确认无误。系统也可以通过读订单按钮直接读入编码，然后直接确认订单。

注：图 2-9 为初始年的监控工具订单确认。

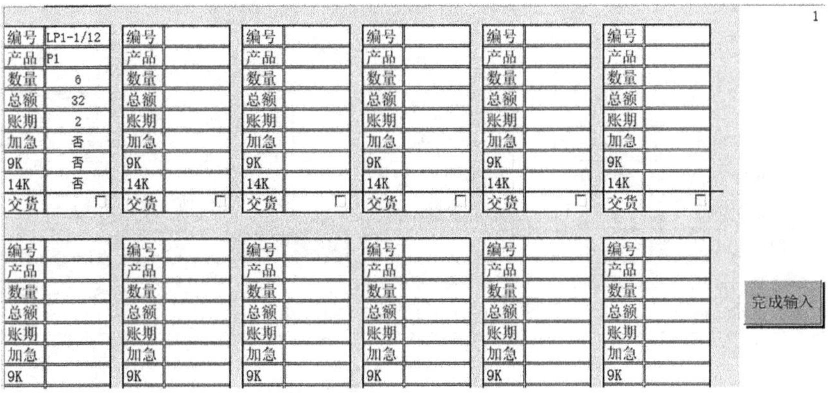

图 2-9 监控工具订单确认

（5）核对订单无误后，点击"完成输入"，并进入下一步操作。

6. 支付应付税、支付长贷利息、更新长贷/还款

（1）分别选中这三项的复选框，由系统自动完成，无须人工输入数值。如图 2-10 所示。

（2）完成每一项后，必须完成对应的手工沙盘的操作。

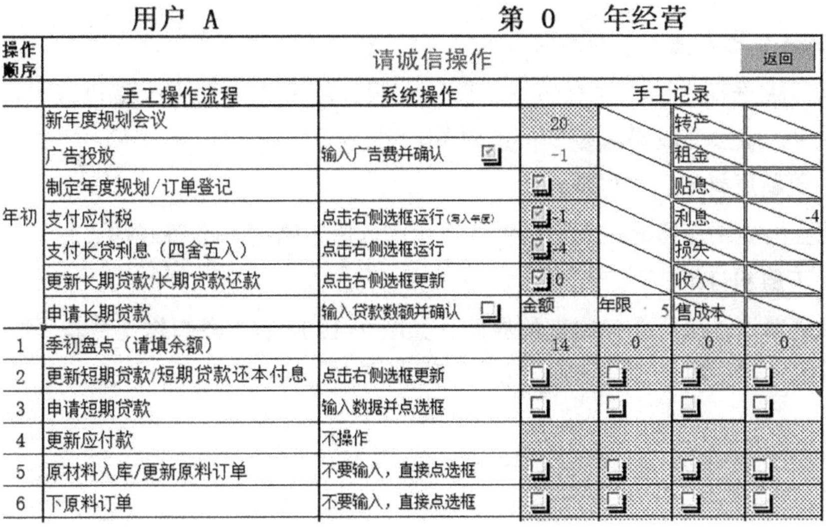

图 2-10 监控工具长贷处理

7. 申请长期贷款

（1）先选中对应的单元格，然后选择需要贷款的额度。

（2）选中左侧的复选框执行操作。注意：执行后，禁止修改金额。
如图 2-11 所示。

操作顺序	用户 A 第 0 年经营 请诚信操作					返回
	手工操作流程	系统操作	手工记录			
年初	新年度规划会议		20		转产	
	广告投放	输入广告费并确认 ☑	-1		租金	
	制定年度规划/订单登记		☑		贴息	
	支付应付税	点击右侧选框运行（写入年度）	☑-1		利息	-4
	支付长贷利息（四舍五入）	点击右侧选框运行	☑-4		损失	
	更新长期贷款/长期贷款还款	点击右侧选框更新	☑0		收入	
	申请长期贷款	输入贷款数额并确认 ☐	金额	年限 5	售成本	
1	季初盘点（请填余额）		10 20 30 40 50 60 70	0	0	0
2	更新短期贷款/短期贷款还本付息	点击右侧选框更新		☐	☐	☐
3	申请短期贷款	输入数据并点选框				
4	更新应付款	不操作				
5	原材料入库/更新原料订单	不要输入，直接点选框		☐	☐	☐
6	下原料订单	不要输入，直接点选框				
7	更新生产/完工入库	不要输入，直接点选框	☐	☐	☐	☐
8	新建/在建/转产/变卖生产线	不要输入，直接点选框	☐	☐	☐	☐

图 2-11 监控工具长贷申请

8. 更新短贷/还本付息

勾选复选框执行即可，无须其他操作，系统会自动判断并执行，勾选前需确保资金充足。

9. 申请短期贷款

根据需求选择申请，注意申请金额的上限，不是想申请多少就可以申请多少的。短期贷款申请金额一般要求为 20M 的倍数。

10. 更新原材料、原材料入库

系统会根据预定情况完成原材料的更新和入库，需提前准备好购买原料的资金。

11. 下原料订单

选中复选框，然后会弹出新的界面，如图 2-12 所示。咨询物流总监，提供对应的数据并录入，然后单击"确定"，完成本项操作。

第二章 开始模拟企业经营

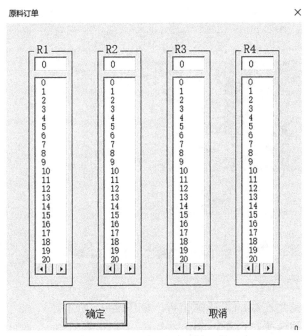

图 2-12 监控工具原料订单

12. 更新生产/完工入库

勾选复选框，系统自动完成，注意物流、沙盘同步操作。

13. 生产线的处理（新建/再建/转产变卖）

（1）勾选复选框，弹出新的界面，如图 2-13 所示。

（2）在处理方法一栏选择对应的处理措施。

（3）如果投资新的生产线就选"投资"，并在后面对应栏目里面选择投资生产线的类型及计划生产的产品类型。无须填写金额，系统会自动填写。

（4）如果选择转产，则须选择计划生产的产品类型。

（5）如果是变卖，则直接选择"变卖"即可。

（6）注意：若生产线需要后续建设，则直接选中复选框即可，无须再填写数据。

（7）最右侧是辅助填写区域。如果需要，点击后，所选数据将被自动填写到操作区域。这里面有没有数据均不影响正常的运行。

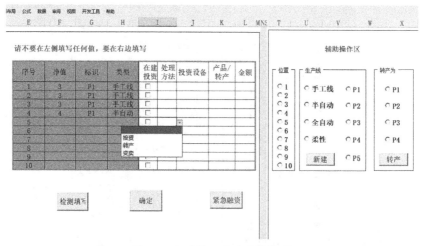

图 2-13 监控工具生产线处理

14. 下一批生产

选中打算投产的生产线的复选框执行。如图 2-14 所示。

注意：深色底色的为可以生产的生产线。

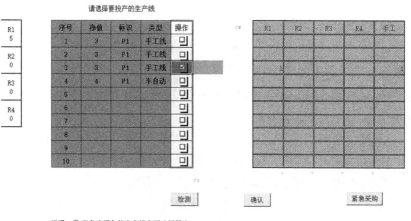

图 2-14 监控工具下一批生产

15. 更新应收款

选中复选框，系统就会立即执行该项。

16. 出售厂房

勾选复选框后，会弹出新的界面，如图 2-15 所示。

选中需要出售厂房的复选框并单击"确认"就可以执行。

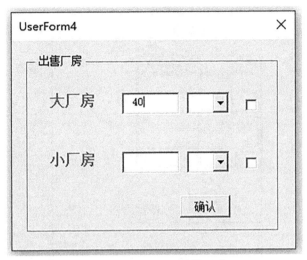

图 2-15 监控工具出售厂房

17. 按订单交货

选中复选框就会弹出新界面，如图 2-16 所示。

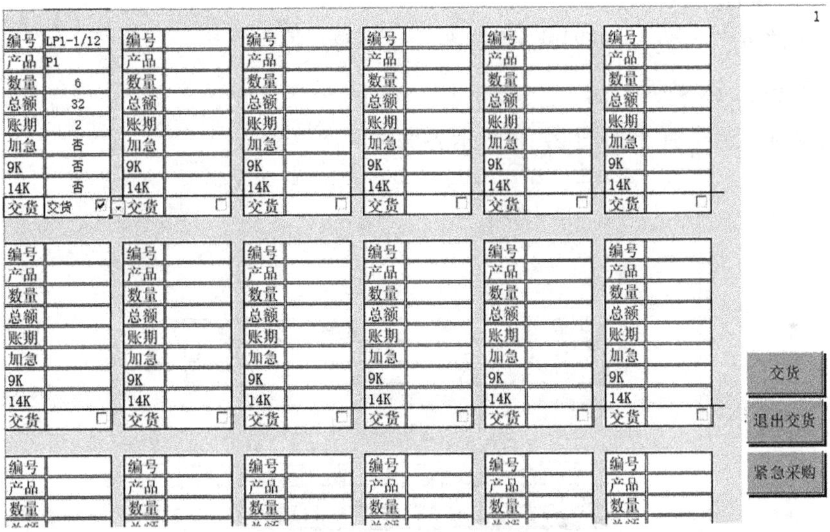

图 2-16 监控工具交货

（1）找到计划交货的所有对应的订单，选中复选框。

（2）单击右侧的交货。如果交货成功，系统会把订单数据清空，否则交货不成功。

（3）点击"退出交货"完成本项操作。

18. 产品研发投入

（1）勾选对应的产品，单击"确定"就可以执行本项操作，如图 2-17 所示。

（2）如果资金不足，可以点击"紧急融资"来进行应收款贴现或者产品拍卖。

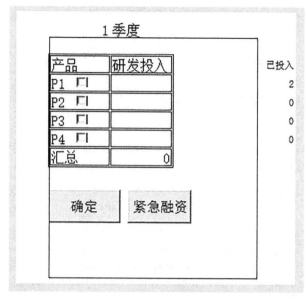

图 2-17 产品研发

19. 支付行政管理费

勾选复选框，系统会自动扣除管理费，每季度 1M。

20. 支付租金/购买厂房

勾选复选框后会弹出如图 2-18 所示界面：

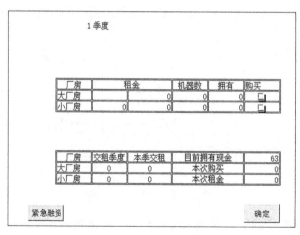

图 2-18 购买厂房

如果要购买，则选中对应的复选框。如果只是租用，则无须其他操作，系统会自动支付。

21. 支付设备维护费、计提折旧

勾选复选框，系统会自动执行。

22. 新市场开拓

如图 2-19 所示，开拓哪个市场就勾选哪个，开发完成后下一年度就可以使用了。

第二章　开始模拟企业经营

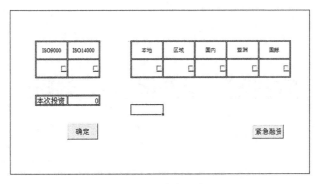

图 2-19　市场开拓

【课后思考】

为什么要进行手工沙盘和电子沙盘的结合而不是直接使用电子沙盘?

第三章 企业经营沙盘规则

第一节 认识物理沙盘道具

一、沙盘盘面

ERP 沙盘推演教学是一种具有高度互动性和体验式的教学方法,其主要依托一套精心设计的沙盘教具来进行。每组学生面前摆放的是一张物理沙盘盘面,该盘面作为企业实际场景的替代,为模拟经营提供了直观的操作平台。几组学员分别成立相互竞争的模拟企业,以增强实战感和竞争意识。

每张沙盘根据制造业的职能被划分为五个核心职能中心,包括控制中心、财务中心、营销中心、生产中心和物流中心。这些职能中心全面覆盖了企业经营的关键环节,如战略规划、市场营销、生产组织、采购管理、库存管理和财务管理等,确保了模拟经营的全面性和真实性,如图 3-1 所示。

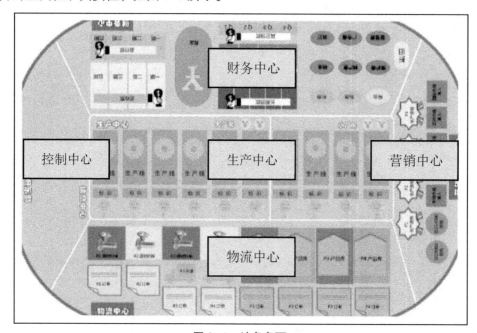

图 3-1 沙盘盘面

第三章　企业经营沙盘规则

此外，每张沙盘盘面配备了丰富的推演道具，包括现金币、原材料币（R1、R2、R3、R4）、产品（P1、P2、P3、P4）、产品生产资格牌（P1、P2、P3、P4）、市场开发资格牌（本地市场、区域市场、国内市场、亚洲市场、国际市场）、ISO 资格证（ISO 9000、ISO 14000）、产品生产线牌（手工线、半自动线、全自动线、柔性线）以及价值空桶（原料采购、应收账款、长短贷款）等。这些道具采用鲜明的颜色标识，不仅增强了视觉识别性，也使得模拟经营过程更加直观和生动。

同时，各组还配备了一张规则表和市场预测表，以确保模拟经营的规范性和预测性，从而提高学员的分析决策能力和战略规划能力。

不同规划中心的运营管理由不同的人员负责，控制中心由首席执行官（CEO）负责、财务中心由财务总监（CFO）负责、营销中心由营销总监（CMO）负责、生产中心由生产总监（COO）负责、物流中心由物流总监（CLO）负责。

二、生产线

生产线包括手工、半自动、全自动、柔性四种生产线。具体参数如表 3-1 所示。

表 3-1　生产线说明

序号	生产线名称	生产线图片	生产线简介
1	手工生产线		手工生产线是最低端的生产设备，通常对技术要求不高，购置成本相对较低。尽管这类设备的生产效率有限，但它们的优势在于操作的简便性和转产的灵活性。这使得它们在需求变化频繁或预算有限的情况下，成为一种经济实用的选择
2	半自动生产线		相较于手工生产线，半自动生产线采用更高效的生产设备，它能够显著提升生产效率。然而，这种效率的提升通常伴随着更高的购置成本。重要的是，这些设备在转产其他产品时，并非即时可切换，而是需要一定的转产费用，并经历一定的转产时间。因此，在选择生产设备时，企业需要在效率提升与转产灵活性之间进行权衡
3	全自动生产线		全自动生产线是采用技术含量较高的生产线。虽然其购置成本相对较高，但能够实现最高的生产效率。这种生产线在转产时，类似于半自动生产线，同样需要一定的时间和费用。因此，企业在投资高级生产线时，应综合考虑其长期的生产效率优势与转产的灵活性和成本
4	柔性生产线		柔性生产线是拥有最高科技含量的生产设备，实现了全面的智能化生产，其购置资金也相应较高。尽管其生产效率与自动化生产线的相当，但该设备的关键优势在于其极高的转产灵活性。企业能够随时根据市场需求调整生产产品，而无需花费额外的转产费用或时间。这种设备特别适用于需求多变和对市场响应速度要求高的生产环境

三、产品标识

产品标识用来表示生产线可以生产产品的类型。ERP 沙盘推演中有 P1、P2、P3、P4 四种产品。P 为英文单词"product"（产品）的缩写，因此 P1 可以理解为产品 1，P2 可以理解为产品 2，P3 可以理解为产品 3，P4 可以理解为产品 4。具体参数如表 3-2 所示。

表 3-2　产品标识

序号	标识名称	标识图片	标识简介
1	P1	P1 产品	表示该生产线可生产产品为 P1。P1 为最低端的产品，其研发费用最低，生产成本最低，单价也最低
2	P2	P2 产品	表示该生产线可生产产品为 P2。P2 为技术含量高于 P1 的一种产品，其技术相对较新，投入研发资金较多，销售单价也较高
3	P3	P3 产品	表示该生产线可生产产品为 P3。P3 的技术含量比 P2 的更高，技术相对更新，投入研发资金也更多，销售单价也更高
4	P4	P4 产品	表示该生产线可生产产品为 P4。P4 为技术含量最高的一种产品，投入研发资金最多，销售单价最高

四、小圆币

在 ERP 沙盘推演过程中，银灰色的圆形币被用作资金的代表，每一枚币价值 1M（即一百万单位），用于模拟交易中的资金流转。所有经营活动中涉及的资金往来，均通过这些银灰色币进行模拟。

此外，彩色圆币则用于表示不同的原材料，分为红、橙、蓝、绿四种颜色，分别对应 R1、R2、R3、R4 四种原材料。这里的"R"是英文"resource"（资源、原料）的缩写，因此，R1 代表第一种原材料，R2 代表第二种原材料，依此类推。在模拟经营中，这些彩色币用于原材料的购买、储备和交易。具体参数如表 3-3 所示。

表 3-3　现金及原材料图例

序号	圆币名称	圆币图片	圆币简介
1	现金		灰色，用来表示现金
2	R1		红色，用来表示原材料 R1
3	R2		橙色，用来表示原材料 R2

续上表

序号	圆币名称	圆币图片	圆币简介
4	R3		蓝色，用来表示原材料R3
5	R4		绿色，用来表示原材料R4

五、空桶

空桶在不同地方代表不同的意义，如表3-4所示。

表3-4 空桶的含义表

序号	空桶位置	代表含义
1	原料区	代表原材料，一个空桶代表一个原材料
2	贷款区	代表贷款，一个空桶代表20M的贷款
3	产品区	存放产品的容器
4	其他区	存放圆币的容器，满桶为20个币

六、市场准入证

市场准入证是企业在特定市场中开展生产、销售和其他经营活动的关键依据。它代表着企业是否获得了进入某个市场的资格。根据不同的市场范围，市场准入证分为多个级别，包括本地市场、区域市场、国内市场、亚洲市场以及国际市场。这些准入证不仅决定了企业的市场定位，还影响其营销策略和业务拓展能力。具体市场准入简介如表3-5所示。

表3-5 市场准入的含义

序号	市场准入名称	准入证图片	准入简介
1	本地	本地市场准入	只有拥有本地准入证才能在本地市场进行销售
2	区域	区域市场准入	只有拥有区域准入证才能在区域市场进行销售

续上表

序号	市场准入名称	准入证图片	准入简介
3	国内	国内市场准入	只有拥有国内准入证才能在国内市场进行销售
4	亚洲	亚洲市场准入	只有拥有亚洲准入证才能在亚洲市场进行销售
5	国际	国际市场准入	只有拥有国际准入证才能在国际市场进行销售

七、产品资格证

拥有产品资格证表示企业已经成功研发该产品，具备生产资格，具体如表3-6所示。

表3-6 产品资格证

序号	资格证名称	资格证图片	资格证简介
1	P1	P1 生产资格	只有具备P1资格证才能够生产P1产品
2	P2	P2 生产资格	只有具备P2资格证才能够生产P2产品
3	P3	P3 生产资格	只有具备P3资格证才能够生产P3产品
4	P4	P4 生产资格	只有具备P4资格证才能够生产P4产品

续上表

序号	资格证名称	资格证图片	资格证简介
5	ISO 9000	ISO 9000 资格	质量体系认证，只有具备 ISO 9000 的资格证才能满足用户对 ISO 9000 的需求
6	ISO 14000	ISO 14000 资格	质量体系认证，只有具备 ISO 14000 的资格证才能满足用户对 ISO 14000 的需求

【课后思考】

使用道具进行手工沙盘的意义是什么？

第二节 掌握市场规则

一、运行的基本规则

在模拟企业的运营中，对运行规则的深入理解与有效运用是确保企业顺利且高效经营的基础。不仅 CEO 需要掌握运行规则，而且每个参与者，特别是那些负责特定业务领域的成员，也应熟练掌握相关规则。

在实际操作层面，不同角色需根据各自的职责使用相应的表格和工具，确保信息的准确记录和流程的顺畅运行。重要的是，所有操作都应遵循模拟企业的运行流程，以避免任何可能导致流程混乱的跳跃式操作。

至于竞争的胜负，其评价标准不仅包括当前的所有者权益，更注重企业的发展潜力、市场策略、风险管理等多方面的综合考量。因此，参与者应注重长远规划，而不仅仅是短期成果。

二、总经理必须熟悉的规则

总控企业的 CEO 应该熟悉全部规则并把握、掌控企业的整体发展方向，但不需要介入具体的管理决策当中。刚刚接触沙盘的学生，则至少要熟知如下规则。

1. 破产及处理

当企业权益为负或现金断流时，企业破产。企业破产后，由教师根据实际情况酌情增资（或发放高利贷）后继续经营。

为防止破产企业故意违规、扰乱市场，破产企业的广告费用总和不能超过10M。

2. 选单规则

首先"市场老大"有优先选单的权利，它是上一年在该市场销售的所有产品总销售额最高的企业，因此无论其投入多少广告，都可以第一个选单。其次，根据本市场本产品广告投放额的大小顺序进行选单。如两队本市场本产品广告额相同，则看本市场广告投放总额；如本市场广告总额也相同，则看上年市场销售排名；如仍无法决定，先投放广告者先选单。

3. 订单违约

按订单交货可以提前，但不可以推后，违约后收回该订单并扣20%的违约金。如果违约订单所在市场的"市场老大"涉及违约，则取消其"市场老大"资格。

4. 特殊费用项目

库存折价拍卖、生产线变卖、紧急采购、订单违约、增减资（增资计损失为负）操作计入其他损失。

三、财务总监必须熟悉的规则

1. 融资贷款与贴现

资金是企业运营的命脉，为企业的各项生产经营管理活动提供支撑。在ERP沙盘推演经营课程中，企业成立时间较短且尚未上市，其融资途径主要包括银行贷款、高利贷和应收账款贴现。具体而言，银行长期贷款的利率为10%，银行短期贷款的利率为5%，高利贷的利率为20%，而应收账款贴现的利率在10%～12.5%之间。在企业的生产经营过程中，应优先考虑使用成本较低的短期贷款，合理运用长期贷款，尽量避免使用高利贷和应收账款贴现，以降低融资成本。表3-7展示了几种融资方式的关键参数对比。

表3-7 融资表

贷款类型	贷款时间	贷款额度	年息	还款方式
长期贷款	每年初	所有长贷和短贷之和不能超过上年权益的3倍	10%	年初付息，到期还本；每次贷款为10的倍数
短期贷款	每季度初	—	5%	到期一次性还本付息；每次贷款为20的倍数
资金贴现	任何时间	视应收款额	10%（1季，2季）12.5%（3季，4季）	变现时贴息
库存拍卖		原材料八折（向下取整），成品按成本价		

提示：

（1）长期贷款以 10M 为基本贷款单位。长期贷款最长期限为 5 年。

（2）短期贷款以 20M 为基本贷款单位。短期借款期限为四个季度。

（3）高利贷以 20M 为基本贷款单位，贷款期限不限。

（4）应收账款贴现随时可以进行，1—2 期可以联合贴现，3—4 期可以联合贴现，贴息费向上取整。

2. 产品的研发与生产组成

各产品的具体组成如表 3-8 所示。

表 3-8　产品研发及组成表

名称	开发费用	开发周期	加工费	直接成本	产品组成
P1	1M/季	2 季	1M/个	2M/个	R1
P2	1M/季	4 季	1M/个	3M/个	R2 + R3
P3	1M/季	6 季	1M/个	4M/个	R1 + R3 + R4
P4	2M/季	6 季	1M/个	5M/个	R1 + R3 + 2R4

3. 紧急采购

付款即到货，原材料价格为直接成本的 2 倍，成品价格为直接成本的 3 倍。紧急采购时，直接扣除现金。报表中成本仍按标准成本记录，紧急采购多付出的成本计入费用表损失项。紧急采购随时可以进行，不受运行顺序限制。

4. 取整规则

违约金扣除：四舍五入；库存拍卖所得现金：向下取整；贴现费用：向上取整；扣税：四舍五入。

5. 特殊费用项目

库存折价拍卖、生产线变卖、紧急采购、订单违约、增减资（增资计损失为负）等操作计入其他损失。

6. 订单违约

按订单交货可以提前，但不可以推后，违约后收回该订单并扣 20% 的违约金。如果违约订单所在市场的"市场老大"涉及违约，则取消其市场老大资格。

四、营销总监必须熟悉的规则

企业的生存与发展与市场环境密切相关。获得并维持市场主导地位的企业能够有效吸引订单，从而在激烈的市场竞争中保持优势。市场并非静态不变，而是处于不断变化之中。这种动态性不仅增强了沙盘模拟企业间的竞争对抗性，也提高了竞争策略的复杂性。因此，企业必须灵活调整其市场策略，以应对不断变化的市场条件，确保其在竞争中保持领先地位。

1. 市场划分与市场准入

市场不仅是企业进行产品营销活动的平台,更是企业品牌影响力和销售实力的直接体现。市场占有率反映了企业在目标市场中的品牌地位,而销售能力则展示了企业将产品转化为收益的效率。因此,市场是企业实现品牌价值增长和达成销售目标的关键所在。

(1) 市场开发。在进入新市场之前,企业通常需由营销总监等专业人士牵头,进行深入的市场调研,并编制详细的调研报告。基于此,企业将制定市场开发规划,招聘必要人员,开展公关活动,并策划一系列市场推广活动,签约零售企业,建立物流供应通道等等。这些活动不仅消耗资金,还需要投入大量时间。鉴于各市场地理位置等的多样性,开发各个市场所需的时间和资金投入量存在明显不同。在该市场开发完成之前,将不允许企业在该市场区域接取订单或销售产品。

不同市场的开发时间和资金投入需求如表3-9所示。

表3-9 市场开拓准入费用时间表

市场	开发费	时间
本地	1M/年	1年
区域	1M/年	1年
国内	1M/年	2年
亚洲	1M/年	3年
国际	1M/年	4年

开发费用按开发时间在年末平均支付,不允许加速投资。
市场开发完成后,领取相应的市场准入证。

(2) 市场准入。一旦某个市场(如亚洲市场)的开发工作完成,企业便获得了在该市场销售产品的资格(在ERP沙盘推演课程中,由工作人员发放相应的市场准入证)。模拟企业就可以在该市场进行广告的投放和订单的获取。

2. 销售会议与订单争取

预测表和订单是生产决策的关键依据。通过预测表可以很好地分析出每一个细分市场的利润情况,从而为广告策划提供依据。预测表中显示的是产品均价与市场的需求情况,对所有企业都是公开透明的。在ERP沙盘推演课程中,企业的所有利润均来源于订单,订单的获取情况对企业生产经营影响巨大。

(1) 销售会议。每年年初,各企业会派杰出的营销人员参加客户订货会。企业会投入大量资金和人力资源进行营销策划、广告宣传和客户访问等活动,以争取更多的订单。

在ERP沙盘推演课程中,每个经营年度只有一次销售会议,所有订单均来自于销售会议,其他经营时间段均无法获得任何订单。

(2) 市场地位。市场地位是指企业分别在本地、区域、国内、亚洲和国际五个市场中的地位。每个市场都是独立的。企业的市场地位是根据上一年度某一市场中所有 P1、P2、P3、P4 四种产品的销售总额来确定的，由沙盘控制系统根据选单自动排列。销售总额最高的企业被称为该市场的"市场领导者"，俗称"市场龙头"或"市场老大"。

（3）广告投放。广告投放是针对本地、区域、国内、亚洲、国际五个市场和 P1、P2、P3、P4 四种产品分别进行的，共计有 20 个细分市场。投入 1M，有一次选取订单的机会；每增加 2M 投入，则增加一次选单机会。例如，投入 5M 表示最多拿 3 张订单，但实际是否有 3 次拿单的机会取决于市场需求和竞争态势。投入 2M，只能拿一张订单，只是比投入 1M 的优先选择订单。

在"广告表"中，企业需要按市场和产品登记广告费用。例如，表 3-10 展示了第二年 A 组的广告投放情况，其中填数字的代表企业在该细分市场投放了广告，有资格参与订单的争取。9K 和 14K 无需填写数字，如果认证成功则直接打钩就可以。

表 3-10 广告单

第二年 A 组（本地）				第二年 A 组（区域）			
产品	广告	9K	14K	产品	广告	9K	14K
P1	1			P1	3		
P2	2			P2	4		
P3				P3			
P4				P4			

（4）客户订单。客户订单中显示了产品类型、数量、单价、总额、账期等信息。表 3-11 展示了一张订单的具体情况。

表 3-11 订单表

编号	LP1-2/12
数量	4
单价	4.8
总额	19
账期	2
条件	ISO 9000，加急

所有订单必须在本经营年度交货，如果没有特别说明，订单可以在任何一个季度交货。无论出于任何原因，本年度不能交货的，需要做如下处理：①由于失信于客户，企业在该市场的市场地位下降一级。如果该企业是"市场龙头"，则取消其在该市场的龙头资格。②违约订单将被收回并扣除该张订单总金额的 20%(四舍五入) 作为违约金。③标注为"加急"的订单，要求在当年第一季度完成交货。未能按期交货的情况将被视为违约。

因此，营销总监在接单时必须充分考虑企业的产能和交付能力，以确保企业能够满足订单要求。若上一年度的市场领先企业未能按期交付订单，导致其市场地位下降，那么在当前年度，该市场将不再有领先企业。

订单中的账期条款定义了客户支付货款的时间框架。具体而言，账期为 0 表示客户在收货时立即以现金形式支付全部货款，这一安排直接影响财务部门的现金流管理。而账期为 3 则意味着客户将在交货后的三个季度内分期支付货款，这种安排对企业的应收账款管理和现金流预测具有显著影响。

对于标注了产品质量认证"ISO 9000"或"ISO 14000"的订单，生产企业必须取得了相应认证资格才能取得这类订单。

（5）订单争取。在年初的销售会议中，各沙盘企业将基于上一年度的市场地位、广告投放情况、ISO 认证情况以及市场需求等关键指标，遵循既定规则，参与客户订单的竞争。订单分配的优先顺序如下：

首先，该市场的市场老大只要投放了广告就可以第一个选单。每年都会根据选单情况评选出下一年的市场老大。

其次，所有企业按其细分市场的广告投放额从高到低排序，依次选单。如果在该细分市场的广告投放额相同，则比较企业投放到该市场的广告额总和。如果广告投放额总和也相同，则看上一年度该市场的销售排名。如果是新市场或者排名相同，则根据完成广告投放的时间先后进行排序（提交报表后才能投放广告）。

不管投入多少广告费，每个企业每一轮只能选择 1 张订单。如果有多余订单，可以开启下一轮的选择，直到所有订单被选完或者所有企业不再选单或没有选单资格了为止。企业投放 1M，只能选一轮；在此基础上每增加 2M 广告投放，可以多进入一轮选单。

3. 产品研发与市场认证体系

对于所有产品，企业均需要研发成功方可以进行生产。具体研发情况见表 3-12 所示。

表 3-12　产品研发费用表

名称	研发费用	研发周期
P_1	1M/季	2 季
P_2	1M/季	4 季
P_3	1M/季	6 季
P_4	2M/季	6 季

（1）产品研发。对于不同技术含量的产品，企业需要投入的研发时间是不同的（如表 3-12 所示）。研发可以暂停，但企业必须在研发成功后方可换取产品生产的资格证。

注意：产品的研发需要时间，所以需要提前规划；同时，产品的研发会产生费用，会降低所有者权益，因此需要合理制订研发的计划。

（2）ISO 质量认证体系。ISO 是质量认证体系，是控制企业产品质量的一种有效的手段。由于市场竞争的加剧，消费者对产品质量的要求越来越高，部分消费者对 ISO 提出了自己的要求。如表 3-13 所示。

表 3-13　资格认证费用表

认证	ISO 9000	ISO 14000	平均支付，认证完成后可以领取相应的 ISO 资格证。可暂缓投资。
时间	2 年	2 年	
费用	1M/年	2M/年	

五、生产总监必须熟悉的规则

1. 厂房购买、出售与租赁

厂房的具体参数见表 3-14。

表 3-14　厂房情况说明表

厂房	买价	租金	售价	容量	企业出售厂房，可得到 4 个账期的应收款；紧急情况下，企业可进行厂房贴现，直接得到现金
大厂房	40M	5M/年	40M	6 条	
小厂房	30M	3M/年	30M	4 条	

提示：

（1）只有一大一小厂房可供选择，不允许租借其他企业的厂房。

（2）每季均可租或买厂房，租金按一年预付并不做退还。

（3）厂房不计提折旧。

（4）生产线不可在不同厂房间移动。

2. 生产线购买、转产与维修、出售

企业可从多种生产线类型中进行选择，包括手工生产线、半自动生产线、全自动生产线和柔性生产线。这些生产线的主要差异体现在生产效率和灵活性方面。例如，全自动生产线每个季度可生产一个指定产品，但转产需一个季度；柔性生产线每个季度可生产任意产品，且转产无需时间周期。生产效率是指在单位时间内生产该产品的数量，而灵活性则指设备转而生产其他类型产品时的困难程度。表 3-15 详细列出了各生产线的参数信息。

表 3-15 生产线参数表

生产线	购置费	安装周期	生产周期	总转产费	转产周期	维修费	残值
手工线	5M	无	3Q	0M	无	1M/年	1M
半自动线	10M	2Q	2Q	1M	1Q	1M/年	2M
全自动线	15M	3Q	1Q	2M	1Q	1M/年	3M
柔性线	20M	4Q	1Q	0M	无	1M/年	4M

说明：上表中 M 代表百万元，Q 表示季度。

（1）不论何时出售生产线，需将生产线净值中相当于残值的部分计入现金，净值与残值之差计入损失。

（2）只有空的并且已经建成的生产线才可以转产。

（3）当年建成生产线，需要交维修费。

（4）任意生产线都可以生产任何一种产品，但在建设的时候就必须固定下来，如果之后想生产其他产品必须做转产处理。

（5）生产线的投资建设按建设周期采用分期付款的方式进行。资金短缺时，企业在任何时候都可以中断投资，直到投资完成后的下一个季度才能正常使用生产线，不可以加速建设。

（6）生产线转产是指生产线转而生产其他产品，如生产线原来生产的产品是 P3，现在如果要生产 P4，那么企业就需要根据规则停产 P3 并交付一定的转产费用才可以。生产线转产必须在生产线没有生产产品的时候才能进行。

（7）对于当年已售出的生产线以及没有建成的生产线，企业无需支付维修费。

3. 生产线的折旧（平均年限法）

生产线在使用过程中是会折旧的，如表 3-16 所示。

表 3-16 生产线折旧表

生产线	购置费	残值	建成当年	建成后第2年	建成后第3年	建成后第4年	建成后第5年
手工线	5M	1M	0	1M	1M	1M	1M
半自动线	10M	2M	0	2M	2M	2M	2M
全自动线	15M	3M	0	3M	3M	3M	3M
柔性线	20M	4M	0	4M	4M	4M	4M

（1）当年建成的生产线不计提折旧。当净值等于残值时，生产线不再计提折旧，但可以继续使用。

（2）计提折旧时，从资产净值里面拿取与折旧费用等值的钱币。

4. 产品生产

产品研发成功后，企业可以选择根据订单或计划安排生产。不同产品的生产需要不同的原材料，具体的原材料种类及数量详见表 3-17。每条生产线在生产过程中只能容纳一个产品，不支持同时生产两个以上产品。产品上线时，财务部门需支付加工费用。尽管不同生产线的生产能力有所差异，但加工费用是统一的，均为 1M。

表 3-17 产品组成

名称	加工费	产品组成
P_1	1M/个	R_1
P_2	1M/个	R_2 + R_3
P_3	1M/个	R_1 + R_3 + R_4
P_4	1M/个	R_2 + R_3 + 2R_4

六、物流总监必须熟悉的规则

1. 原材料采购

原料采购过程包括两个核心环节：签订采购订货合同和按合同收货。在签订合同时，需特别注意采购提前期。例如，R1 和 R2 原料的采购提前期为 1 个季度，而 R3 和 R4 原料的采购提前期为 2 个季度。在没有提前订货的情况下，企业无法采购原材料，只能选择紧急采购或面临停工。紧急采购的价格将是原价格的两倍。当原材料到达企业时，必须严格按照合同内容全数接收，并按规定支付原料费用。具体参数如表 3-18、表 3-19 所示。

表 3-18 产品组成

名称	产品组成
P_1	R_1
P_2	R_2 + R_3
P_3	R_1 + R_3 + R_4
P_4	R_2 + R_3 + 2R_4

表 3-19 原料购买价格及进货周期

名称	购买价格	提前期
R_1	1M/个	1 季
R_2	1M/个	1 季
R_3	1M/个	2 季
R_4	1M/个	2 季

2. 紧急采购

付款即到货，原材料价格为直接成本的 2 倍，成品价格为直接成本的 3 倍。

紧急采购时，直接扣除现金。报表中成本仍按标准成本记录，紧急采购多付出的成本计入费用表损失项（盘面为"其他"）。

【课后思考】

1. "市场老大"规则如何影响企业的市场策略和竞争策略？分析"市场老大"在订单选择和市场拓展中的优势及其对其他企业的挑战。

2. 财务总监在融资和资金管理中的角色是什么？分析财务总监如何通过有效的融资策略和资金管理来支持企业运营。

3. 营销总监在市场开发和订单争取中的策略选择对企业的影响有哪些？探讨市场开发、广告投放和订单争取对企业市场份额和利润的影响。

4. 生产总监在生产规划和产能管理中的决策对企业运营效率的影响有哪些？分析生产线的选择、转产和维修对企业生产能力和成本控制的影响。

5. 分析物流总监在原材料采购和紧急采购中的策略对企业运营的支撑作用。探讨原材料采购计划和紧急采购对企业生产连续性和成本控制的影响。

6. 探讨企业运营中，不同职能部门之间的协调与合作对企业成功的重要性。分析 CEO、CFO、COO、CLO 等角色如何通过有效协作来提升企业整体运营效率。

7. 在 ERP 沙盘推演中，企业运营决策与财务指标之间的关联性如何？探讨财务指标，如所有者权益、利润、现金流等与企业运营决策的关系。

第四章 沙盘推演决策分析

第一节 企业经营战略及分析方法

企业战略是企业为其生存和发展制定的全面的、根本的、长远的规划。在复杂的竞争环境下，企业首先要正确地制定企业战略，并确保其正确地实施。市场经济的本质是竞争经济。企业成功的关键在于生产运作系统的高效、高质，以及产品的适销对路和优质服务。而企业竞争取胜的前提是正确制定和实施适当的企业战略。

一、企业运营的战略目标

企业运营的核心战略目标是创造价值、满足消费者需求，并实现盈利，从而推动企业的价值增长。然而，在更深层次上，企业运营还涵盖以下五个关键方面。

（一）创新与发展

企业是推动技术创新和产品研发的关键力量。通过不断的创新和改进，企业不仅能够提升自身竞争力，还能促进社会进步和经济发展。例如，通过引入新技术、开发新产品或改进现有产品，企业能够适应市场的不断变化和满足消费者的新需求。此外，企业还可以通过创新商业模式、优化运营流程等方式提高效率和降低成本，从而在激烈的市场竞争中脱颖而出。

（二）创造财富

通过有效的运营和管理，企业创造了丰富的财富。这不仅为企业股东和员工带来经济利益，也为国家税收和社会福利做出了贡献。企业通过提供有价值的产品和服务，满足消费者的需求，从而实现销售和盈利。同时，企业还可以通过投资和扩大规模，进一步增加财富的创造。这些财富的积累不仅可以提高企业的市场地位和竞争力，还可以为社会提供更多的投资和消费机会，推动经济的繁荣发展。

（三）提供就业机会

作为社会经济的基本单元，企业为大量人口提供了就业机会，这对于维持社会稳定和推动经济发展具有重要作用。通过招聘员工，企业不仅能够满足自身的用工需求，还能够为社会提供就业机会，减少失业率，提高人民的生活水平。此外，企业还可以通过培训员工，提升员工的技能和素质，为社会培养更多的人才。

（四）社会责任承担

企业在追求经济效益的同时，还应承担起相应的社会责任，如保护环境、参与公益事业等，以实现企业与社会的和谐共生。企业可以通过减少废物排放、使用可再生能源、推行绿色生产等方式保护环境，减少对自然资源的消耗和环境的破坏。此外，企业还可以通过参与社会公益活动、为慈善事业捐款、支持教育和文化事业等方式回馈社会，提升企业的社会形象和声誉。

（五）文化传承

企业不仅是经济实体，也是文化载体。通过经营活动，企业传播和发展了一定的企业文化和社会价值观，对文化传承起到积极作用。企业可以通过塑造独特的企业文化，培养员工的认同感和归属感，提高员工的凝聚力和士气。同时，企业还可以通过参与文化交流、推广本土文化等方式，促进文化的多样性和发展。

综上所述，企业运营的最终目标不仅仅是追求经济利润，更是实现综合价值的最大化，包括经济价值、社会价值和文化价值等多维度的价值。通过创造这些多维度的价值，企业能够为社会和经济的发展做出更为全面的贡献。

二、企业的基本战略目标

企业战略目标的核心是实现盈利，这是企业生存和发展的基础。没有利润，企业不仅无法维持运营，更无法承担社会责任。从企业利润表的利润构成来看，盈利的主要途径可以概括为以下两个：一是销售收入，即通过增加销售来"开源"；二是成本费用控制，即通过减少不必要的开支来"节流"。这两者共同构成了企业盈利的基本框架。

（一）扩大销售

企业利润主要来自主营业务销售收入，而主营业务销售收入由产品销售数量和产品单价两个因素决定。提高产品销售数量的方式有以下五种。

1. 开拓更多市场

企业开拓的市场越多，其销售渠道就越广泛，从而创造的销售额越高。在 ERP 沙盘推演课程中，企业应尽可能多地开拓市场，包括本地、区域、国内、亚洲、国际等市场。通过市场细分和定位，企业可以针对不同市场的特点和需求，制定相应的营销策略，提高产品在各个市场的渗透率和市场份额。

2. 研发更多新产品

单产品策略一般适用于有特色且销售不会饱和的产品。如果市场需求有限，企业就需要研发更多新产品来满足销售的需求。例如，除了现有的 P1 产品，企业还可以研发 P2、P3、P4 等产品，以满足不同消费者的需求。通过产品多样化和差异化，企业可以吸引更多消费者，提高销售额。

3. 新建生产设备，扩大再生产，提高产能

产品品种越多，需要的生产线就越多。为了满足市场需求，企业需要不断更新和扩大生产设备，提高生产效率和产能。通过提高产能，企业可以更快地生产出产品，缩短交货期，提高客户满意度，从而增加销售量。

4. 倾向于生产毛利更高的产品

不同产品的成本是不同的，因此，企业需要密切关注产品的毛利，尽可能生产和销售毛利较高的产品，以提高利润率。企业应根据市场需求和竞争情况，合理调整产品结构和价格策略，以实现利润最大化。

5. 合理加大广告投放力度

产品的销售与投入的营销广告费用直接相关。为了提高产品销量，企业需要根据市场情况提升广告费用，但也要注意成本的控制，广告费用不能过高。企业应根据上年度广告预测和其他企业的广告投放情况，合理投入广告费用，用最少的广告费用达到提高品牌宣传力度的目的。

综上所述，扩大销售的关键在于开拓更多市场、研发新产品、提高产能、生产高毛利产品以及合理投放广告。通过这些策略，企业可以增加产品销售数量和单价，从而实现主营业务销售收入的增长，进而提高利润。

（二）控制成本

在 ERP 沙盘推演课程中，控制成本是提高企业盈利能力的重要环节。产品成本主要分为直接成本和间接成本。以下是一些降低成本的方法。

1. 降低直接成本

直接成本主要包括原材料费、人工费及制造费。在 ERP 沙盘推演经营课程中，R1、R2、R3、R4 等原材料的统一定价为 1M/个，没有降低的空间。每个 P 系列产品的加工费（含人工费和制造费）统一为 1M，因此在 ERP 沙盘推演经营课程中，产品的直接成本是固定的。实际上，企业通常通过优化生产流程、采用高效节能的设备与技术、加强供应链管理来获取更优惠的原材料采购价格、提高生产效率与产品质量以减少废品率和返工成本，同时精细管理人工成本，如合理安排工时与提升员工技能，从而有效控制并降低生产过程中的直接成本。

2. 降低间接成本

间接成本主要包括投资性支出和费用性支出。投资性支出包括购买厂房等固定资产和安装新的生产线等。费用性支出包括市场营销广告费、贷款利息等。通过有效的

财务筹划，企业可以节约一部分间接成本。以下是一些降低间接成本的方法：

（1）优化生产布局，合理利用现有资源，避免过度投资。
（2）采用节能技术和设备，降低能源消耗。
（3）进行精细化管理，减少非必要的开支。
（4）合理安排资金，降低贷款利息支出，如选择合适的贷款期限和利率。
（5）优化广告投放策略，提高广告效果，降低广告成本。

在沙盘实验课程中，虽然直接成本是固定的，但通过降低间接成本，企业仍然可以有效地控制整体成本，提高盈利能力。此外，企业还可以通过提高销售额、优化产品结构等方式，进一步提高盈利水平。

三、企业经营战略管理及选择

（一）企业战略及战略管理

1. 企业战略

企业战略管理是一个关键的决策过程，旨在通过对外部环境和内部资源与能力的深入分析，制订并实施战略计划，以实现长期目标和竞争优势。以下是企业战略管理的关键步骤。

1）战略制定。

（1）分析外部环境：企业需要评估市场趋势、竞争对手、法律法规等外部因素，以识别市场机会和威胁。
（2）分析内部环境：分析企业的资源、能力、核心竞争力等内部因素，以了解企业的优势和劣势。
（3）制定战略目标并制订方案：基于内外部环境分析，制定符合企业发展的战略目标和实施方案。

2）战略实施。

（1）转化战略为行动：将战略转化为具体的行动计划，明确各部门和团队的责任和目标。
（2）资源分配：确保必要的资源（如人力、财力、物力）得到合理分配，以支持战略的实施。
（3）组织结构调整：根据战略需要，调整组织结构，优化工作流程，提高效率。
（4）人力资源配置：合理配置人力资源，确保有合适的人来执行战略计划。

3）战略控制。

（1）监控和评估机制：建立监控和评估机制，跟踪战略实施的进展并检验效果。
（2）关键绩效指标（key performance indicators，KPIs）：设定和监控关键绩效指标，以确保战略按计划执行。

4）战略评估与调整。

（1）定期评估：定期评估战略的有效性，以判断其是否达到预期目标。

（2）调整策略：根据内外部环境的变化，对战略目标和方案进行必要的调整。

（3）优化实施计划：根据评估结果，优化战略实施计划，确保战略的持续有效性。

企业战略管理的核心目的是确保企业在竞争激烈的市场环境中能够生存和发展。企业经营不是短期的行为，面对动态的竞争环境，企业需要根据市场状况，结合自身资源，通过分析、判断、预测，设立远景目标，并对实现目标的发展轨迹进行总体性、指导性的谋划。通过明确的战略规划和有效的执行，企业能够实现长期的成功和可持续发展。

2. 企业战略的特征

企业战略具有指导性、全局性、长远性、竞争性、系统性、风险性六大主要特征。

（1）指导性。企业战略为企业的经营方向、远景目标提供了明确的指引。它界定了企业的经营方针和行动指南，确保企业的各项活动都能够围绕既定的战略目标进行。

（2）全局性。企业战略具有宏观管理的属性，它不仅涉及企业内部的资源配置和运营效率，还与外部环境密切相关。从国际国内的政治、经济、文化，到行业状况，均在其考量之中，因而其对企业的远景发展有重要的指导作用。

（3）长远性。企业战略着眼于企业的长期生存和长远发展。制定企业战略时，不仅要考虑当前的市场状况和企业能力，还要预测未来的趋势和挑战，确立远景目标，并规划实现这些目标的长期发展轨迹。

（4）竞争性。企业制定企业战略的核心目的之一是在激烈的市场竞争中获得优势，它涉及对竞争对手的分析、市场定位的选择以及如何构建和维持企业的核心竞争力。

（5）系统性。企业战略要求企业从整体和系统的角度出发，考虑各个业务单元、职能部门以及外部合作伙伴之间的相互关系和协同作用，确保战略的实施能够协调一致，形成整体效应。

（6）风险性。制定和实施企业战略总是伴随着一定的风险，因为战略决策往往涉及对未来的预测和假设。企业需要评估潜在的风险，制定相应的风险管理措施，以减少不确定性对战略实施的影响。

这些特征共同构成了企业战略的基本框架，指导企业在复杂多变的商业环境中做出关键决策，实现可持续发展。

（二）战略类型

企业战略的类型可以根据不同的分类标准和角度进行划分。以下是三种常见的企业战略类型。

1. 按照战略目标和方向分类

（1）发展战略：企业通过扩展新的市场、开发新产品或服务、并购等方式，增加市场份额和扩大企业规模，实现企业利润的增长和规模的扩张。

（2）稳定战略：企业在现有市场和业务领域内维持现状，通过优化结构和提高效率来保持竞争力，不寻求大规模的扩张。稳定型战略的风险相对较低，而且经营决策也相对简单，但缺点是过于保守，使得企业难以做大做强，也容易被竞争对手击垮。

（3）收缩战略：企业为了应对市场挑战或内部问题，缩小业务规模，退出不盈利的市场或裁撤不盈利的产品线，集中资源在核心业务上。

2. 按照战略层次分类

（1）公司层战略：涉及整个企业的发展方向和范围，包括多元化、一体化、国际化等战略。

（2）业务层战略：针对特定业务单元的战略，如市场细分、产品差异化、成本领先等。

（3）职能层战略：涉及企业内部特定职能领域，如市场营销战略、人力资源战略、财务战略等。

3. 按照战略内容分类

（1）竞争战略：企业如何在特定市场中获得竞争优势，包括成本领先、差异化和集中化战略。

（2）营销战略：涉及产品、价格、地点和促销的策略，以吸引和保留客户。

（3）品牌战略：通过建立和管理品牌来提升企业价值和市场影响力。

（4）融资战略：涉及企业的资金筹集和财务管理，确保企业有足够的资金支持其运营和实施战略。

（5）技术开发战略：涉及研发和技术创新，以提升企业的产品和服务竞争力。

（6）人才开发战略：关注人才的招聘、培养和保留，以支持企业的长期发展。

这些战略类型不是相互独立的，企业在实际操作中往往会根据具体情况和目标，综合运用多种战略类型来实现其商业目标。

（三）经典的战略决策方法

经典的战略决策方法主要有 SWOT 模型、波士顿矩阵、GE 矩阵等。

1. SWOT 模型

SWOT 模型是一种用于制定战略规划和形成管理决策的重要分析工具。SWOT 代表优势（strengths）、劣势（weaknesses）、机会（opportunities）和威胁（threats）。这一模型由美国管理学家安德鲁斯（Andrews）在 20 世纪 70 年代初提出。

SWOT 模型的核心价值在于帮助组织系统地分析内外部环境，识别关键因素，并据此制定战略。通过这种分析，组织可以更好地利用自身的优势，弥补劣势，抓住外部机会，抵御威胁，从而实现目标。

1）SWOT 分析通常以四个象限的形式呈现，每个象限代表一种类型的因素。

（1）优势（strengths）：组织内部具有的、可以为其实现目标提供支持的特征或能力。优势可以是资源丰富、技术领先、品牌知名度高、市场占有率大、员工素质高、管理体系完善等。

（2）劣势（weaknesses）：组织内部存在的、可能阻碍其目标实现的局限或缺陷。劣势可能包括资金短缺、技术落后、市场定位不准确、品牌形象差、内部流程不畅、人员流动率高等。

（3）机会（opportunities）：来自组织外部环境的、有利于组织发展和目标实现的条件或趋势。机会可能是市场需求增长、行业标准变化、政策利好、竞争对手的弱点、新兴市场的出现等。

（4）威胁（threats）：来自组织外部环境的、可能对组织造成损害或阻碍其发展的因素。威胁可能包括竞争对手的激烈竞争、市场饱和、法律法规的限制、经济衰退、自然灾害等。

2）SWOT分析的步骤。

数据收集：收集与项目或企业相关的内部和外部环境信息。

因素识别：识别并列出所有相关的内部优势和劣势，以及外部的机会和威胁。

因素评估：对每个因素进行评估，确定其对项目或企业战略的影响程度。

策略制定：基于SWOT分析的结果，制定相应的战略并制订行动计划。

3）策略制定。

SO战略：利用优势，抓住机会。

WO战略：克服劣势，避免错失机会。

ST战略：利用优势，减少威胁的影响。

WT战略：减少劣势，避免威胁。

SWOT模型的应用非常广泛，不仅限于企业战略规划，还可用于个人职业发展、项目管理、市场分析等多个领域。通过SWOT分析，决策者可以更全面地了解情况，制定出更加科学和有效的策略。然而，SWOT模型也存在局限性，比如，在分析过程中可能过于主观，缺乏量化的数据支持，且在使用时需要注意内外环境因素的动态变化。SWOT分析的内容和SWOT分析矩阵如图4-1和表4-1所示。

图 4-1 企业 SWOT 分析

表 4-1 SWOT 分析矩阵

内部能力	优势（strengths）	劣势（weakness）
机会 （opportunities）	SO 战略： 利用优势，抓住机会	WO 战略： 克服劣势，避免错失机会
风险 （threats）	ST 战略： 利用优势，减少威胁的影响	WT 战略： 减少劣势，避免威胁

2. 波士顿矩阵

波士顿矩阵（Boston Matrix），也称为产品组合矩阵或 BCG 矩阵，是一种用于分析和规划企业产品线或业务部门发展策略的工具。该模型由美国管理学家布鲁斯·亨德森在 20 世纪 70 年代初创立，并在随后的研究中由其他学者如肯尼斯·安德鲁斯等人进一步发展。

1）波士顿矩阵的核心在于通过两个关键维度对产品或业务部门进行评估和分类：

（1）市场引力（market growth rate）：这一维度反映了市场的发展速度和潜力，通常以年增长率来衡量。市场引力高意味着市场增长迅速，有较大的发展空间和潜力。

（2）市场份额（relative market share）：这一维度反映了企业在特定市场中的竞争地位，即企业在市场中的相对大小。市场份额高意味着企业在市场中占有较大的份额。

2）根据市场引力和市场份额两个维度的组合，波士顿矩阵将产品或业务部门划分为四个象限（如图 4-2 所示）。

（1）明星产品（stars）：位于第一象限的产品或业务部门，具有高市场增长率和相对较高的市场份额。这类产品或业务部门通常需要大量的投资来维持增长，但同时也为企业带来可观的利润。明星产品是企业发展的关键，需要对其进行重点投资和培育。

图 4-2 波士顿矩阵

（2）金牛产品（cash cows）：位于第二象限的产品或业务部门，具有高市场份额但较低的市场增长率。金牛产品是企业现金流的主要来源，可以为企业提供资金，用于投资其他业务。这些产品通常需要较少的资本投入，以维持其市场地位。

（3）问题产品（question marks）：位于第三象限的产品或业务部门，具有较低的市场份额以及较高的市场增长率。这类产品或业务部门代表企业未来的潜力和风险。企业需要仔细评估这些产品的发展潜力，决定是否加大投入，试图将它们转化为明星产品，还是放弃，以避免进一步的资金损失。

（4）瘦狗产品（dogs）：位于第四象限的产品或业务部门，既没有高市场份额，也没有高增长率。瘦狗产品通常是企业资源的消耗者，而且很难为企业带来可观的收益。企业应该考虑将这些产品从产品组合中剔除，以释放资源，将其投入到更有前景的产品或业务部门中。

波士顿矩阵的应用可以帮助企业识别出各个产品或业务部门的相对位置，从而制定出合理的投资和发展策略。例如，企业可以优先投资于明星产品，以保持其市场领先地位；对金牛产品进行适度投资，以保持稳定的现金流；对问题产品进行战略性投资或撤资；对瘦狗产品进行剥离或重组。通过这种方式，企业可以优化资源配置，提高整体的竞争力和盈利能力。

然而，波士顿矩阵也有其局限性，比如它依赖于对市场份额和市场增长率的主观判断，且可能不足以指导产品创新和差异化战略等。因此，在使用波士顿矩阵时，企业应结合其他分析工具和市场信息，以制定出更为全面和有效的战略。

3. GE 矩阵

GE/McKinsey 矩阵（也称为 GE 矩阵或九宫格矩阵）是一种战略规划工具，由通用电气公司（General Electric）在 20 世纪 70 年代初期开发，并由麦肯锡公司进一步完善。这个矩阵用于帮助企业根据业务单元的市场吸引力（market attractiveness）和业务强度（business strength）进行综合分析，以确定资源分配和投资优先级。

1）矩阵构成。

（1）横轴——市场吸引力（market attractiveness）。这个维度考虑了市场的大小、增长潜力、利润率、技术变革、竞争强度等因素。市场吸引力通常通过定量分析来衡量，如市场增长率、市场规模、消费者需求的变化等。

（2）纵轴——业务强度（business strength）。这个维度评估了企业在特定业务领域的竞争地位，包括市场份额、成本结构、品牌认知、技术能力、分销网络等。业务强度通常基于内部数据和评估，如市场份额、成本优势、产品质量等。

2）矩阵划分。矩阵被分为九个区域，每个区域代表了一种业务单元的战略地位。

（1）左上区（高吸引力/强实力）。优先发展区（1号位）：代表高市场吸引力与强竞争实力的黄金组合业务。

（2）中上区（高吸引力/中实力）。选择性投资区（2号位）：具备市场潜力但竞争力待提升。

（3）右上区（高吸引力/弱实力）。风险机遇区（3号位）：需警惕"虚假机遇"。

（4）中左区（中吸引力/强实力）。利润收割区（4号位）：成熟市场的现金牛业务。

（5）中央区（中吸引力/中实力）。稳定维持区（5号位）：采取稳健策略。

（6）中右区（中吸引力/弱实力）。收缩观察区（6号位）：缩减规模。

（7）左下区（低吸引力/强实力）。转型创新区（7号位）：特殊价值业务。

（8）中下区（低吸引力/中实力）。剥离候选区（8号位）：退出市场。

（9）右下区（低吸引力/弱实力）。立即退出区（9号位）：果断退出。

3）应用。

（1）GE矩阵帮助企业识别出哪些业务单元值得投资，哪些应该维持现状，哪些应该考虑剥离或重组。

（2）通过分析每个业务单元的市场吸引力和业务强度，企业可以更好地分配资源，优化投资组合。

（3）它强调了内部能力和外部机会之间的匹配，以及在此基础上的战略决策。

4）局限性。

GE矩阵可能过于简化复杂的战略决策，因为它依赖于对市场吸引力和业务强度的主观评分。它可能不足以捕捉市场和竞争环境的动态变化，以及这些变化对企业战略的影响。在实践中，企业可能需要结合其他分析工具和深入的市场研究来制定有效的战略。

GE矩阵是一个有价值的战略框架，但它并不是万能的。企业在使用时应保持批判性思维，根据实际情况调整和完善战略决策过程。

（四）选择战略

在ERP沙盘推演经营课程中，企业管理层面临的关键决策之一是选择合适的战略。决策者在这一决策过程中需要综合考虑多个因素，包括员工的水平和接受程度。以下是一些具体战略选择的考虑因素。

1. 企业愿景定位

（1）公司规模：管理层需要决定企业是追求成为大型企业还是成为保持灵活性的小型企业。

（2）产品多样性：企业应选择生产多品种产品还是专注于少数产品线。

（3）市场开拓：企业是选择广泛的市场覆盖还是专注于特定市场。
（4）市场地位：企业是追求成为市场领导者还是选择作为市场追随者。

2. 产品与市场策略

（1）产品研发方向：管理层需确定企业将重点研发何种产品，以及这些产品将面向哪些市场。

（2）资源分配：在资源有限的情况下，管理层需决定是在一个重点市场或产品上集中投入，还是进行多方面均衡发展。

3. 生产设备规划

（1）生产设备选择：面对不同类型生产设备的购置价格、生产能力、生产周期、灵活性等属性，管理层需要做出选择，以适应企业发展的需要。

（2）设备更新策略：管理层需考虑更新现代化生产设备以提高产品生产能力，同时评估现有设备的陈旧程度和更新成本。四种可供选择的生产设备如图4-3所示。

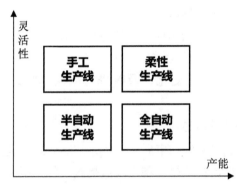

图4-3　四种可供选择的生产设备比较

4. 融资策略

（1）融资方式：企业需要选择合适的融资方式，如发行股票、发行企业债券、银行贷款、应收票据贴现等。当然，在ERP沙盘推演经营课程中，模拟企业只能选择银行长贷、短贷以及应收款贴现及紧急拍卖库存的方式来融资。

（2）融资规划：融资策略应与企业战略发展规划紧密结合，确保资金流动性和成本控制，保障企业的正常运营。在ERP沙盘推演经营课程中，模拟企业需综合考虑长贷、短贷的配比及贴现的款项等。

选择战略时，企业管理层还需考虑员工的技能和接受程度，确保战略能够得到有效执行。通过综合分析市场环境、企业资源、员工能力等因素，管理层可以制定出既符合企业长远发展目标，又切实可行的战略规划。

（五）战略控制

在战略实施阶段，确保战略按照既定方向进行是至关重要的。因此，企业需要建立有效的监控机制，定期检查战略实施的进度和效果。以下是一些具体的实施步骤和考虑因素。

1. 建立监控机制

（1）定期的进度检查：通过定期的会议和报告，监控战略实施的关键节点和进度。

（2）效果评估：使用平衡计分卡（balanced scorecard，BSC）等工具，从财务、客户、内部流程、学习与成长四个维度评估战略绩效。

2. 发现并纠正偏差

（1）偏差识别：将监控和评估的结果与预期做对比，发现是否有偏差。

（2）纠偏或调整：如果有偏差，及时进行纠偏或者战略调整。

（3）操作层面问题处理：当发现的问题是在操作层面时（如员工的不当操作），应及时采取应对措施，纠正偏差。

3. 应对战略环境变化

（1）外部环境变化：当外部环境发生变化，如市场需求、竞争对手行为等发生变化时，应评估其对战略实施的影响。

（2）内部资源条件变化：当企业内部资源条件发生变化时，如技术进步、员工能力变化等，应评估其对战略实施的影响。

（3）战略调整：根据环境变化，及时进行战略调整，确保战略与实际环境相匹配。

4. 战略实施过程的持续改进

（1）评估和反馈：战略实施结束后，对整个战略管理过程进行评估，收集反馈。

（2）改进措施：根据评估结果，制定改进措施，优化战略实施过程。

（3）提高执行力与适应力：通过持续改进，提高战略的执行力和适应力，以应对未来的挑战。

总之，战略实施过程中的监控和评估是确保战略成功实施的关键。通过建立有效的监控机制，及时发现并纠正偏差，以及持续改进战略实施过程，企业可以提高战略的执行力和适应力，从而在竞争激烈的市场中取得成功。

（六）战略调整

企业战略从来都不是一成不变的，为了保持竞争优势或者应对竞争劣势，企业必须对内部环境和外部环境的变化保持敏感，并在必要时进行战略调整。战略调整是企业动态管理的核心，它要求企业重新审视自身的定位、目标、资源分配以及业务模式，以适应新的市场条件。

1. 企业战略调整的动因

（1）市场需求的变化：消费者偏好的转变、新市场的出现或现有市场的萎缩都可能迫使企业调整战略，以更好地满足市场需求。

（2）竞争格局的变化：新进入者的威胁、竞争对手的战略变动或行业合并收购都可能改变竞争态势，企业需要调整战略以应对新的竞争环境。

（3）技术进步：技术的快速发展可能使现有的产品或服务过时，企业需要投资新技术，开发新产品，或者改变业务模式。

（4）法律法规的变化：政府政策、法律法规的变更可能对企业的运营产生重大影响，如环保法规、贸易限制等，企业需要调整战略以确保合规。

（5）内部资源的变化：企业的财务状况、人力资源、生产能力等内部因素的变化也可能成为战略调整的原因。

2. 企业战略调整的原则

（1）一致性原则：战略调整应与企业的愿景、使命和长期目标保持一致，不应偏离企业的核心价值和竞争优势。

（2）灵活性原则：战略调整应具有一定的灵活性，使企业能够根据环境的变化迅速做出反应，同时避免频繁无目的的调整导致资源的浪费。

（3）可行性原则：调整后的战略应基于企业的实际情况，管理层应考虑到企业的能力、资源和限制，确保战略的可行性和可执行性。

（4）竞争优势原则：战略调整应旨在增强或保持企业的竞争优势，使企业通过差异化、成本领先或专注战略等手段，在市场中获得有利位置。

（5）风险控制原则：在追求新的机会的同时，企业也应评估和控制相关的风险，确保战略调整不会对企业的稳定造成过大威胁。

（6）持续改进原则：战略调整不应是一次性的行为，而应是一个持续的过程。企业应定期审视和调整战略，以适应不断变化的环境。

3. 企业战略调整的实施步骤

（1）环境分析：通过 PESTEL（宏观环境分析）和 SWOT（内部环境分析）等工具，全面评估企业所处的外部环境和内部条件，识别出关键的机会和威胁，以及企业的优势和劣势。

（2）确定战略目标：根据环境分析的结果，明确企业的长期愿景和短期目标，制定出具体、可衡量、可实现、相关性强和时限明确的战略目标（SMART 原则）。

（3）生成战略方案：利用头脑风暴、德尔菲法、战略研讨会等多种方法，集思广益，生成多个可能的战略方案。这些方案应涵盖不同的业务领域和市场机会。

（4）评估和选择战略方案：运用定量和定性的评估方法，如财务分析、风险评估、战略契合度分析等，对每个战略方案进行全面的评估。选择最符合企业当前和未来发展需要的方案。

（5）制订战略实施计划：详细规划战略方案的执行步骤，包括所需资源的分配、关键任务的分工、时间表的制定等。确保战略计划的可操作性和可跟踪性。

（6）执行战略计划：按照战略实施计划，动员和协调企业内外部资源，确保战略计划的顺利执行。这包括领导风格的调整、组织结构的优化、企业文化的塑造等。

（7）监控和评估：建立有效的监控机制，定期检查战略实施的进度和效果。使用平衡计分卡（BSC）等工具，从财务、客户、内部流程、学习与成长四个维度评估战略绩效。

（8）调整和改进：根据监控和评估的结果，及时调整战略计划以应对可能出现的新情况。持续改进战略实施过程，提高战略执行力和适应力。

4. 战略调整中的领导力与变革管理

（1）领导力：在战略调整过程中，领导者的作用至关重要。他们需要展现出坚定的决心和清晰的愿景，以激励员工接受变化。领导者还需要具备良好的沟通技巧，能够解释调整的原因和必要性，减少员工的不确定感和抵抗心理。

（2）变革管理：战略调整往往伴随着组织结构、流程和文化的变革。有效的变革管理包括制订明确的变革计划，确保变革与企业目标的一致性，建立变革支持系统和制订培训计划。此外，领导者还需要识别和管理关键利益相关者的期望，通过他们来推动变革的实施。

（3）员工参与和沟通：员工的参与和支持是战略调整成功的关键。通过开放的沟通渠道，让员工参与到战略调整的讨论中来，了解他们的想法和顾虑。提供必要的培训和资源，帮助员工适应新的角色和要求。

（4）激励和认可：在变革期间，适当的激励和认可能够显著提高员工的积极性和参与度。设立明确的奖励机制，对那些适应变化并做出积极贡献的员工给予认可。同时，公开表扬那些支持和推动变革的行为。

（5）应对抵抗：在战略调整过程中，不可避免地会遇到来自员工的抵抗。理解抵抗的根源，如对未知的恐惧、对变化的不确定感或利益受损等。通过有效的沟通和协商，解决员工的顾虑和问题。必要时采取适当的管理措施，如逐步实施变革、提供心理支持等。

【课后思考】

1. 企业战略制定中的内外部因素分析对企业成功的关键作用有哪些？分析企业如何通过 SWOT 分析等工具来识别和利用内外部机会和挑战。

2. 波士顿矩阵在企业产品组合管理中的应用和局限性是什么？探讨波士顿矩阵如何帮助企业识别不同产品或业务单元的战略地位，以及其可能存在的局限性。

3. GE 矩阵在企业战略规划中的作用和实际应用是什么？分析 GE 矩阵如何帮助企业评估和选择投资方向，以及其在实际应用中的有效性。

4. 企业战略调整的动因和原则是什么？探讨企业战略调整的常见原因，以及进行有效战略调整应遵循的原则。

5. 战略调整过程中的领导力和变革管理的重要性。分析在战略调整过程中，领导力和变革管理如何影响员工接受度和战略成功实施。

6. ERP 沙盘推演经营课程在企业战略教育和培训中的作用如何？探讨 ERP 沙盘推演经营课程如何帮助学生和员工理解企业战略的复杂性和实际应用。

7. 员工在企业战略实施中的角色和影响是什么？探讨员工如何通过参与和执行来影响企业战略的实施和成功。

第二节 企业经营市场营销战略

商业情报对企业至关重要，帮助企业洞察竞争对手和市场动态，是制定战略的关键。通过分析商业情报，企业能把握市场趋势，预测风险，从而在竞争中占优。情报优势使企业能快速反应、推动创新、拓展市场、控制成本、赢得时间和市场份额，实现利润最大化。商业情报成为企业在复杂商业环境中保持竞争力和持续发展的关键。

一、市场及产品分析

（一）读懂市场预测

在ERP沙盘推演课程中，市场预测是企业分析P系列产品市场需求的唯一且重要的信息来源。市场预测的综合分析和策划与企业的市场营销战略规划密切相关。市场预测提供了第一年至第六年行业产品的市场预测数据。在图4-4中，左侧的柱状图代表了市场各产品各年度的需求总数，右侧的折线图代表了各产品各年度的均价，下方的说明代表了客户对技术和产品质量的要求。

在市场预测中，除了直观的图形描述外，还有文字形式的特别说明，尤其需要注意客户对技术及P系列产品质量要求的细节。

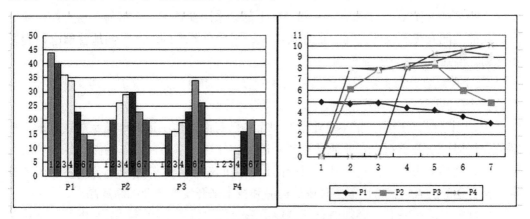

图4-4 本地市场P系列产品需求预测

（二）产品分析

1. 计算毛利润

毛利润的计算公式为：毛利润 = 销售收入 − 直接成本。

其中，销售收入 = 销售数量 × 产品单价，直接成本 = 销售数量 × 单位成本。

在ERP沙盘中，不同产品在不同市场的单价可能会有所不同，需要准确记录销售交易情况，包括销售的产品类型、数量和对应的价格。同时，要考虑市场波动对价格的影响。

直接成本主要包括原材料成本、生产加工成本等。原材料成本取决于采购价格和使用量。要准确计算直接成本，需要对每一笔生产活动进行详细的成本核算，记录原材料的采购数量和价格，以及生产过程中的各项费用支出。

在 ERP 沙盘推演实训中，学生需要通过在广告投放、提高产能、分配资金、选取订单等方面加强协作，提高销售收入，并通过成本费用和利润核算来确定生产经营能力。

2. 产品研究与开发

产品研究与开发战略决定企业的新产品引进、现有产品改良或淘汰。这是企业重要的经常性工作，在市场需求多变、技术进步迅速的当下尤为关键。如今产品不断更新换代，新技术也不断涌现，企业必须及时开发满足市场新需求的产品，这对经营成功至关重要。西方一些企业每年在新产品和现有产品的改进上投入超过 10% 的销售额，足见其重视程度。

在新产品开发、现有产品改良及过时产品淘汰等产品计划中，新产品开发最为重要。新产品包括以下五种。

（1）全新产品：指采用新原理、新技术、新工艺、新材料研制出来的市场上从未有过的产品。全新产品的创新程度最高，具有其他类型新产品所不具备的经济、技术上的优势，例如，首次出现的汽车、电视机等。

（2）换代新产品：在原有产品的基础上部分采用新技术、新材料、新元件，使原有产品的性能有飞跃性的提高，适合新用途、满足新需求的产品，如从普通电扇到遥控电扇，再到人工智能控制电扇。

（3）改进新产品：对现有产品进行性能改进、质量提升，或扩展其规格型号、改变其款式花色而产生的新产品，如新配方的药物牙膏。

（4）本企业新产品：指本企业未有但市场已有而模仿制造的产品，对企业来说是新的，但对市场并不新。企业通常在产品造型、外观、零部件等方面做部分改动或改进后，将其推向市场。仿制是开发新产品最快捷的途径，风险也较小。只要有市场需求，又有生产能力，就可以借鉴现成的样品和技术来开发本企业的新产品。

在制定产品策略时，必须综合评估以下三个关键维度：市场状况、生产操作状况和财务状况。市场状况涉及产品生命周期的阶段、市场需求的适应性、服务支持的要求、企业的分销网络以及市场上的竞争力等因素。生产操作状况则包括产品的技术实施可能性、与现有生产流程的兼容性、员工与设备的产能，以及原材料供应商的状况等方面。财务状况涵盖产品开发和生产的资金投入、潜在风险、预期的销售收益和盈利水平。

市场状况对未来的销售收入产生直接影响，生产操作状况则决定了产品的制造成本，而财务状况则是对这两者进行全面考量的结果。有时还需考虑其他因素，如环境与社会伦理。环境方面，需注意避免生产出不受欢迎的副产品，如污染物；社会伦理方面,则需确保新产品选择不违背健康的社会伦理,如避免涉及赌博业和黄色音像制品等。

3. 分析产品生命周期

一种产品自进入市场起,其销量与利润会经历由低至高,再由高至低的变化。这一过程与生命体的生老病死相似,即产品进入市场、成长、成熟,到最终逐渐退出市场的周期性变化过程,这个过程被称为产品的生命周期(product life cycle,简称PLC)。产品的研究开发和试销阶段并不计入产品生命周期,只有当产品正式进入市场,其生命周期才开始;而当产品退出市场时,生命周期随之结束。

一般而言,一个典型的产品生命周期可以划分为四个阶段:介绍期(或引入期)、成长期、成熟期以及衰退期,具体如图4-5所示。

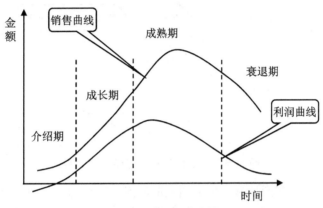

图4-5 产品生命周期

(1)介绍期(引入期)。这是产品刚刚进入市场的阶段。在这个阶段,产品可能面临较高的市场风险和较低的销售量。企业需要进行市场推广和品牌建设,以提高产品的知名度和接受度。在产品生命周期的介绍期,顾客对产品尚不熟悉,仅有少数使用者可能进行购买,导致销售量较低。为了拓宽销售渠道,企业需要投入大量的促销费用来宣传产品。由于技术限制,产品无法进行大规模生产,成本较高,销售额增长缓慢,企业在这一阶段往往无法获得利润,甚至可能面临亏损。同时,产品本身也需要进一步的改进和完善。

(2)成长期。随着市场的逐渐认可,产品的销售量开始快速增长。企业需要继续投入资源进行市场推广,并可能需要调整产品以满足不同消费者的需求。随着顾客对产品的认识加深,越来越多的新顾客开始加入购买行列,市场需求逐渐扩大,产品得以大规模生产。这使得单位成本相对下降,企业的销售额随之迅速攀升,利润也实现了快速增长。然而,此时,竞争者察觉到市场的盈利潜力,纷纷涌入市场,参与竞争,导致市场上同类产品的供应量增加,进而促使价格下降。

(3)成熟期。在这个阶段,产品的销售量达到顶峰,市场需求趋向饱和,销售额增长缓慢,直至转而下降,潜在的顾客已经很少,市场竞争也变得激烈。企业需要通过差异化策略来保持市场份额,并可能需要进行价格竞争或寻找新的市场机会。

（4）衰退期。随着科学技术的发展，新产品或新的替代品出现，将使顾客的消费习惯发生改变，转向其他产品。随着市场需求的减少和竞争的加剧，产品的销售额和利润额迅速下降。企业需要考虑逐步减少对该产品的投资，并需要开发新产品来替代已有产品。

4. 确定规划

产品在其生命周期的四个阶段展现出不同的市场特征，因此，企业针对不同阶段的产品需采取差异化的产品策略。通常情况下，企业能够选择的产品策略有三种：早进晚出、早进早出、晚进晚出，如图4-6所示。这些策略反映了企业对产品市场动态的不同应对模式和规划。

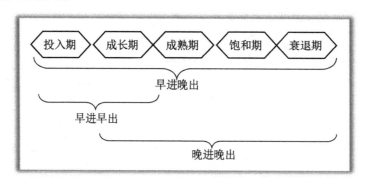

图4-6 产品生命周期与产品开发战略

（1）早进晚出。在产品从其生命周期的起点到终点的过程中，有些企业会持续进行生产活动。在这一连续的过程中，企业可能会对产品进行型号更新，或者引入与现有产品紧密相关的新型号来满足市场的演变需求。这些调整旨在延长产品的市场寿命，提升其竞争力。只要产品在市场上还有需求，企业就不会考虑停止生产或转向生产其他类型的产品。这种做法在大规模、低成本生产模式的企业中尤其普遍，因为它们需要充分利用其生产系统的优势，保持成本效益，从而在市场上保持竞争力。这些企业通过持续生产和逐步升级产品，能够最大化其生产能力和市场渗透率，同时也能够更好地满足消费者的需求，维持稳定的市场份额。例如，大疆（DJI）通过持续的研发投入和创新，从2013年发布第一款消费级无人机Phantom 1号开始，不断推出技术先进的新产品，如"御"Mavic Air，展示了无人机技术的快速进步。大疆先进的GPS系统和高度集成的硬件、软件能力，使其在无人机市场中始终保持领先地位。

（2）早进早出。有些企业在决定生产新产品时，通常会选择在产品的介绍期和成长期进行生产活动。这是因为在这两个阶段，产品刚开始进入市场，企业尚未获得稳定的市场份额，需要通过生产来满足市场对新产品的初步需求，并逐步扩大市场影响力。例如，当一家企业研发出一种具有创新性的新产品，并将其推向市场时，该产品可能还未能立即获得广泛的市场认可。为了使这种产品能够被市场接受，最终在市场上获得稳固地位并实现销量增长，企业可能会选择在产品生命周期的早期阶段进行生产，以支持产品的市场推广和销售。

特别是对于那些技术水平较高、研发能力较强的科技型中小企业来说，它们往往更倾向于采用这种策略。这些企业通常拥有较强的创新能力和快速响应市场变化的能力，能够迅速开发出新产品，并在产品生命周期的早期阶段进行生产，以便抓住市场机遇，实现快速增长。这种策略有助于企业在竞争激烈的市场中获得先发优势，并通过持续的技术创新和产品升级，保持其在市场上的竞争力。同时，这也要求企业在产品开发和生产过程中，不断优化生产流程，提高生产效率，以满足市场对新产品的快速变化需求。

（3）晚进晚出。还有些企业在产品市场已经被开发、产品进入成长期或接近成熟期之后才开始生产。这些企业通常具备较强的制造能力、生产应变能力和销售能力，但在技术创新和研发能力上相对较弱。这类企业倾向于避免早期市场开发的风险，选择在市场前景较为明朗时进入，利用自身的生产和销售优势来获取市场份额。例如，一些传统的制造企业可能不具备研发尖端科技产品的能力，但它们在生产制造、质量控制、成本管理和市场分销方面拥有丰富的经验和资源。这些企业可能会选择在一项技术或产品被市场验证并进入成长或成熟期后，再利用自身的生产能力进行大规模生产，以实现成本效益和市场渗透。这种策略的优势在于可以减少新产品开发的风险，利用已有的市场需求来保证销售。但同时，这种跟进策略也可能面临激烈的市场竞争，因为市场中可能已经存在多家竞争者。此外，由于缺乏创新，这类企业从长期看可能会失去市场竞争力，因为它们无法引领市场趋势或快速响应市场变化。

在企业确定开发新产品或对现有产品进行改良，以及相应的产品组合之后，接下来的工作重点便转向了产品设计。在产品设计阶段，企业需要明确产品的基本构造、性能指标以及技术要求，并且还要规划产品的制造流程。在产品设计工作圆满结束后，紧接着的任务是考量生产该产品所必需的技术和方法、所需设备、人力资源，以及如何有效地整合这些生产要素，这涉及对生产战略的精心选择与设计。

（三）市场占有率分析

掌握市场者，便掌握了市场的主导权。而市场的获取与企业进行的市场分析和制订的营销计划密切相关。在前文中，我们已经简要讨论了市场预测和竞争对手分析。在ERP沙盘推演经营课程中，营销策划的重点主要体现在广告费用的合理分配与有效投放上。因此，通过分析广告投入的产出效果和市场占有率的变化，我们可以在一定程度上评估企业的营销策略是否成功。

1. 广告投入产出分析

广告投入产出分析是衡量广告投入收益率的关键指标，其计算方法为：

$$广告投入产出比 = 订单销售额/广告投入$$

该分析用于比较不同企业在广告支出上的差异。在ERP沙盘推演课程中，常利用柱形图来进行对比分析。这一指标向经营者揭示了本企业与竞争对手在广告投入策略上的差异，促使营销总监深入分析各个市场和竞争对手，寻找降低成本、优化策略的突破点。

图 4-7 展示了第一年 A 至 L 十二家企业的广告投入产出比的对比结果。分析发现，B 企业每投入 100 万元广告费用，仅获得 360 万元的销售收入，其广告投入产出比在所有企业中表现最差，需要在下一年度进行改进。而 H 企业每投入 100 万元广告费用，却能获得 1000 万元的销售收入，其广告投入产出比在所有企业中表现最佳，值得其他企业借鉴和学习。

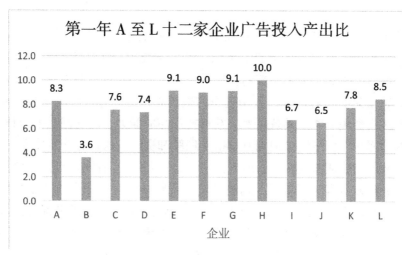

图 4-7　广告投入产出比

2. 市场占有率分析

市场占有率是评价企业营销实力的关键指标，它反映了企业的销售实力。一个企业市场占有率越高，说明其销售能力越强，也意味着企业有更多获取收入和利润的机会。

市场占有率可以通过统计销售产品的数量或销售产品的收入来衡量，这两个指标共同反映了企业在市场上销售产品和获取较高利润的能力。市场占有率分析可以从两个维度进行：横向分析和纵向分析。横向分析涉及将同一时期不同企业的市场占有率数据进行比较，以确定企业在特定年度的市场地位，其中在单一市场中 P 系列产品销售总额最高的企业被视为市场领导者。横向分析的结果通常使用饼形图来展示。纵向分析则将同一企业在不同年度的市场占有率数据进行对比，从而观察企业市场占有率随时间的变化情况，这也能从侧面反映企业的发展历程和成长轨迹。其结果通常使用条形图来表示。

（1）综合市场占有率分析。综合市场占有率是指一家公司在特定市场上所有产品的销售总量（或总收入）占该市场上所有公司所有产品的销售总量（或总收入）的比例。通过图 4-8 可以观察到，在该市场中，C 公司的综合市场占有率达到了 20%，在所有企业中市场份额最高，因此 C 公司凭借其最大的市场份额成为市场领导者。

某市场某企业的综合市场占有率 = 该企业在该市场上全部产品的销售数量(收入)/全部企业在该市场上各类产品总销售数量(收入)×100%

这个指标能够量化地反映企业在市场中的竞争地位，是衡量其市场控制力和影响力的重要工具。

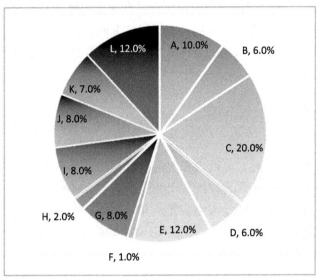

图 4-8　综合市场占有率分析

（2）产品市场占有率分析。仅仅掌握企业在本地、区域、国家、亚洲乃至国际市场的占有率是不够的，为了更深入地分析市场、确立企业的市场竞争力和优势，了解企业生产的 P1、P2、P3、P4 等产品在各个市场的占有率同样重要。

某产品市场占有率 = 该企业在市场中销售的该类产品总数量（收入）/ 市场中该类产品总销售数量（收入）×100%。

图 4-9 展示了第三年各企业在 P3 产品市场的市场份额分布情况。从图中可以明显看出，C 企业在 P3 产品市场的占有率达到了 22%，是所有企业中单一产品市场份额最高的。这一数据对企业分析市场竞争力和优势具有重要的参考价值。

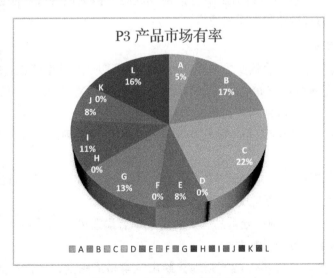

图 4-9　产品市场占有率分析

二、竞争对手分析

在开展 ERP 沙盘推演的过程中,企业不仅需要精明地规划自身的发展战略,还需要深入洞察外部环境,特别是竞争对手的情况。准确无误地识别、分类并评估对手是制定有效竞争策略的关键步骤。以下将从四个方面进行详细阐述:确定对手、关注对手、分析对手和战胜对手。

(一)确定对手

1. 识别竞争对手

企业在沙盘推演开始时,应投入资源进行详尽的市场调研,了解行业趋势、消费者需求及市场空缺。这一步骤旨在挖掘市场上所有潜在的竞争对手,无论是已经占据一定市场份额的老牌企业,还是刚刚崭露头角的新秀。通过对产品线、市场份额、客户基础以及市场定位的细致分析,企业可以清晰勾勒出每个竞争对手的特点和优势,为后续的竞争策略奠定坚实的基础。

2. 分类对手

主要竞争对手与次要竞争对手:基于对竞争态势的理解,企业需进一步将竞争对手分为两大类——主要竞争对手与次要竞争对手。主要竞争对手通常是指那些在市场上占据主导地位或拥有高度相似市场定位的企业,这些企业往往具备强大的竞争力,直接威胁到本企业的市场份额。相比之下,次要竞争对手可能是规模较小或处于成长初期的企业,虽然其当前影响力有限,但不可忽视其未来可能带来的挑战,尤其是在特定的细分市场或地区内。

直接与间接竞争对手:区分直接竞争对手和间接竞争对手同样重要。直接竞争对手指的是那些提供相同或类似产品/服务,与本企业在同一目标市场中直接竞争的企业;而间接竞争对手则是指目前虽不直接构成威胁,但提供替代产品或服务,有可能随着市场变化成为直接竞争对手的企业。

3. 评估对手实力

为了精确衡量竞争对手的实力,企业可以从以下四个关键维度进行综合考量。

(1)财务健康度:查看竞争对手的财务报表,如营业收入、净利润、增长速度、资产负债比率等指标,以判断其盈利能力和发展潜力。

(2)市场份额:监控竞争对手在各细分市场的销售份额,了解其市场渗透力和控制范围。

(3)技术创新能力:关注研发投资比例、专利申请量、新产品推出频率等,以此评估对手的技术水平和创新能力。

(4)品牌建设与营销:分析品牌知名度、顾客满意度、市场口碑等因素,了解竞争对手的品牌形象和市场影响力。

通过上述步骤,企业不仅能清晰地描绘出竞争格局图谱,还能洞悉对手的优势与弱点，从而制定更加精准、有效的应对策略，在激烈的市场竞争中保持领先地位。

（二）关注对手

关注对手动态，对于企业来说，是一项至关重要的任务。它能够帮助企业及时掌握市场脉搏，做出快速而明智的决策。特别是在ERP沙盘推演这一模拟环境中，关注对手更是提升竞争力的关键所在。

1. 跟踪动态

企业应当构建一套完善的情报系统，持续监测竞争对手的一举一动，确保在第一时间获取宝贵情报。

（1）产品发布与更新：密切追踪竞争对手是否推出了新品，或是对其现有产品进行了升级优化。在ERP沙盘演练中，重点关注产品的研发进度和上市时间，通过观察对手的行为模式预测其未来的产品走向。

（2）市场活动：留意竞争对手的营销举措，如促销活动、赞助活动、合作伙伴关系等。在ERP环境下，可以通过分析对手的库存水平、资金流动情况，推测其可能的广告投入和市场攻势。

（3）价格变动：监控竞争对手的价格策略，分析其调价背后的逻辑及市场反响。虽然在ERP沙盘推演中，价格并非由企业单方面决定，但仍可通过对手在订单选择上对价格的敏感性，窥见其定价心理。

（4）战略调整：注意竞争对手的重大商业动作，比如进入新市场、退出既有领域、合并收购等，这往往能揭示其长远布局和核心战略。在沙盘中，特别要关注对手的市场扩展意图和销售重心的变化。

2. 收集信息

信息收集是掌握竞争对手动向的核心环节，它的深度和广度直接影响了企业对市场态势的理解。以下是几个更细致的建议。

（1）公开信息：除了年报、新闻发布和行业会议，社交媒体也是获取实时动态的好去处。观察对手在社交媒体上的活跃度、互动频率、公众情绪反应等，可以帮助企业更快捕捉到市场情绪变化。同时，参与在线论坛和专业社区，也能获得同行和用户的即时反馈。

在ERP沙盘推演中，可利用虚拟平台的数据记录功能，密切关注对手在不同阶段的表现，比如生产计划、库存管理、订单处理速度等，这些都是反映其实力和灵活性的重要线索。

（2）第三方数据：市场研究报告、行业分析、信用评级等第三方提供的专业数据，能够为企业提供宏观视角和深入分析。同时，企业可考虑购买专门的商业智能工具或订阅行业数据库，以获取更系统化、精细化的信息支持。

在ERP沙盘环境中，可以通过模拟市场动态生成的数据报告，结合行业专家的解读，深入解析对手在特定市场条件下的表现，为其行为背后的原因提供理论依据。

（3）顾客反馈：直接倾听消费者的声音至关重要。通过调查问卷、访谈、产品评论等方式，企业可以了解到消费者偏好、不满点以及期望改进的地方。在 ERP 沙盘推演中，尽管没有真实的顾客反馈，但可以根据模拟市场反馈调整产品设计和营销策略，以更好地满足市场需求。

3. 建立竞争对手档案

构建一个系统的竞争对手档案库，是将零散信息转化为战略资产的过程。以下是一些具体的建议。

（1）基本信息概览：除了一般性的公司概况外，还可以增加关键人物简介，如 CEO、CFO 的个人经历和领导风格，这有助于把握其决策倾向和企业文化的影响因素。

在 ERP 沙盘背景下，可以添加对手的"虚拟"高管团队介绍，包括他们在游戏中的角色分配和执行决策的角色，从而理解其整体运营策略。

（2）业务分析：不仅要罗列产品线和服务范围，还要分析其产品生命周期，预测未来的开发趋势。考虑加入 SWOT 分析（优势、劣势、机会、威胁），给每项产品或服务做出评估，这样可以更直观地看出对手的强项和软肋。

在 ERP 沙盘推演中，可根据游戏规则和市场反馈，不断更新对手的产品矩阵，包括其成本结构、盈利能力和潜在风险点，以预测其下一步行动。

（3）财务数据：除细究财务报表之外，还应评估现金流状况，尤其是自由现金流，因为它反映了企业的实际支付能力和资本配置效率。此外，关注利润率波动、债务水平和资产质量等指标，有助于发现对手的财务稳健性和长期发展潜能。

在 ERP 沙盘推演中，虽然无法直接获取真实财务数据，但可以通过模拟财务报表，观察对手的经营成果和财务状况变化情况，并将此作为调整策略的重要参考。

（4）竞争策略：除了市场定位和营销策略，还要研究对手的研发投入比、知识产权保护措施和技术储备，这些往往是创新能力和可持续竞争优势的体现。在沙盘推演中，对手对新技术的应用和对知识产权的态度，可能透露其对未来市场的看法和战略布局。

通过以上方法，企业可以构建一个全面、动态的竞争对手档案，用以指导战略规划和战术调整，使企业在 ERP 沙盘推演中甚至真正的商业战场上，都能做到知己知彼，百战不殆。

（三）分析对手

营销总监可以通过实地调研或其他方式，深入了解同行业内竞争对手的经营状况。具体来说，可以探究以下方面：竞争对手已经开发了哪些产品？他们拥有哪些 ISO 认证？他们已经进入了哪些市场？建立了哪些生产线？他们的生产能力达到了什么水平？以及他们的资本结构是怎样的？通过对竞争对手进行详尽的分析，企业能够更有效地在市场竞争中配置资源，从而在竞争与合作中占据有利地位。接下来，我们将细化每一个分析角度，使其论述更为丰富和完善。

1. SWOT 分析

SWOT 分析是一种经典的框架，用于识别和评估竞争对手的优势、劣势、机会与威胁，帮助企业找准自身定位，并制定相应策略。

（1）优势（strengths）：研究对手的专长和核心竞争力，例如产品质量、品牌形象、市场份额、技术创新等，识别其市场领导力所在。

（2）劣势（weaknesses）：分析对手的短板，如成本过高、供应链脆弱、产品单一、客户服务质量不佳等，寻找可能攻破对手的机会点。

（3）机会（opportunities）：探索市场中尚未被充分开发的空间，或对手未注意到的趋势，为企业创造差异化的市场切入点。

（4）威胁（threats）：评估来自竞争对手的潜在挑战，如新入市者、替代品压力、政策法规改变等，提前预警并准备应对方案。

2. 竞争策略分析

深入了解对手的策略布局，有助于企业预见其可能的行动路径，使企业能够灵活应对。

（1）市场定位：对比对手的目标市场、目标客户群，分析其差异化策略和市场渗透手法。

（2）产品策略：审视对手的产品线布局、特色功能、品质标准，尤其需注意其近期的新品动态，从而预测其研发方向。

（3）价格策略：研究对手的定价模型，分析其对市场接受度的影响，以及背后的成本控制技巧。

（4）渠道策略：考察对手的销售渠道选择，直销、分销、电商多渠道融合等方面，观察其覆盖网络和市场响应速度。

（5）推广策略：关注对手的营销活动、品牌传播方式，关注其如何塑造品牌认知和客户忠诚度。

3. 财务状况分析

通过对竞争对手的财务数据进行深度剖析，企业可以透视其内在的经济活力和抵御风险的能力。

（1）盈利能力：计算净利润率、毛利率等指标，了解其赚钱能力。

（2）运营效率：分析存货周转率、应收账款回收期等，评估其资产管理效率。

（3）偿债能力：审查负债比率、现金流量表，判断其短期和长期偿债能力。

（4）财务稳定性：通过权益乘数、财务杠杆系数，洞察其资本结构稳健性。

4. 资源配置分析

研究对手的资源配置状况，对企业理解其竞争优势来源至关重要。

（1）人力资源：考察对手的员工规模、人才结构、培训体系，识别其人力资本优势。

（2）生产资源：分析对手的工厂产能、自动化水平、原材料供应稳定度，了解其

(3)技术资源：关注对手的研发投入、专利积累、技术合作情况，评判其技术创新能力。

(4)无形资产：评估对手的品牌价值、客户关系网、知识产权等非实体资产，衡量其难以被复制的竞争力。

综上所述，通过多层次、多维度的分析，企业不仅可以洞察对手的全貌，还能够借此反观自我，明确差距，找到突破点，获得竞争中的主动权。在ERP沙盘推演中，这些策略同样适用，只是操作对象变成了模拟场景下的"对手"，但分析逻辑和效果却同样考验着决策者的智慧和前瞻性。

（四）战胜对手

面对激烈的市场竞争，企业要想立于不败之地，必须采取一系列有针对性的措施，以便超越对手，实现自身的持续成长。接下来，我们深入探讨如何运用四大策略，助力企业迈向成功之路。

1. 制定针对性策略

基于对竞争对手的深入分析，企业可以精心策划并实施一系列策略，以获得竞争优势，强调产品或服务的独特卖点，避免陷入价格战。

(1)差异化竞争：深入分析竞争对手的产品特点、客户偏好和市场定位，开发独特的产品属性或服务体验，塑造品牌个性，吸引更多忠实客户。建立灵活的供应链和运营机制，快速适应市场变化。假设竞争对手A在沙盘模拟中以其高品质产品赢得了部分高端市场，企业则可以选择更专注于性价比的大众市场，或通过引入独特的功能特性来开辟新的细分市场。

(2)价格策略：灵活运用价格工具，针对不同的市场段位和消费者需求，制定合理的价格定位，既保障收益又增强吸引力。在ERP沙盘推演课程中，企业可以通过在选单时选择不同单价订单来实现价格策略。

(3)品牌建设：强化品牌形象，通过高质量的内容营销、公关活动和社会责任项目，提升品牌知名度和正面形象，建立良好的市场口碑。

(4)市场渗透：扩大销售网络，深入未开发的市场区域，或者通过数字营销、线上线下融合等多元化渠道，触及更多潜在客户。

2. 优化资源配置

合理的资源配置是企业高效运作的关键。企业需要持续优化资源配置，以适应快速变化的市场需求。

(1)强化优势：将力量集中于最具竞争力的领域，如技术研发、客户服务等，深化核心能力。

实战操作：在沙盘推演中，若企业擅长快速生产，则可优先优化生产线，缩短交货周期，以满足紧急订单需求。

（2）补足短板：识别并解决内部流程中的瓶颈问题，提高整体效能，减少浪费。

（3）人才战略：重视人才引进与培养，打造一个高素质的团队，激发员工潜能，促进知识共享与创新氛围。比如，在沙盘推演中，鼓励团队成员承担不同职责；通过角色转换，增进成员之间的相互理解和配合。

3. 加强内部管理

高效的内部管理体系，是企业应对外部挑战的坚固后盾。

（1）精益管理：推行精益生产、六西格玛等先进管理模式，提升生产效率，降低不良率，实现成本节约目标。

（2）信息化建设：利用ERP系统等现代信息技术手段，优化供应链管理，实现信息透明化，加快决策速度。

（3）文化构建：培育开放包容的企业文化，鼓励跨部门协作，增强团队凝聚力和执行力。

4. 持续创新

在瞬息万变的商业环境中，唯有创新才能引领潮流，使企业保持领先。

（1）关注趋势：紧跟科技前沿，研究行业动态，捕捉新的商业模式或技术应用。

（2）研发投入：设立专项基金，支持科研人员探索未知，推动产品迭代和工艺革新。

（3）跨界合作：与其他行业领军者建立合作关系，共享资源，共同开发新产品或解决方案，实现互利共赢。

5. 灵活调整策略

ERP沙盘推演是一个动态环境，要求参与者具备迅速反应和调整策略的能力。这包括：

（1）市场测试。定期评估当前策略的效果，通过沙盘中的模拟交易验证其可行性。

（2）团队复盘。在每个模拟回合结束后，总结经验教训，调整后续策略。

（3）灵活机动。随时准备调整生产线、采购策略、库存量，以应对突发事件或新机遇。

6. 培养团队精神

在ERP沙盘推演中，团队的协作与沟通至关重要。需确保每个人明确自己的角色，共同努力达成目标，这可能包括：

（1）角色分工。明确每个团队成员的责任区，确保其无缝对接。

（2）信息共享。保证所有决策信息的透明度，促进团队内信息流通。

（3）激励机制。设置奖励制度，激发团队士气，使成员共同追求胜利。

总之，通过制定针对性策略、优化资源配置、加强内部管理和持续创新，企业不仅能在ERP沙盘推演中脱颖而出，更能将其成功经验应用于实际市场，驱动企业持续进步，实现其长期发展目标。

三、市场预测

市场营销职能是在不断变化的市场环境中，通过交换来满足消费者的需求并实现企业的经营目标。其基本内容包括：市场细分、目标市场选择、市场定位、市场营销竞争战略和市场营销组合策略。这些要素共同构成了市场营销的基本框架，帮助企业在复杂多变的市场环境中实现目标。

（一）市场细分

市场细分是指根据消费者的需求、偏好、购买行为等差异性，将整体市场划分为若干具有相似特征的子市场或细分市场的过程，旨在帮助企业更好地理解市场和消费者，从而使其能够更有效地制定营销策略。

市场细分能够帮助企业识别和利用市场机会，增强企业的竞争力。通过市场细分，企业可以发现未被充分满足的市场需求，进而开发新产品或服务，或者改进现有产品以更好地满足特定细分市场的需求。此外，市场细分还有助于企业更有效地分配资源，通过将资源集中于最有潜力的细分市场，提高营销效率和效果。

（二）目标市场选择

目标市场是指企业希望吸引和向其销售产品或服务的特定消费者群体。目标市场选择是市场营销过程中的一个关键步骤，它涉及企业如何根据自身的条件和外界环境，确定其产品或服务的销售对象。这一过程不仅关系企业的生存和发展，而且直接影响企业的营销活动、市场定位以及最终的经济效益。

目标市场选择是市场营销过程中的一个关键步骤，它涉及企业根据自身资源、能力和市场细分的结果，决定将哪些特定的消费者群体作为其产品或服务的主要销售对象。这一决策基于对不同细分市场的吸引力和企业自身优势的评估，目的是集中资源和努力，以最有效的方式满足特定市场的需求，从而实现最佳的市场渗透和销售业绩。通过精准的目标市场选择，企业能够更有效地分配营销资源，设计针对性的营销策略，以赢得目标消费者的青睐和支持。目标市场选择战略通常有以下三种：

（1）无差异营销战略。这种战略是企业将整个市场视为一个整体，不考虑市场需求的差异性，通过单一的产品和营销组合来吸引广泛的消费者群体。这种策略的优点是可以降低生产和营销成本，但缺点是缺乏对市场变化的适应能力，风险较大。

（2）差异性营销战略。企业根据不同细分市场的需求特点，为不同的市场设计和生产不同的产品，并制定不同的营销策略，以满足不同消费者群体的需求。这种战略的优点是可以更好地满足消费者的多样化需求，提高市场竞争力；缺点是成本较高，管理复杂。

（3）集中化营销战略。企业选择一个或几个细分市场作为目标市场，集中资源和努力，以在这些市场上获得较大的市场份额。这种策略的优点是可以更深入地了解和满足特定市场的需求，提高企业的市场地位；缺点是对特定市场的依赖性较大，风险集中。

(三)市场定位

市场定位是企业为了在目标消费者心目中确立其产品或服务的独特位置而采取的一系列策略和行动的过程。常用的市场定位方法有以下四种：

(1) 特色定位。强调产品，如拍照手机的独特功能和品质，以吸引目标消费者，突出其与竞品的差异。

(2) 场景定位。明确产品在特定使用情境下的最佳用途，如运动饮料针对健身场景、户外装备针对探险活动。

(3) 价格定位。根据产品价格将市场分为高端、中端、低端三个层次，分别吸引不同消费层次的用户。

(4) 客户群体定位。针对特定消费者特征，如年轻时尚或母婴家庭，提供符合其需求和偏好的产品，以建立品牌忠诚度。

(四)市场营销竞争策略

根据企业在市场上的竞争地位，企业可分为市场领导者、市场挑战者、市场追随者和市场补缺者四种类型。

(1) 市场领导者为了维护其市场领先地位和既得利益，可能会采取扩大市场需求、保持市场份额或提升市场占有率等策略。

(2) 市场挑战者通过挑战市场领导者或其他竞争对手，以提高自己的市场份额和市场竞争地位。他们可能采取的策略包括价格竞争、产品竞争、服务竞争和渠道竞争等。

(3) 市场追随者通常不会直接向市场领导者发起挑战，而是采取保守的跟随策略，如仿效跟随、差距跟随、选择跟随等。

(4) 市场补缺者通常是在市场竞争中处于较弱地位的中小企业，他们会专注于大企业忽视的市场空白，采取的策略可能包括市场专门化、顾客专门化和产品专门化等。

(五)市场营销策略组合

市场营销策略是企业为实现营销目标而制定的一系列行动方案和决策，以满足消费者需求为核心，综合考虑市场环境、竞争对手、企业自身资源等因素。营销组合，也常被称为"营销的4P's"，是企业在市场上推广其产品或服务时所采用的一系列可控制的策略和战术的组合。这个概念最初由杰罗姆·麦卡锡（E. Jerome McCarthy）在20世纪60年代提出，包括以下四个基本要素：

(1) 产品策略（product）。涉及产品的设计、功能、品质、品牌、包装、服务等，以及产品如何满足消费者的需求。

(2) 价格策略（price）。包括定价策略，涉及成本、需求、竞争对手的定价以及企业的定价目标等。

(3) 分销策略（place）。也称为渠道策略，涉及产品如何从生产者手中转移到消费者手中，包括物流、库存管理、分销商、零售商等。

（4）促销策略（promotion）。指企业如何通过广告、公关、销售促销、直接营销、社交媒体等手段来推广其产品。

营销组合是企业制定市场策略的基础，通过有效地组合这些要素，企业可以更好地满足市场需求，实现营销目标。

四、ERP沙盘推演中的其他计划

（一）销售计划

在制订销售计划时，企业需要综合考虑自身的产能和市场需求情况，以确保销售计划既具有可行性，又能满足市场对产品的需求。以下是制订销售计划时需要考虑的关键要素。

1. 市场分析

（1）P1产品：由于技术水平较低，虽然近年来需求旺盛，但未来需求将逐渐下降。

（2）P2产品：作为P1的技术改进版，前两年需求增长迅速，之后需求趋于平稳。

（3）P3和P4产品：全新技术产品，具有较大的发展潜力。投资研发这些新产品是企业的当务之急。

（4）市场需求趋势：本地市场需求旺盛，未来区域市场、国内市场、亚洲市场以及国际市场需求都具有显著的增长潜力。

2. 销售计划的关键点

（1）产品线规划：明确企业将生产哪些产品以及这些产品的具体数量。

（2）销售渠道：指明产品将通过哪些销售渠道进行分销。

（3）市场定位：规划产品将在哪些市场进行销售。

（4）生产比例和销售比例：确定不同产品线的生产比例和各个区域的销售比例。

（5）促销活动：考虑是否需要实施促销活动来推动销售。

3. 销售计划的制订基础

（1）信息收集：收集必要的企业信息，进行相关的销售预测分析，包括产品信息、市场订单信息、生产能力以及竞争对手的生产经营状况等。

（2）与销售组织发展规划一致：确保销售计划与本部门的销售组织发展规划和计划相一致，避免过于宏观而失去对实际销售活动的指导价值。

4. 销售计划的实施与认可

（1）全员参与：一个出色的销售计划应当可使全员积极参与，得到企业内部各部门以及客户的广泛认可。

（2）长期目标与市场动态一致：确保销售活动与企业的长期目标和市场动态保持

一致，提高销售效率和市场竞争力。

综上所述，制订一个有效的销售计划需要综合考虑市场需求、产品特性、销售渠道、生产能力以及竞争对手状况等多方面因素。同时，确保销售计划与企业的整体发展战略相一致，并得到企业内部和外部相关方的广泛支持，是实现销售目标的关键。

（二）广告计划

在 ERP 沙盘推演中，制订广告投放计划是一个复杂且关键的过程。以下是制订广告投放计划时需要考虑的关键步骤和要素。

1. 预算竞争分析

（1）明确广告目标：首先，明确广告活动的目标，如提升品牌知名度、增加产品销量等。

（2）历史数据分析：分析历史广告投放数据，包括广告费用、广告效果等，以了解广告投放的效率。

（3）预算分配：根据战略目标和资金状况确定广告投放的总预算上限，并通过考虑产品毛利率来决定各个市场的广告预算上限。

（4）其他考虑因素：考虑市场动态、消费者行为、季节性因素等对广告预算的影响。

（5）定期评估和调整：建立广告投放效果的评估机制，定期评估广告效果，并根据评估结果调整广告策略。

2. 市场与竞争对手分析

（1）GE 分析：通过 GE 矩阵等工具分析产品在市场中的地位，确定哪些产品需要广告支持。

（2）竞争对手分析：深入分析竞争对手的广告策略，找出差异化的广告定位。

（3）市场细分：确定哪些细分市场具有较高的广告投放价值。

3. 广告投放效果评估

（1）数据洞察：洞察广告投放数据，了解广告投放的有效性。

（2）策略优化：根据数据和市场反馈优化未来的广告策略。

综上所述，制订广告投放计划需要综合考虑市场分析、竞争对手分析、预算分配、效果评估等多方面因素。

（三）市场老大

广告投放完成后，企业根据广告投放情况进行订单的选择。而市场老大则是年度所有产品销售额最高的企业。

1. 市场老大具有的优势

在下一年的订单争取会上，市场老大只要投放了广告，不管广告的额度是多少，都可以第一个选单，但市场老大的地位不影响其能选几张订单。如果市场老大有优先选单的权限，那么下一年其在该市场上就可以用较低的广告投入获得所有产品优先选单的权利。

第六年末的市场老大由于没有获得优先选单的权利,所以在评分时会增加系数。

2. 去争夺市场老大地位是否值得

争夺市场领导者的地位是否值得,需要企业根据自身的战略目标、资源状况以及市场环境来综合考量。为了争夺市场领导者地位,企业可能需要进行大量的广告投入,甚至短期内可能会面临亏损。同时,为了保住市场领导者的地位,企业可能需要选择订单额较大的订单,放弃单价较高的订单,这可能会影响资金的周转。在竞争不是很激烈的情况下,争夺市场领导者的意义可能并不大,企业需要权衡利弊,做出最适合自己的决策。

3. 如何争取市场老大地位

要争取市场领导者的地位,企业需要在同一个市场中拥有多种产品,并争取大额的订单。这通常意味着企业需要在产品创新、市场营销、客户服务等方面持续投入和优化,以满足市场需求并超越竞争对手。

【课后思考】

1. 市场预测对企业市场营销策略的影响是什么?探讨市场预测如何帮助企业制定市场营销策略并制订有效的市场营销计划。

2. 产品生命周期分析在产品策略制定中的作用是什么?分析企业如何根据产品所处的生命周期阶段来制定相应的营销策略。

3. 竞争对手分析对企业战略制定的重要性如何?探讨企业如何通过深入了解竞争对手来制定有效的竞争策略。

4. 销售计划和广告计划在ERP沙盘推演中的实际应用是什么?分析销售计划和广告计划如何帮助学生在模拟环境中制定有效的市场策略。

5. 分析争夺市场老大地位的利弊。探讨企业争夺市场老大地位可能带来的优势和潜在风险。

6. 如何通过ERP沙盘推演培养学生的市场营销策略制定能力?分析ERP沙盘推演如何帮助学生理解和应用市场营销理论。

第三节　企业经营财务战略

在ERP沙盘推演中,企业财务战略的制定和实施对于企业的生存和发展至关重要。以下是ERP沙盘推演中企业财务战略的关键要素。

一、企业财务战略概述

（一）财务战略在企业运营中的重要性

财务战略是企业运营成功的基石，它直接关系企业的生存和发展。有效的财务战略可以帮助企业优化资源配置、提高盈利能力、降低财务风险，从而实现长期的成功和可持续发展。在激烈的市场竞争中，企业需要通过财务战略来保持竞争优势，实现战略目标。

（二）财务战略的定义和主要目标

财务战略是指企业在财务管理方面的总体规划和策略，旨在实现财务目标，如最大化股东价值、提高盈利能力、优化资本结构等。制定财务战略时，企业需要综合考虑其市场环境、竞争状况、资源状况等多方面因素，以制定出符合企业实际情况的财务策略。财务战略包括融资战略、投资战略与利润分配战略。ERP 沙盘设定中不包括利润分配战略，因此以下主要考虑融资战略和投资战略。

（三）财务战略与企业整体战略的关系

财务战略是企业整体战略的重要组成部分，它需要与企业战略目标相一致，并支持企业长期战略的实现。企业整体战略包括市场战略、产品战略、技术战略等，而财务战略则是将这些战略转化为财务结果的关键手段。财务战略的制定需要与企业的整体战略目标相结合，以确保财务资源的有效配置和利用。

二、融资战略（资金筹集战略）

在 ERP 沙盘推演课程中，资金是企业的血液，因此，企业如何获取所需资金，以及不同融资结构所带来的融资成本差异是企业在运营和成长中必须考虑的问题。

（一）资金筹集的重要性

资金筹集是企业财务活动的起点，对于企业的生存和发展至关重要。在 ERP 沙盘推演中，有效的资金筹集战略能够帮助企业获取必要的运营资金，扩大生产规模，进行市场拓展，以及投资研发新产品，从而增强企业的市场竞争力和实现企业的可持续发展。

（二）筹资方式分析

资金筹措是企业财务战略的基础，企业需要确定如何获得资金，以支持其运营和投资活动。资金筹措主要包括外部筹资和内部筹资两种。外部筹资方式包括债务融资和股权融资。

1. 债务融资

债务融资是指通过借款等方式筹集资金,如从银行贷款、发行债券等。ERP沙盘推演提供了多种债务融资渠道,包括长期贷款、短期贷款、资金贴现和高利贷等。每种融资方式都有其特点和适用场景。

(1)长期贷款:期限较长,通常为五年,以20M为基本贷款单位,每年底支付利息,到期还本。长期贷款适用于企业长期投资,如设备购置和大型项目投资。

(2)短期贷款:期限较短,通常为一年,按季度计算,适用于季节性或短期的资金需求,如原材料采购和日常运营费用。

(3)资金贴现:适用于企业应收账款的即时变现,解决企业短期流动性问题。贴现成本取决于贴现时间和金额。

(4)高利贷:作为紧急资金来源,通常利率较高,适用于企业在面临现金流危机时的临时融资。该方式属于紧急情况下的筹资方式,不属于财务战略中考虑的因素。

2. 股权融资

股权融资指通过发行股票等方式筹集资金,增加企业的股本。该融资方式不适用于本课程。

(1)融资目的:企业进行股权融资,旨在为自身的成长和发展提供资金支持,这可能是为了扩大生产规模、提升技术水平、增强市场竞争力或进行战略投资。

(2)投资者权益:投资者通过股权融资获得企业的一部分股权,成为公司的股东,分享企业的利润(通过分红)并在企业增值时获得资本收益。

(3)融资方式:股权融资可以通过多种方式进行,包括但不限于私募股权、首次公开募股(initial public offering,IPO)、增发股票等。

(4)融资优势:股权融资不会增加企业的债务负担,因此不会带来还本付息的压力。同时,它可以为企业带来战略合作伙伴,优化企业的治理结构。

(5)融资劣势:股权融资可能导致原有股东的股权被稀释,减少其对企业的控制权。此外,股权融资的成本通常高于债务融资的成本。

(6)适用范围:股权融资适合于那些有较大发展潜力、需要长期资金支持的企业,尤其是初创公司和成长型企业。

3. 内部融资

内部融资是指企业通过自身积累的资金来满足其运营和投资需求的一种融资方式。这种方式不涉及外部债务或股权的变动,而是依赖于企业内部的现金流。该融资方式不适用于本课程。

(1)资金来源:内部融资的资金主要来源于企业的留存收益、折旧基金、未分配利润等,这些资金通常是在企业日常运营过程中逐渐积累起来的。

(2)成本优势:内部融资不需要支付利息或股息,因此成本较低,不会增加企业的财务负担。

(3)灵活性:内部融资操作简单,不需要复杂的审批流程,企业可以迅速根据自身需求调整资金使用方式。

（4）风险控制：由于不涉及外部债务，内部融资不会增加企业的财务风险，有助于保持企业的财务稳定。

（5）限制因素：内部融资的规模受限于企业资金的积累水平。如果企业盈利能力较弱或处于成长初期，内部融资可能无法满足其较大的资金需求。

（6）适用情况：内部融资适用于有稳定现金流和充足积累的企业，特别是在企业短期内需要资金且不愿意增加债务或稀释股权的情况下。

（三）筹资结构分析

在筹集资金时，企业可以将多种融资方式相搭配，以降低风险、优化成本，并实现合理的资本结构。

长期贷款时间长、利率低，避免了利率短期波动的影响。短期贷款时间短、利率高，可以满足企业短期的资金需求。长、短期贷款相搭配可以实现风险低、成本低的资本结构，有利于企业稳定、长期的发展。资金贴现和高利贷在适当的时候可以给企业提供急需的资金，维持企业的运转，但是长时间、高昂的利息会给企业带来沉重的负担。因此，企业必须在二者之间做一平衡。

（四）筹资策略的制定

在ERP沙盘推演中，筹资策略应遵循以下原则。

（1）规模适当：根据企业的实际资金需求和偿债能力，确定合适的融资规模，避免过度负债。

（2）筹措及时：合理安排融资时间，确保资金的及时到位，以满足企业运营和投资的需求。

（3）资本结构合理：平衡债务和股权融资的比例，优化资本结构，降低财务风险。

（4）经济性：选择成本最低的融资方式，提高资金使用效率，降低融资成本。

（五）实施与监控

资金筹集战略的实施需要财务部门的密切监控和及时调整。通过定期的财务分析和市场预测，企业可以调整融资计划，确保资金筹集战略与市场环境和企业战略目标保持一致。

在ERP沙盘推演课程中，资金筹集战略是企业财务健康和运营成功的基石。通过合理选择融资方式、优化资本结构和有效管理财务风险，企业可以在模拟市场中获得竞争优势，实现长期的增长和发展。

三、资金配置战略

在 ERP 沙盘推演课程中，资金配置是企业经营活动的重要组成部分。资源是有限的，资金也是有限的，因此，将有限的资金进行有效的分配，以实现企业战略目标和优化财务结构，就显得格外重要。

（一）资金配置战略的重要性

资金配置战略在 ERP 沙盘推演中至关重要，因为它直接关系到企业的财务健康和经营效率。合理的资金配置可以帮助企业降低成本、提高盈利能力、增强市场竞争力，并确保企业的长期可持续发展。

（二）资金配置的战略目标

在 ERP 沙盘推演中，资金配置的战略目标主要包括：

（1）最大化股东价值：通过有效的资金配置，提高企业的盈利能力和市场价值，从而为股东创造更大的价值。

（2）支持企业战略：资金配置应与企业的整体战略相一致，支持企业在市场扩张、产品研发、生产能力提升等方面的战略需求。

（3）优化资本结构：平衡债务和股权的比例，降低财务风险，同时降低资本成本。

（三）资金配置的决策因素

在制定资金配置战略时，需要考虑以下因素。

（1）市场环境：分析市场需求、竞争状况和行业趋势，以确定资金配置的方向和重点。

（2）企业资源：评估企业的财务资源、生产能力和人力资源，确保资金配置与企业资源相匹配。

（3）风险管理：识别和评估资金配置过程中可能遇到的风险，并制定相应的风险控制措施。

（四）资金配置的实施策略

在 ERP 沙盘推演中，资金配置的实施策略包括：

（1）投资决策：决定投资于哪些项目或业务领域，如新产品研发、生产能力扩大、市场拓展等。

（2）资产配置：合理配置流动资产和长期资产，确保资产的流动性和盈利性，例如决定存货水平、固定资产投资等。

（五）资金配置的效果评估

在 ERP 沙盘推演中，对资金配置效果的评估是持续的过程，包括以下指标分析。

1）投资回报率分析：评估投资项目的动态或静态投资回报率、回收期、项目的内部收益率，判断其是否符合预期以及符合股东目标。

2）财务能力分析：通过收益能力、成长能力、安定能力、活动能力和生产能力五个方面的分析，综合评价企业的财务绩效。

（1）收益力分析：也称为获利能力分析，主要用于评估企业的盈利能力。它涉及毛利率、净利率等核心指标，帮助企业了解自身的盈利能力并识别改进空间。

（2）安定力分析：对企业偿债能力的分析，直接关系到财务结构的稳定性。通过安定力分析，企业能够评估自身的债务风险，优化财务结构，增强市场竞争力。安定力分析涉及资产负债率、流动比率、速动比率等。

（3）活动力分析：对资产运用效率的分析，衡量企业管理水平的重要指标。活动力分析帮助企业提高资产的使用效率，优化资源配置，提升经营效益。

（4）成长力分析：用于评估企业的发展潜力，通过对增长指标的评估，帮助企业预测发展趋势，并进行相应的战略调整。

（5）生产力分析：直接影响企业的成本管理和市场竞争力。生产力分析帮助企业通过对生产成本、投产比等的控制，实现精益管理。

这五个方面共同构成了财务分析中的五能力分析法，帮助企业从不同角度评估自身的财务状况和经营绩效。

3）现金流量分析。现金流量分析可以确保企业预期生产经营规模的资金需求被满足，保持资产充分的流动性。这涉及现金从何处来、现金的使用分配，以及应收账款收回现金、应付账款和银行账户的现金流转等环节。详见本小节第八部分内容。

（六）战略实施与监控

在 ERP 沙盘推演中，战略实施与监控包括预算管理、内部控制和审计合规等方面，旨在确保资金配置战略能够得到有效执行和监控。

通过上述论述，我们可以看到，在 ERP 沙盘推演课程中，合理的资金配置战略是企业经营成功的关键因素之一。它要求企业在有限的资源下做出最优的决策，以实现财务目标和战略目标的协调一致。

四、资金使用战略

在 ERP 沙盘推演课程中，合理的资金使用战略是企业运营成功的关键因素之一。以下是资金使用战略的核心内容。

（一）成本控制

成本控制是资金使用战略的重要组成部分，它涉及优化成本结构和提高运营效率。在 ERP 沙盘推演中，企业需要通过控制原材料成本、劳动力成本和管理费用等，降低生产成本。这包括对供应链进行管理、对采购策略进行优化以及对生产流程进行改进，以确保成本最小化。

1. 成本结构分析

企业需要对其成本结构进行详细的分析和评估，确定各项成本的来源和比例，以及了解引起成本变动的因素和成本变动趋势。

企业运营的核心目标在于实现利润最大化，而实现这一目标的关键途径之一是增加销售额或降低成本费用。企业成本费用的构成复杂，包括直接人工成本、直接材料成本、制造费用等多个成本要素。为了有效地控制成本费用，企业需深入分析各成本要素在总成本中的占比，并针对成本结构中占比高的项目进行重点管理和优化。

在 ERP 沙盘推演经营课程中，企业税前利润是通过从销售收入中扣除直接成本、综合费用、折旧和利息等项得出的。为了明确各项成本费用在销售收入中的占比，可以采用以下公式进行计算：

$$成本费用比例 = 成本费用 / 销售收入$$

通过将各项成本费用比例相加，并将结果与 1 进行大小的比较，可以判断总费用占销售收入的比例。若总费用占比超过 1，则表明企业的支出超过了收入，导致亏损。同时，这一比例也能直观反映亏损的程度。成本费用比例通常通过条形图进行可视化展示，如图 4-10 所示。

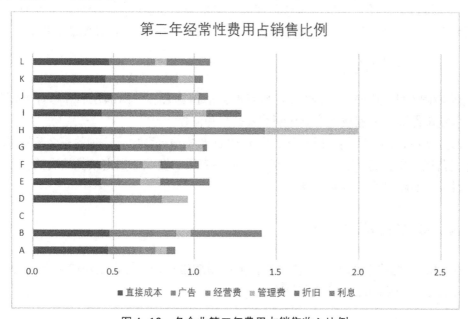

图 4-10　各企业第二年费用占销售收入比例

经营费用主要由企业的经常性支出构成，不包括研发费用，其计算公式如下：

经营费用 = 设备维修费 + 场房租金 + 转产费 + 其他费用

通过对企业各年度成本费用变化情况进行财务综合分析，可以利用比例指标的变化来透视企业的年度经营状况。经营费用指标通常用彩色曲线图表示，以便于直观分析，如图 4-11 所示。这种分析方法有助于企业及时发现成本管理中的问题，并采取相应的策略进行优化。

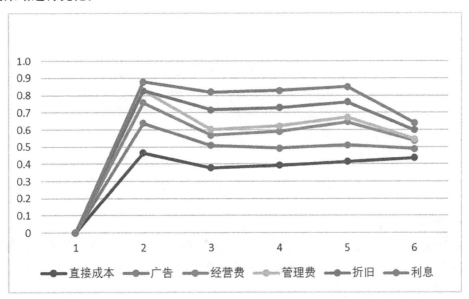

图 4-11　成本费用比例的变化

企业运营是一个连续进行生产与经营的过程，其中，人力资源、财务资源以及物料资源的消耗与补给是一个渐进的过程。因此，仅凭单一时间点的数据，难以全面评估企业管理的优劣。例如，若仅基于某一时刻的广告费用与销售收入的比率数据进行评价，则无法准确判断企业管理的整体效果。然而，在同一时间点上，就该指标与同行业其他企业进行对比分析，可以揭示本企业在行业中的相对位置，识别出企业的竞争优势与劣势。

在企业经营模拟过程中，某一时间点的微小经营或管理问题可能对企业未来数年的生产活动产生直接或间接的影响。正如古语所云："千里之堤，毁于蚁穴。"因此，生产经营活动中每个时间点的指标状况都不容忽视。

那么，如何通过每个时间点的经营指标数据来发现经营活动中的问题，并给予其足够的关注呢？这里，我们引入一个关键的警示信号——成本费用比例变化信号。如图 4-12 所示，第二年和第三年的各项成本费用比率指标均出现了显著波动，这表明企业在经营过程中遭遇了重大挑战，整体经营环境可能正在发生改变。这一信号提示企业经营者和管理者需高度关注各项比例指标的变化，并及时调整经营策略和实施计划。

从图 4-11 所示的企业在第三至第六年的运营情况，可以看出各项费用比例保持相对稳定，未出现突变，这表明公司运营处于正常状态。相反，如图 4-12 所示的企业，其成本费用比例指标波动较大，这反映出该企业在历年的生产经营中存在持续性问题。

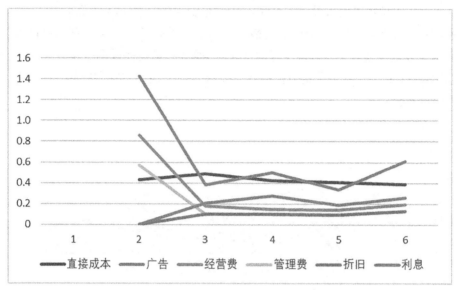

图 4-12　经营有问题的企业的成本比例变化

2. 预算和目标制定

企业应该制定详细的预算和目标，包括每个部门和项目的预算。预算可以帮助企业控制支出，并提供一个参考框架来评估实际成本和目标之间的差距。

3. 成本节约机会寻找

企业应该积极寻找节约成本的机会，包括与供应商谈判以获得更优惠的价格，优化供应链管理以减少库存成本，节约能源和资源的使用，优化业务流程以提高效率，以及采用先进技术和设备来降低生产成本。

4. 人力资源成本管理

人力资源成本通常是企业的主要成本之一。企业应该有效管理人力资源成本，包括合理安排员工的工作时间和工作量，提高员工的生产力和效率，培训员工以提高其技能水平，以及采取合理的薪酬福利策略来激励和留住优秀员工。

5. 营销和销售成本控制

企业应该审查、控制营销和销售成本，包括优化广告和宣传的投入，选择适合的营销渠道和方式，提高销售团队的效率和销售技巧，以及与渠道合作伙伴协商并降低分销成本。

6. 成本控制效果监控和评估

企业应该定期监控和评估成本控制的效果，通过监控关键绩效指标进行评估，如成本比率、利润率、回报率等。通过监控和评估成本控制效果，企业可以及时调整成本控制策略，以确保其有效性和可持续性。

（二）利润管理

利润管理是企业财务管理的重要组成部分，它涉及通过价格策略和成本控制提高利润率。在 ERP 沙盘推演中，企业的利润管理可以从以下四个方面进行。

1. 价格策略

企业需要决定产品定价，同时控制成本，以实现利润的最大化。这包括对市场进行分析，了解竞争对手的定价策略，以及根据产品的成本和市场需求来设定价格。

2. 成本控制

如上所述，企业通过优化成本结构和提高运营效率，降低生产成本。这包括控制原材料成本、劳动力成本和管理费用等。

3. 产品盈利分析

企业需要对全部产品和服务销售的收入进行盈利细化核算，以确定哪些产品和服务是赚钱的，哪些是亏损的。这有助于企业经营者对这些产品进行更详细的分析，以淘汰落后的产能，最终确定企业发展的方向。

尽管利润表能够清晰地展示企业生产经营的总体成果，但它所反映的损益情况是针对企业整体运营的，并不直接揭示具体业务、特定合同、特定产品或特定服务的盈利细节。为了深入理解企业的盈利结构，需要进行盈利分析，这是一种对企业的全部产品和服务收入进行细分核算的方法。其核心计算公式如下：

单个产品盈利 = 某产品销售收入 – 该产品直接成本 – 分摊给该产品的费用

这一财务分析至关重要，它向企业经营者揭示了哪些产品和服务能够带来盈利，哪些则可能导致亏损。

在上述公式中，单一产品的分摊费用指的是那些不能直接归属于特定产品（服务）的间接费用，例如广告费、综合管理费、维修费、厂房租金、市场开拓费等。这些费用需要在当年所有研发的产品之间按比例进行分摊。传统的分摊方法，如按企业销售收入比例或成本比例分摊，往往不够精确，难以保证分摊的合理性。

在 ERP 沙盘推演课程中，费用分摊主要是基于产品数量进行的，计算公式如下：

某类产品分摊的费用 = 分摊费用/各类产品销售数量总和 × 某类产品销售的数量

用这种方法计算得出的各类产品的分摊费用，结合产品盈利分析公式，可以计算出各类产品对企业整体利润的贡献情况。同时，可利用利润率指标来衡量某类产品对企业的利润贡献度，计算公式为：

某类产品的利润贡献率 = (某类产品的销售收入 – 直接成本 – 分摊给该类产品的分摊费用)/该类产品的销售收入

最终结果可以通过如图 4-13 所示的产品贡献利润和如图 4-14 所示的产品利润率来直观表示，从而为企业经营者提供决策支持。

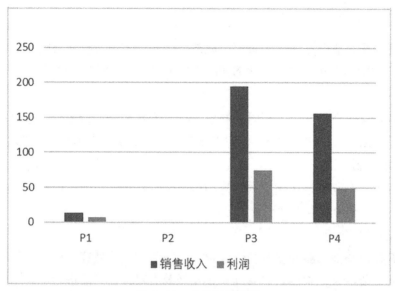

图 4-13　产品贡献利润

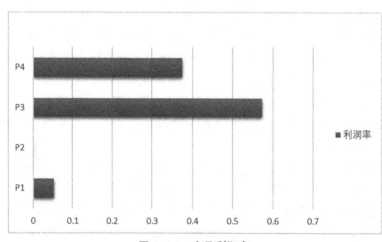

图 4-14　产品利润率

尽管使用基于产品数量的分摊方法可能存在一定的偏差，但由此得出的分析结果仍足以明确指出哪些产品是盈利的，是值得企业加大推广力度和发展投入的，以及哪些产品的盈利能力较弱或处于亏损状态。企业经营者可针对这些产品进行深入分析，以识别并淘汰效益低下的产能，从而确立企业发展的战略方向。

4. 财务指标分析

分析企业的财务指标，如资产负债率、流动比率、净利润率等，有助于评估企业的财务状况和财务风险。

投资回报率分析：评估投资项目的有效性，确保投资回报，对于企业的长期发展和利润增长至关重要。

（三）资金周转分析

企业进行资金周转分析，关注现金流量，确保企业预期生产经营规模的资金需求被满足，以保持企业资产充分的流动性，同时避免过度借贷或资金闲置。

五、财务风险管理

在 ERP 沙盘推演课程中，财务风险管理是企业运营中至关重要的一环，它涉及对企业财务活动中潜在风险的识别、评估和控制。

（一）财务风险识别

在 ERP 沙盘推演中，企业进行财务风险管理的第一步是识别潜在的财务风险。这些风险可能包括市场风险、信用风险、流动性风险、操作风险和法律风险等。例如，市场风险可能涉及产品需求的波动、价格变动等；信用风险可能涉及客户支付能力的不确定性；流动性风险可能涉及资金的流动性问题，如现金流的不足。

（二）财务风险评估

一旦潜在的财务风险被识别出，接下来的步骤是评估这些风险的可能性和影响。在 ERP 沙盘推演中，通过模拟不同的经营场景，企业可以评估特定决策对企业财务状况的潜在影响。例如，通过模拟增加生产线的决策，企业可以评估资金需求和潜在的回报，以及其对企业流动性和偿债能力的影响。

（三）财务风险控制策略

在 ERP 沙盘推演中，财务风险控制策略包括但不限于以下五个方面。

（1）资金筹集策略：选择合适的融资渠道，如长贷、短贷等，以及确定债务和股权的比例，以平衡财务风险和资本成本。

（2）投资决策：决定投资于哪些项目或业务领域，以实现企业的长期增长目标，包括新产品研发、扩大生产能力、市场拓展等内容。

（3）资产配置：合理配置流动资产和长期资产，确保资产的流动性和盈利性，例如，决定存货水平、固定资产投资等。

（4）成本控制：通过优化成本结构和提高运营效率，降低生产成本，包括控制原材料成本、劳动力成本和管理费用等。

（5）利润管理：通过价格策略和成本控制，提高利润率，例如，决定产品价格、控制成本等。

（四）财务风险监控

在 ERP 沙盘推演中，财务风险监控是持续的过程，涉及对企业财务状况的持续跟踪和评估。这包括对财务报表的定期审查、现金流的监控、预算与实际业绩的比较分析等。通过这些监控活动，企业能够及时发现潜在的财务问题，并采取相应的调整措施。

（五）内部控制和合规

在 ERP 沙盘推演中，建立有效的内部控制系统和确保财务活动的合规性也是财务风险管理的重要组成部分。这包括确保财务报告的准确性和可靠性，以及遵守相关法律法规，防范财务欺诈和错误行为。

通过上述措施，ERP 沙盘推演课程中的财务风险管理有助于企业优化资源配置，提高盈利能力，降低财务风险，从而为企业的成功和可持续发展提供保障。

六、财务规划与预算管理

预算就是围绕组织目标对组织未来的生产经营活动所做的计划。预算管理是资金使用战略的实施工具，涉及制定和监控财务预算，确保财务目标的实现。通过预算管理，企业可以有效地管理资金，优化资源配置，提高盈利能力，降低财务风险，从而实现长期的成功和可持续发展。

（一）预算的作用

预算是企业财务管理的核心工具之一，它对于企业的健康运营和长期发展至关重要，主要体现在以下七个方面。

1. 预测和规划

资金预算是企业未来一段时间内现金流入和流出的详细蓝图。它帮助企业预测其在特定时间段内可能产生的资金需求，从而使企业提前做好准备，确保有足够的资金支持其日常运营和未来的扩张计划。

2. 提高资金的使用效率

通过设定收入和支出预算，企业可以优化资源配置，避免不必要的浪费，确保企业能够按时支付债务、工资和其他运营费用，同时避免过度借贷或资金闲置。

3. 战略决策支持

资金预算为管理层提供了一个重要的财务框架，用于支持其战略规划和业务决策。在考虑新项目、市场扩张或投资机会时，管理层可以参考资金预算来评估这些举措是否可行，以及企业是否有足够的资金来支持这些计划。

4. 防范风险

预算过程也是企业对面临的各种风险的识别、预测、评估与控制的过程。预算制定是防范风险的重要手段。通过对潜在收入和支出进行预测，企业能够识别和评估财务风险，如市场波动、利率变化和汇率变动等，从而采取适当的措施来减轻这些风险

5. 预算是评估企业财务绩效的依据

通过比较实际结果与预算目标，管理层可以衡量企业在收入生成、成本控制和财务目标实现方面的表现。这种比较有助于管理层识别问题领域，采取纠正措施，并激励员工提高工作效率。

6. 沟通工具

资金预算是跨部门沟通的桥梁。它确保了所有部门对企业的财务目标和限制有共同的理解，从而促进了团队合作和协调。通过参与预算的制定和执行过程，员工可以更好地理解他们的工作如何影响企业的整体财务表现。

7. 适应性和灵活性

随着市场条件和企业内部状况的变化，管理层可能需要对预算进行调整。同时，预算的制定和实施过程，也是企业使自身所处的经营环境与拥有的资源和企业的发展目标进行动态平衡的过程。预算制定能够使企业迅速响应外部变化，重新分配资源，以抓住新的机会或应对新的挑战。

（二）预算流程

1. 制订综合计划

计划是企业运营活动的基石，为各项工作的实施与执行提供明确的指导。在每年度伊始，首席执行官（CEO）应当领导管理团队依照企业战略目标，制订一系列具体行动计划。这些计划包括但不限于以下方面。

（1）销售计划：确立销售目标和策略，以实现市场占有率的提升。

（2）生产线投资计划：规划生产设施的扩建或更新，以优化生产效率和产能。

（3）生产计划：安排生产活动，确保产品供应与市场需求相匹配。

（4）物料采购计划：制定原材料和零部件的采购策略，以保障生产流程的顺畅。

（5）资金需求与使用计划：规划企业的资金来源和支出，确保财务稳健。

（6）市场开发计划：设计市场拓展方案，以增强品牌影响力和市场渗透率。

（7）ISO认证计划：制定质量管理体系认证的目标和实施步骤，提升企业标准化水平。

（8）产品研发计划：规划新产品或服务的研发方向和进度，以增强企业的创新能力。

这些计划的制订，不仅体现了企业对未来的规划和预见性，也是确保企业资源得到有效配置和利用的关键。

2. 制定业务预算

业务预算具体包括销售预算、生产预算、采购预算、直接材料预算、直接人工预算、制造费用预算、期末存货预算、销售费用与管理费用预算、研究开发费用预算等。

3. 制定资本预算

资本预算包括固定资产的投资、扩建以及其他资产投资的预算，通常涉及长期投资。长期投资时间跨度大，涉及金额巨大，对企业的未来发展有着重要的作用。因此，企业对资本的预算要求非常严格。

4. 制定财务预算

财务预算包括现金预算、预计利润表、预计资产负债表。在这里，财务预算主要指的是现金流量预算，即对企业预算期内的现金收支进行的预算，具体包括企业预算期内的经营活动、投资活动和筹资活动所产生和使用的现金流量。现金预算一般由现金收入、现金支出、现金多余或不足以及资金的来源与使用四个部分构成。

5. 预算批准

财务部门需要将调整后的预算提交给高级管理层或董事会审批。在这个过程中，财务部门可能需要就预算的某些方面进行解释和辩护。

6. 预算的执行和监控

预算获批后，各部门开始根据预算执行任务。财务部门负责监控整个预算的执行情况，包括完成定期的财务报告和组织预算执行会议。如果在预测过程中发现某些假设不再成立，或者实际情况与预测存在较大偏差，财务部门可能需要对预算进行调整。这包括对销售预测、成本结构、资本支出等的重新评估。

7. 预算总结和评估

在预算周期结束时，财务部门对执行结果进行绩效评估，比较实际的财务结果与预算目标的差距，分析偏差原因，并从中吸取教训，为下一个预算周期的制定提供依据。同时，财务部门将绩效评估的结果反馈给所有相关部门，以共同讨论成功和失败的经验、识别改进的机会，并将这些见解纳入未来的预算和财务规划过程中。

（三）ERP 模拟中的预算表格

可以使用运营记录流程表，也可以自制相关的预算表。

七、财务绩效评估

在 ERP 沙盘推演课程中，财务绩效评估是指通过分析和评估企业的财务数据和财务指标，对企业的经济运作状况和财务状况进行评估和判断的过程。这一过程对企业管理者和投资者了解企业的财务状况、经营状况和效益发展方向至关重要。

（一）财务绩效评估的目的和意义

财务绩效评估的主要目的是全面、准确、及时地评价企业的财务状况和运营状况，以便及时调整和优化企业经营决策，提高财务运作效率和经济效益。通过财务绩效评估，企业可以识别内部的财务问题和风险，并针对问题提出相应策略，为企业制定未来的发展战略提供依据。

（二）财务绩效评估的内容

在 ERP 沙盘推演中，财务绩效评估通常包括以下四个方面的内容。

1. 盈利能力分析

盈利能力是用于评估企业财务绩效的关键指标，主要通过经济增加值（economic value added，EVA）和销售（利润）增长率来衡量。在 ERP 沙盘推演中，可以通过比较不同周期的净利润、毛利率、净利率等指标来评估企业的盈利能力。

2. 营运能力分析

营运能力反映了企业资产管理的效率，主要通过存货周转率、应收账款周转率和固定资产周转率等指标来衡量。在沙盘模拟中，可以通过分析这些指标来评估企业在资产管理和运营效率方面的表现。

3. 偿债能力分析

偿债能力是用于评估企业财务稳定性的重要指标，主要通过资产负债率、流动比率和速动比率等指标来衡量。在沙盘模拟中，这些指标可以用来评估企业在面临财务压力时的应对能力。

4. 抗风险能力分析

抗风险能力是指企业抵御经营中各种不确定因素带来的不利影响的能力。在沙盘模拟中，可以通过分析企业的财务杠杆、多元化经营策略和市场适应性等方面来评估企业的抗风险能力。

（三）财务绩效评估的方法

在 ERP 沙盘推演中，财务绩效评估的方法主要包括以下两种。

1. 定量评价

定量评价是指通过对企业的财务数据进行计算和分析，得出具体的财务指标和数据，以比较和评价企业的财务状况和效益水平。常用的定量评价方法包括财务比率分析、财务风险评估、盈利能力评价、偿债能力评价、成本控制评价等。

2. 定性评价

定性评价则是基于非财务数据，如市场趋势、竞争环境、管理团队能力等因素，对企业的财务绩效进行综合评价。

（四）财务绩效评估定量分析方法

1. 财务比率分析法

财务比率分析法是对财务报表内两个或两个以上项目之间的关系进行分析，分析结果一般用相对数表示，又称为财务比率。譬如，流动比率用流动资产/流动负债来表示，可以反映企业用流动资产偿还流动负债的能力，为企业评估其短期偿债能力提供参考。这些比率可以揭示企业在一定时期内的财务状况及经营成果。在本课程分析中，各企业团队可以利用 Excel 电子表格设计好公式，对六年的收入、利润等数据做出比率分析。

2. 结构分析法

结构分析法是以报表中的合计为分母，其他各项目为分子，求出每一项目在总合计中的百分比，如资产负债比率为负债/资产，既可以说明企业运用债务的能力，同时也可以说明企业资产中有多少是从负债而来的，从而说明对其债务偿还的能力。在 ERP 沙盘推演课程中，各企业团队可以利用 Excel 电子表格设计好公式，对六年的资产、负债、所有者权益等数据做出结构分析。这种分析的作用是帮助企业发现异常项目。

3. 比较分析法

比较分析法是将本企业本期报表数据与本企业预算或标杆企业或行业平均水平做横向对比，找出实际与预算的差异或本企业与先进企业的差距。在 ERP 沙盘推演课程中，常用条形图表示比较分析的结果。比较分析的作用是帮助企业发现自身存在的主要问题。

4. 趋势分析法

趋势分析法是将三个年度以上的数据，就相同的项目做多年度高低走向的观察，即纵向对比。在 ERP 沙盘推演课程中，常用曲线图表示趋势分析的结果，以判断企业的发展趋向。

5. 杜邦分析法

杜邦分析法是一种广泛应用的，帮助投资者和股东对企业整体财务状况进行全面分析的工具，其核心目标是实现股东财富的最大化或公司利润的最大化。股东对净资产收益率的关注，源于其投资于企业的根本目的——获取更多的利润和回报。企业的生存与发展，关键在于其能否创造出令股东满意的利润，而实现这一目标则是企业所有成员的共同责任。

为了向投资者（股东）准确传达经营成果并提升管理水平，企业需建立一套实用且有效的财务指标体系，用以评价企业的经营绩效、经营风险、财务状况、盈利能力及经营成果。

杜邦分析法通过分析几种主要财务比率之间的关系，综合评价企业的财务状况，尤其用于精确衡量公司的盈利能力和股东权益回报水平。其基本原理是以净资产收益率为核心指标，将其逐级分解，如图 4-15 所示。杜邦分析法有助于企业识别影响其利润的关键因素，为企业提高净资产收益率提供决策支持。

杜邦分析法的第一层指标包括总资产收益率和权益乘数。进一步分解至第二层，总资产收益率可细分为总资产周转率和销售净利率，而权益乘数与资产负债率密切相关。第三层指标则可继续被分解为财务报表中的具体项目，从而揭示问题产生的根源。

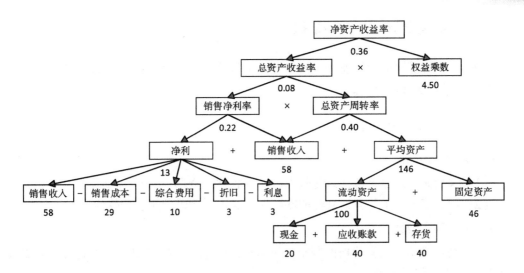

图 4-15　杜邦分析法图解

例如，净资产收益率偏低，可能源于总资产收益率或权益乘数的不足。总资产收益率，可进一步被分解为销售利润率和总资产周转率。为提升这些指标，企业需采取措施，增加销售收入、降低成本以提高销售利润率，或优化资产利用效率，加快总资产周转速度。具体而言，企业应关注固定资产和流动资产的周转情况，尤其是应收账款和存货的周转速度。通过分析这些指标，企业可以找出问题所在，并采取相应的策略进行改进。

权益乘数可以反映一个企业的负债能力。这个财务分析指标越高，说明企业资产总额中的绝大多数是通过企业负债形成的。这样的企业将会在未来几年内面临较高的财务风险。而这个财务分析指标低，说明企业的财务政策比较稳健，资产配置合理，负债较少，风险也小，但获得超额收益的机会可能就不会那么多。

杜邦分析法既包括一些主要涉及企业获利能力方面的指标（净资产收益率、销售利润率），又涉及营运能力方面的指标（总资产周转率），同时还包括一些涉及举债能力的指标（权益乘数）。可以这样说，杜邦分析法是一种三足鼎立的财务综合分析方法。

（五）财务绩效评估的应用

在 ERP 沙盘推演中，财务绩效评估的结果可以应用于以下三个方面。

（1）决策支持：为管理层提供决策支持，如投资新项目、市场扩张或成本控制策略。

（2）绩效改进：帮助企业识别问题领域，采取纠正措施，提高工作效率。

（3）沟通协调：作为跨部门沟通的桥梁，确保所有部门对企业的财务目标和限制有共同的理解。

通过上述财务绩效评估的实施，ERP 沙盘推演课程能够帮助学生深入理解企业的财务运作，从而培养其财务分析和决策能力。

八、企业现金流量分析与策略

在 ERP 沙盘模拟中,企业现金流量分析与策略的制定是模拟经营成功的关键。以下是对这一过程的详细分析。

(一)企业现金流量分析

1. 资金流的构成

(1)现金流入:主要包括销售收入、投资收益、贷款等。

(2)现金流出:主要包括采购成本、人工成本、运营费用、贷款偿还等。

2. 影响因素分析

(1)销售策略:销售价格的制定、销售渠道的选择、销售目标的设定等都会直接影响现金流入的规模和速度。

(2)生产计划:生产过剩或供不应求都会导致库存积压或资金占用,从而影响现金流。

(3)采购管理:供应商的选择、采购数量的控制、采购周期的安排等都会影响现金流出。

(4)财务管理:应收账款的回收速度、坏账率、应付账款的支付期限等都会影响现金流的稳定性。

3. 沙盘模拟分析

(1)在 ERP 沙盘中,企业可以模拟不同的经营决策,观察这些决策对现金流的影响。

(2)通过模拟分析,企业可以更好地了解资金的使用情况和流动情况,从而制定更合理的资金管理策略。

(二)现金流量管理策略

1. 优化生产计划

(1)根据市场需求和销售预测,制订合理的生产计划,避免生产过剩或供不应求。

(2)通过优化生产流程和提高生产效率(不同生产设备的生产效率不同),减少生产成本和资金占用。

(3)合理安排生产的顺序,特别是比较灵活的机器设备的生产,可以使交货更及时,资金周转效率大幅提升。

2. 控制采购成本

(1)选择优质低价的供应商,建立长期合作关系。

(2)合理控制采购数量,避免库存积压和资金占用。

(3)优化采购周期,确保原材料供应的及时性和稳定性。

3. 优化销售策略

（1）制定合理的销售价格和优惠政策，提高产品竞争力。

（2）拓展销售渠道，提高销售覆盖面和市场份额。

（3）加强客户关系管理，提高客户满意度和忠诚度。

4. 有效管理应收账款

（1）加强应收账款的催收工作，缩短应收账款周期。

（2）建立坏账准备制度，降低坏账风险。

（3）通过信用评估和风险预警机制，控制应收账款的风险。

（4）在 ERP 沙盘推演课程中，应合理安排交货顺序，让资金回流更快。

5. 合理安排资金支出

（1）根据企业实际情况和资金需求，合理安制订金支出计划。

（2）优先保证关键环节的资金投入，避免不必要的支出。

（3）通过预算管理、成本控制等手段，降低运营成本和资金占用。

6. 运用金融工具

（1）在资金短缺时，可以考虑申请银行贷款、发行商业票据等来缓解资金压力。

（2）通过应收账款贴现等方式，提高资金回笼速度和使用效率。

综上所述，在 ERP 沙盘推演中，企业需要通过深入分析资金流的构成和影响因素，制定科学合理的现金流量管理策略。同时，企业需要不断优化生产计划、控制采购成本、优化销售策略、有效管理应收账款、合理安排资金支出以及运用金融工具等手段，以确保企业现金流的稳定性和可持续性。

（三）在沙盘推演中需特别注意的事项

1. 关注权益

在 ERP 沙盘的设定中，权益的高低影响了融资额度，因此，要特别关注如何利用权益实现融资的最大化和资金成本的最低化。

2. 监控实际现金流

定期（如每日、每周）将实际现金流与预算进行比较，分析实际现金流与预算的差异，找出原因，并采取相应措施进行调整。可以使用电子表格或财务软件来跟踪和分析数据。

3. 加速资产的周转

（1）优化应收账款管理：加快收款速度，缩短账款周转期，例如，提供早付折扣、采用严格的信用政策等。

（2）控制存货水平：通过精益生产和库存管理技术，例如，及时补货系统（Just-In-Time，JIT），减少过剩库存，从而降低持有成本并改善现金流状况。

（3）延长应付账款期限：与供应商协商争取更长的付款期限，合理利用供应商的资金，但同时要避免损害供应商关系。

（4）制定有效的成本控制措施：通过成本分析和控制，减少不必要的现金开支，提高利润率，从而增加经营现金流。譬如，在 ERP 模拟中，对人工和原材料预付款进行控制，减少现金的浪费，提高现金的周转率，还可以合理安排买厂房而不是租厂房，从而减少租金成本，提高利润。

（5）稳定和充裕的现金流：企业的稳定运营离不开现金的健康运转。同时，企业必须保留充裕的现金，以免出现现金突发断流情况，从而导致破产。目前，很多企业破产不是因为没有利润，而是因为没有维持运转的现金。现金的冗余则会带来资金使用效率的低下，因此，在 ERP 模拟运营中如何保持现金稳定、充裕而又不冗余是值得关注的问题。

【课后思考】

1. 分析企业财务战略在 ERP 沙盘推演中的重要性。探讨财务战略如何帮助企业在模拟环境中优化资源配置和提高盈利能力。

2. 探讨融资战略的关键要素及其在 ERP 沙盘推演中的应用。分析不同融资方式（如债务融资、股权融资）的特点及其在模拟经营中的实际应用。

3. 探讨成本控制和利润管理在 ERP 沙盘推演中的作用。分析企业如何通过成本控制和利润管理来提高经营效率和盈利能力。

4. 分析资金周转在企业运营中的重要性。探讨企业如何通过有效的资金周转来维持运营的稳定性和资金的流动性。

5. 分析财务规划与预算管理在 ERP 沙盘推演中的应用。探讨企业如何通过预算管理来实现财务目标和提高资金使用效率。

6. 分析企业现金流量与策略在 ERP 沙盘推演中的关键作用。探讨企业如何通过现金流量分析来优化资金管理和提高运营效率。

7. 在 ERP 沙盘推演中，如何通过财务策略培养学生的财务管理能力？分析 ERP 沙盘推演如何帮助学生理解和应用财务管理的理论。

第四节　企业经营生产与物流战略

生产与物流战略对企业运营至关重要，直接影响企业的效率、成本和客户的满意度。优化生产与物流战略可以提高运营效率，降低成本，提高客户满意度，增强市场竞争力，支持企业扩张，并降低风险。因此，企业应重视生产与物流战略的制定和实施，以实现长期的成功和可持续发展。

一、产能规划与设备管理

（一）获取市场分析与预测

企业进行产能规划的前提是其要符合市场的需求与消费者对产品的要求。在 ERP 沙盘推演中，在企业进行生产线投资建设时，市场分析预测起到了至关重要的作用，因为市场分析预测为企业提供了关于市场需求、产品销量和竞争状况的宝贵信息。这些信息帮助企业评估投资生产线的必要性，确定生产线的规模和类型，以及制订合理的投资计划。此外，市场分析预测还有助于企业规避产能过剩或不足的风险，优化资源配置，提高生产效率和盈利能力。总之，市场分析预测是企业成功投资生产线的关键因素，有助于企业在市场竞争中保持优势。当然，这一部分主要是由营销总监来完成并提供给生产总监的。

（二）生产能力评估

1. 评估生产线产能是一个细致而关键的过程

首先，企业需要深入分析 ERP 沙盘推演规则中关于生产线产能的具体设定，包括生产线的工作时间、生产速度、转产时间等。接着，企业需要结合市场分析与预测，评估生产线产能是否能够满足预期销售目标。这需要企业对市场需求、竞争对手情况、自身产品定位等方面有清晰的认识。同时，企业还需要考虑自身的战略规划与定位，确定生产线产能是否符合企业的长期发展需求。

2. 识别生产瓶颈和潜在的产能不足是确保生产线高效运行的重要步骤

企业需要对生产线的各个环节进行详细分析，识别可能影响生产效率和产能的因素，如设备故障、物料短缺、人员技能等。此外，评估生产线的生产能力与市场需求之间的差距，确定是否存在产能不足的情况，也是不可忽视的一环。企业还需识别生产瓶颈，如设备效率低下、生产流程不合理等。这些瓶颈可能导致整体产能无法达到预期。同时，企业需考虑季节性需求变化、市场波动等因素，预测未来可能出现的产能不足的情况，这有助于企业提前做好准备，避免潜在风险。

3. 细致的企业生产能力规划是关键举措

企业生产能力，即企业在一定时间内能够实现的最大产出量，主要取决于生产设施的能力，同时也受到操作人员的技能和管理效率的影响。生产能力与市场需求的匹配度是企业能力规划的核心。不足的生产能力可能导致企业无法及时满足客户需求，从而降低客户满意度，甚至引发客户索赔，影响企业的市场占有率和发展。相反，过剩的生产能力则可能导致资源浪费和成本增加。

企业进行生产能力规划，需要平衡生产能力与市场需求，以避免资源浪费和客户流失。企业需要决定何时以及如何调整其生产能力。目前，存在两种极端策略：积极策略和消极策略。如图 4-16 所示。

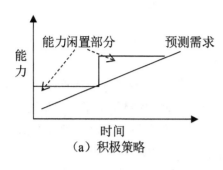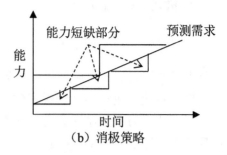

图4-16 能力扩大时间与规模策略

1）积极策略。积极策略指在需求增长前增强生产能力，以提供更大的缓冲空间，减少机会损失。适用于组织素质高、学习效应强、规模经济明显的场景。

（1）前瞻性：企业根据对市场需求的预测，提前增强生产能力。

（2）缓冲空间：提前增强生产能力为企业提供了更大的缓冲空间，以应对市场需求的突然增长。

（3）减少机会损失：由于生产能力充足，企业可以抓住市场机会，减少因生产能力不足而错过订单的风险。

（4）适用条件：这种策略适用于那些具有较强市场预测能力和高效管理团队及足够资金支持的企业。

2）消极策略。消极策略指在需求增长后增强生产能力，采取临时措施（如加班、外包）来应对市场需求。风险较低，但可能导致市场占有率下降。

（1）反应性：企业在市场需求已经明显增长后才增强生产能力。

（2）风险较低：由于这种策略是基于实际需求的变化而产生的，因此风险较低。

（3）潜在问题：可能导致企业在需求高峰期无法充分满足市场需求，从而影响客户满意度和市场占有率。

（4）适用条件：这种策略适用于那些对市场预测不确定、资金有限或不愿承担过高风险的企业。

（三）投资回报分析

ERP沙盘推演课程中的投资回报分析是一个多维度、综合性的评估过程。ERP沙盘推演系统是一种利用虚拟环境模拟企业运营的工具，它通过模拟企业的各项业务流程，帮助管理者预见系统实施后的效果和潜在问题。以下是对ERP沙盘模拟课程中投资回报的详细分析。

1. 投资回报分析的重要性

ERP沙盘模拟课程通过模拟企业运营环境，使学生能够在不承担实际风险的情况下，学习如何制定战略、进行决策、管理资源等。投资回报分析是评估这种模拟课程价值的重要手段，它有助于学员理解不同投资策略的效果，以及如何在模拟环境中优化资源配置。

2. 直接效益分析

（1）成本节约：ERP沙盘推演系统通过模拟优化流程，帮助企业（或模拟团队）识别并消除低效环节。通过减少浪费、优化资源配置和提高整体工作效率，企业可以在实际系统投入后获得直接的成本节约效果。这种成本节约可从多个方面体现，如库存减少、生产效率提升、运输成本降低等。

（2）效率提升：通过模拟系统的运行，学员可以观察到不同决策对生产效率的影响。例如，优化生产线布局、改进生产流程等都可以提高生产效率，从而降低单位产品的成本。

3. 间接效益分析

（1）决策质量提升：传统的企业决策往往依赖于历史数据和经验判断，但这种方式存在较大的不确定性。ERP沙盘推演系统通过对未来情景的模拟，帮助决策者评估不同策略的优劣，从而做出更为精准的决策。决策质量的提升可以转化为企业在市场中的竞争优势和更高的利润水平。

（2）员工能力提升：通过参与ERP沙盘推演课程，学员可以加深对ERP系统功能的理解，提高解决复杂问题的能力。同时，模拟环境中的团队合作和竞争也有助于培养学员的应变能力和团队协作精神。

（3）风险管理能力增强：通过沙盘模拟，企业（或模拟团队）能够提前发现潜在的运营风险，尤其是在大规模系统实施前。ERP系统的实施往往涉及复杂的流程重组和人员调整，沙盘模拟能够帮助企业识别潜在的技术、人员、流程等方面的风险，从而为后期的风险管理提供有效的数据支持和决策依据。

4. 投资回报率的计算方法

（1）直接财务回报法：将系统实施后的财务收益（如成本节约、效益提升等）与系统实施成本进行对比来计算ROI（投资回报率）。例如，如果沙盘模拟帮助公司节省了20%的运营成本，而该系统的总实施费用为50万元，则可以计算出相应的ROI。

（2）灵敏度分析法：主要用于评估在不同假设条件下，ERP沙盘推演系统带来的回报可能出现的变化情况。通过分析不同市场条件、资源配置或管理决策等因素对投资回报的影响，企业可以更清楚地了解系统投资的风险点及其回报范围。

5. 挑战与局限性

（1）模型与实际运营环境的差距：虽然ERP沙盘推演系统提供了有价值的模拟数据，但其难以完全复制复杂的现实情景。因此，在将模拟结果应用于实际决策时，需要谨慎考虑。

（2）实施成本与时间投入：ERP沙盘推演的实施需要一定的时间与资金，且相关数据的收集和分析往往需要较高的专业技术支持。

（3）人员理解和利用模拟结果的能力：企业内部的人员是否能够充分理解和利用模拟结果，也可能对投资回报率产生影响。因此，在实施ERP沙盘推演课程时，需要加强对学员的培训和指导。

综上所述，ERP沙盘推演课程中的投资回报分析是一个复杂而多维度的过程。通过科学合理的ROI计算方法和全面的效益分析，我们可以清晰地看到系统投资所带来的直接和间接效益。同时，我们也需要关注其面临的挑战与存在的局限性，并在实际应用中不断对其进行优化和改进。

（四）技术选型与设备采购

在ERP沙盘推演课程中，技术选型与设备采购是生产线投资决策的重要环节。

首先，企业需要根据产品特性和生产要求选择合适的生产线技术，包括考虑产品的生产工艺、生产规模、生产效率等因素。企业需要选择能够满足产品特性和生产要求的技术，以确保生产线的稳定运行和产品质量。

其次，企业需要评估不同供应商的设备性能和价格，选择性价比高的设备。企业可以通过收集不同供应商的设备信息，比较设备的性能、价格、售后服务等方面，选择性价比高的设备。同时，企业还需要考虑设备的维护成本、使用寿命等因素，以确保设备的投资回报。

在选择生产技术方案时，企业需考虑其对生产运行环境和竞争优势的影响。这些影响可通过单位产品生产成本来评估。企业的生产总成本由固定成本和变动成本组成，即

$$C_t = C_f + C_v$$

固定成本（C_f）包括生产厂房、设备的折旧费用和其他相关费用，它是一个相对恒定的值，不随生产产量的变化而变化。变动成本（C_v）主要包括直接材料和人工费用，它随着生产产量的增加而增加。单位产品成本（C_e）的计算公式为 $C_e = C_t/Q + C_v/Q$，其中 Q 表示产量。随着生产规模的扩大和产量的增加，单位产品成本会降低。然而，在选择资金占用多的全自动化生产线或资金占用少的手工生产线时，企业需要综合考虑总成本和产量。产量是决定选择结果的关键因素，如图4-17所示。

$$C_e = C_f/Q + C_v/Q = C_f/Q + D$$

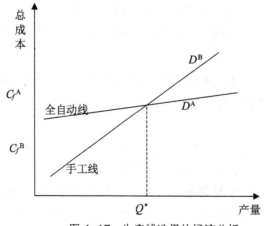

图4-17 生产线选择的经济分析

比如，在评估全自动生产线 A 和手工线 B 的成本效益时，我们需要考虑各生产线的特性和成本结构。全自动生产线 A 具有高自动化程度，但相应的初期投资较大，导致其固定成本 C^A 较高。然而，由于其高生产效率和对直接人工的低依赖，变动成本 D^A 相对较小。相比之下，手工线 B 的自动化程度较低，初期投资较小，固定成本 C^B 较低，但其生产效率不高，对直接人工的依赖较大，使得变动成本 D^B 较高。

两条生产线的总成本曲线在产量 Q 处交叉。这意味着，当市场对企业的产量需求小于 Q 时，手工线 B 的总成本较低，选择投资较少的手工生产线更为经济。相反，当市场对企业的产量需求大于 Q 时，全自动生产线 A 的总成本较低，选择全自动化生产线更为合适。

规模经济原理指出，生产规模越大，单位产品的平均成本越低。这主要是因为固定成本和初期投资可以在更多的产品中分摊，从而降低单位成本。此外，大规模生产还可以通过学习效应、减少作业交换时间、采用高效专用设备和减少库存等方式进一步降低成本。然而，规模扩大也可能带来管理复杂性增加、间接成本上升、组织注意力分散和生产效率降低等问题，进而导致总成本增加。因此，存在一个"适度规模"，超过这个规模，成本可能会上升。

在给定的设施规模下，企业还需要确定最优的生产运作水平。这需要周密的计划安排，以确保生产设施的效率得到充分发挥。

通过这些步骤，企业可以确保生产线的技术选型和设备采购符合产品特性和生产要求，同时选择性价比高的设备，降低投资成本，提高投资回报。

（五）实施计划与监控

在 ERP 沙盘推演课程中，实施计划与监控是生产线投资决策的重要环节。首先，企业需要制订详细的实施计划，这包括生产线建设时间表、人员培训计划、设备安装调试计划等。企业需要对实施计划的各个环节进行细致的规划和安排，以确保生产线建设的顺利进行。同时，企业还需要考虑实施计划的灵活性，应对可能出现的变化和风险。

其次，企业需要监控实施进度和效果，及时调整计划。企业可以通过定期检查和评估实施计划的执行情况，了解生产线建设的进展和存在的问题。如果发现实施计划存在偏差或问题，企业需要及时采取措施进行调整和纠正，确保生产线建设的顺利进行。同时，企业还需要对实施计划的效果进行评估，确保生产线建设的质量和效果。

通过这些步骤，企业可以确保实施计划与监控的合理性和有效性，为生产线投资决策提供有力的支持。

二、生产计划

一个有效的生产计划体系通常包含五个关键层次：经营规划、主生产计划、销售规划、能力需求计划和物料需求计划。这些层次构成了一个由宏观到微观、由粗略到详细的深化过程，确保了生产活动的有序性和效率。

1. 经营规划

这是企业战略层面的计划，涉及长期的生产目标、市场定位和资源配置。

2. 主生产计划

这是从宏观向微观过渡的关键计划，它根据经营规划和销售预测来确定生产什么、生产多少以及何时生产。主生产计划是连接市场需求与企业生产能力的桥梁，对市场需求与企业资源的协调至关重要。

3. 销售规划

这是基于市场分析和预测的销售目标计划，它为主生产计划提供输入信息。

4. 能力需求计划

这一层次确保企业的生产能力与主生产计划相匹配，包括设备、人力和其他资源的平衡。

5. 物料需求计划

这是主生产计划的具体化，它根据物料清单和库存记录来确定还需要采购哪些原材料以及其数量，以确保生产的连续性和物料的最优利用。

从数据处理逻辑来看，主生产计划与其他计划层次之间的基本结构如图4-18所示。

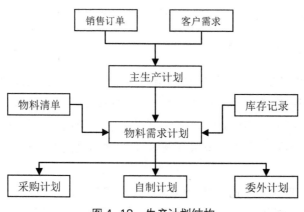

图4-18 生产计划结构

从数据处理逻辑来看，主生产计划与其他计划层次之间的关系可以被视为制造业的基本方程。

主生产计划回答了"生产什么，生产多少，何时生产"的问题；物料清单回答了"用哪些原材料来生产"的问题；库存记录回答了"我们仓库中已经有什么"的问题；物料需求计划则回答了"还应采购哪些原材料"的问题。

这些问题的答案共同构成了制造业的基本方程：$ABC=D$，其中A代表主生产计划，B代表物料清单，C代表库存记录，D代表物料需求计划。

ERP沙盘推演课程中的生产计划示例：

如表4-2所示，生产总监按实际计划填写生产计划的数量，尽量做到长远规划

（这里仅规划了 2 年）。

表 4-2　生产计划及原料采购表-1

项目		第 1 年				第 2 年			
		1 季度	2 季度	3 季度	4 季度	1 季度	2 季度	3 季度	4 季度
P1	数量				2	2	2	2	2
	材料								
P2	数量					1	1	1	1
	材料								
P3	数量							1	1
	材料								
P4	数量								
	材料								
R1	数量								
R2	数量								
R3	数量								
R4	数量								

三、物料管理与库存控制

物料管理与库存控制是企业运营的核心组成部分，涉及企业的成本控制、生产效率和客户满意度。以下是物料管理与库存控制的关键步骤和策略。

1. **物料需求计划（MRP）**

理解需求：首先，需要分析市场需求和销售预测，以确定所需物料的类型和数量。

制订计划：基于需求分析，制订物料需求计划，包括物料的采购时间、数量和优先级。

执行计划：在模拟中，学生需要根据 MRP 计划进行物料的采购和库存管理。

2. **采购管理**

供应商选择：评估和选择合适的供应商，考虑价格、质量、交货时间和供应商的可靠性。

采购订单：根据 MRP 计划生成采购订单，并与供应商进行沟通和协调。

订单跟踪：在模拟中，学生需要跟踪采购订单的状态，确保物料按时到达。

3. **库存管理**

库存水平设定：根据物料的消耗率和供应周期，设定合理的库存水平，避免过多或过少的库存。

安全库存：确定安全库存水平，以应对突发事件或需求波动。

库存周转率：通过优化库存水平，提高库存周转率，减少资金占用。

4. 仓储管理

仓库布局：设计合理的仓库布局，提高物料的存取效率。

库存精确性：定期进行库存盘点，确保库存数据的准确性。

库存优化：通过数据分析，识别不足的物料和过剩库存，采取相应的措施对其进行优化。

5. 计划制订工具

在 ERP 沙盘推演课程中，原材料比较简单，总共有四种；计算相对简单，可以考虑使用手工的方式来计算。当然，也可以使用一些自制的计算工具来进行计算，充分利用电脑的优势。建议学生先用手工计算，然后再用自制工具进行对比，以感受工具的重要性。

在 ERP 沙盘推演中，学生需要综合考虑以上各个方面，通过实际操作来理解和掌握物料管理与库存控制的技能。通过模拟，学生可以体验到实际企业环境中物料和库存管理的复杂性和挑战性，从而提高其解决实际问题的能力。

ERP 沙盘推演物料需求计划示例：

物流总监首先按生产总监填写的生产计划表来计算所需的原材料，即根据表 4-2 所示内容来分解原材料，如表 4-3 所示。

最后再根据如表 4-3 所需材料的内容及原材料的进货周期倒推填写原料采购订单。如表 4-4 所示。

表 4-3 生产计划及原料采购表-2

项目		第 1 年				第 2 年			
		1 季度	2 季度	3 季度	4 季度	1 季度	2 季度	3 季度	4 季度
P1	数量				2	2	2	2	2
	材料				2R1	2R1	2R1	2R1	2R1
P2	数量					1	1	1	1
	材料					R2,R3	R2,R3	R2,R3	R2,R3
P3	数量							1	1
	材料							R1,R3,R4	R1,R3,R4
P4	数量								
	材料								
R1	数量								
R2	数量								
R3	数量								
R4	数量								

表 4-4 生产计划及原料采购表-3

项目		第1年				第2年			
		1季度	2季度	3季度	4季度	1季度	2季度	3季度	4季度
P1	数量				2	2	2	2	2
	材料				2R1	2R1	2R1	2R1	2R1
P2	数量					1	1	1	1
	材料					R2,R3	R2,R3	R2,R3	R2,R3
P3	数量							1	1
	材料							R1,R3,R4	R1,R3,R4
P4	数量								
	材料								
R1	数量			2	2	2	3	3	
R2	数量				1	1	1	1	
R3	数量			1	1	2	2		
R4	数量					1	1		

【课后思考】

1. 市场分析与预测在产能规划中的作用是什么？探讨市场分析与预测如何帮助企业评估投资生产线的必要性，确定生产线的规模和类型，以及制订合理的投资计划。

2. 生产能力评估的关键步骤是什么？探讨企业如何通过深入分析生产线产能的具体设定，结合市场分析与预测，评估生产线产能是否能够满足预期销售目标。

3. 探讨投资回报分析在 ERP 沙盘推演中的应用。探讨投资回报分析如何帮助学员理解不同投资策略的效果，以及如何在模拟环境中优化资源配置。

4. 物料管理与库存控制的关键步骤和策略是什么？探讨企业如何通过物料需求计划、采购管理、库存管理和仓储管理来优化物料管理和库存控制，以提高成本控制效率、生产效率和客户满意度。

第五节　企业经营管理中的科学

一、应用数据驱动进行决策

在现代企业运营中，数据驱动决策扮演着核心角色。信息孤岛的存在对企业的协调发展构成重大威胁，而信息集成与共享则是实现整体效益优化的关键。销售、生产、物流和财务等部门必须共享信息，使 CEO 能够全面了解并协调各部门的需求。这种跨部门的协作有助于整合企业的设计、采购、生产、制造、财务、营销、经营和管理等各个环节，资源共享，从而对决策制定起到有效的支撑作用。

在 ERP 沙盘推演中，基于数据的决策至关重要。数据不仅是直觉或经验的替代品，而且是提供科学依据的重要工具。推演过程中产生的大量数据，如销售数据、成本数据和市场份额数据，需要学生通过深入挖掘和分析来发现潜在问题和机会。这种精准的数据分析不仅有助于企业降低库存、提高生产效能和质量，还能帮助企业快速适应市场变化，从而增强其市场竞争力。

（一）信息收集

识别和收集对企业决策有影响的关键信息，包括市场趋势、竞争对手动态、客户需求等。

1. 确定信息需求

在 ERP 沙盘推演中，企业首先需要确定哪些信息对决策至关重要，包括市场趋势、客户偏好、竞争对手策略等。通过与团队成员讨论和分析模拟环境，企业可以确定信息收集的具体需求。

2. 使用各种渠道获取信息

企业应通过多种渠道进行信息收集，包括分析市场数据、现场观摩并记录、分析各企业的财务报表等。这些渠道可以提供不同角度的数据，帮助企业全面了解市场和业务环境。

（二）信息整合

将收集到的信息进行整合和分析，以形成对企业运营有指导意义的洞察。

1. 数据清洗、分类

将收集到的数据进行清洗，去除不完整或不一致的数据点，确保数据的准确性。

将数据分类，如财务数据、市场数据、运营数据等，以便于后续的分析和使用。

2. 数据整合

整合不同来源的数据，形成一个统一的信息视图，这有助于团队成员从整体上理解企业的运营状况。

（三）信息共享

确保信息在团队成员之间有效共享，以便每个人都能基于相同的数据做出决策。

1. 跨部门沟通

确保信息在不同部门和团队成员之间共享，以促进协作和提高决策效率。

2. 信息平台

使用内部网络、建立微信群、利用共享文档和会议来共享关键信息，确保所有团队成员都能访问到最新的数据和分析结果。

（四）信息安全

保护企业信息不被未授权访问或泄露，特别是在涉及商业机密和客户数据时。

1. 信息准确性

确保所使用信息的准确性和可靠性，避免基于错误或过时的数据做出决策。

2. 信息更新

定期更新信息，以确保决策是基于最新的市场和运营数据做出的。

3. 信息分析工具

利用信息技术和分析工具，如自制的各种分析表格及软件，来处理和分析数据。

（五）信息决策支持

使用信息来支持决策过程，包括预测分析、风险评估和战略规划。

1. 信息反馈机制

建立反馈机制，以评估信息管理的有效性，并根据反馈进行调整。

2. 信息素养

提高团队成员的信息素养，使他们能够有效地处理、分析和利用信息。

二、科学的组织管理

在现代企业运营中，组织管理是实现组织目标的关键过程。它涉及建立清晰的组织结构、规定职务或职位、明确责权关系，以及促进成员之间的协作和配合。在这个过程中，CEO 承担着至关重要的责任，必须能够平衡各部门间的利益冲突，化解矛盾，并做出明智的决策。

为了有效实现组织目标，CEO 需要确定实现这些目标所需的活动，明确企业中各人的职务或职位，授予其相应的权力，并确保每个成员都清楚自己的职责和责任。这包括了解公司的工作内容、职责分配、责任承担、权力授予，以及理解在组织结构中与其他成员的关系。

在组织管理中，各个职能岗位的员工应树立起以整体利益最大化为目标的信念，并理解合作的重要性。员工有时候需要坚持自己的观点,有时候则需要牺牲部门的利益,以实现企业的整体目标。重要的是,员工应明白矛盾是每个组织都会遇到的,并且理解效益背反的原则。

在 ERP 沙盘推演中,组织管理同样至关重要。它确保模拟活动的顺利进行并达到预期效果。实施组织管理的关键要素包括建立有效的组织结构,明确职务和责任,以及培养团队成员的合作精神。通过这些步骤,企业能够在模拟环境中实现有效的组织管理,这为决策提供了坚实的基础,并提高了模拟活动的成功率。

(一)明确目标与愿景

在 ERP 沙盘推演教学中,明确目标与愿景对整个教学活动的成功至关重要。这包括指导方向、协调一致、激励和动力、评估和反馈以及学习和应用。通过设定共同的目标和愿景,参与者可以更好地理解模拟的目的和重要性,协调其行动和进行决策,增强动力和积极性,评估其表现和决策,并提高其学习能力,从而提升学习效果。

(二)角色分配与职责界定

在 ERP 沙盘推演教学中,进行角色分配与职责界定是确保模拟活动高效进行的关键步骤。首先,根据模拟的目标和性质分配关键角色,如 CEO、财务总监、销售总监等。然后,为每个角色制定明确的职责描述,确保参与者了解自己的工作范围和责任。通过沟通、讨论、培训和指导,帮助参与者理解并接受自己的角色。在整个模拟过程中,根据需要提供反馈,并根据情况调整角色分配和职责界定。这些步骤,可以确保 ERP 沙盘教学中的角色分配与职责界定清晰、合理,从而促进模拟活动的成功进行。

(三)严格执行操作流程,制定决策机制

在 ERP 沙盘推演教学中,严格执行操作流程和制定决策机制对模拟活动的顺利进行至关重要。首先,明确操作流程和决策机制,确保所有参与者都了解并遵循这些规则。其次,监督和检查操作流程的执行情况,确保每个步骤都得到正确执行。此外,制定明确的决策机制,包括决策的流程、责任和权限,以确保决策的合理性和有效性。

1. 决策制定

制定明确的决策流程和规则,确保决策的合理性和及时性。决策应基于数据分析和市场趋势,以提高决策的质量。

2. 决策执行

确保决策得到有效执行,通过明确的职责分配和监督机制,确保每个决策都得到实施。

3. 监控与反馈

建立监控机制,以跟踪决策执行的效果,并根据反馈进行调整。这有助于确保决策的有效性和及时性。

4. 系统思维

鼓励参与者采用系统思维，理解企业运营的各个组成部分如何相互关联，以及决策如何影响整个系统。这有助于参与者做出更加全面和协调的决策。

5. CEO 的角色

CEO 在模拟中扮演着关键角色，负责管理团队，制定战略，控制与执行计划。CEO 应具备领导能力，能够激励团队成员，协调资源，并确保决策的有效实施。

6. 创新和灵活性

鼓励参与者保持创新思维，对新情况和挑战保持开放和灵活的态度。这有助于企业在模拟环境中适应变化，抓住机遇，并实现长期成功。

这些步骤，可以确保 ERP 沙盘教学中的操作流程和决策机制得到严格执行，从而促进模拟活动的成功进行。

（四）信息与沟通管理

在 ERP 沙盘教学中，信息与沟通管理对模拟活动的顺利进行和有效性至关重要，具体包括以下五个方面。

1. 建立信息共享机制

确保所有参与者能够访问和共享必要的信息，如销售数据、财务报表、生产计划等。

2. 定期会议和报告

安排定期的会议和报告，以更新参与者关于模拟进展和关键决策的信息。

3. 有效的沟通渠道

建立有效的沟通渠道，如电子邮件、即时通信工具等，以便参与者可以快速交流信息和解决问题。

4. 明确的沟通规则

制定明确的沟通规则，以确保信息的准确性和及时性。

5. 培训和指导

提供必要的培训和指导，帮助参与者了解如何在模拟中有效沟通和利用信息。

这些措施，可以确保 ERP 沙盘教学中的信息与沟通管理得到有效实施，从而促进模拟活动的成功进行。

（五）激励与绩效评估

在 ERP 沙盘教学中，激励与绩效评估对参与者的积极性提升和模拟活动的成功至关重要，包括以下四个方面。

1. 设定明确的绩效目标和奖励机制

为参与者设定清晰的绩效目标，并提供相应的奖励，以激发他们的积极性和动力。

2. 定期评估和反馈

定期对参与者的表现进行评估，并提供反馈，以帮助他们了解自己的优势和改进空间。

3. 鼓励团队合作和协作

通过团队奖励和团队建设活动，鼓励参与者团队之间的合作和协作。

4. 提供学习和成长的机会

为参与者提供学习和成长的机会，如培训课程、研讨会等，以提高他们的能力和参与度。

这些措施，可以确保 ERP 沙盘教学中的激励与绩效评估得到有效实施，从而促进模拟活动的成功进行。

（六）反馈与总结

在 ERP 沙盘教学中，反馈与总结对提升教学效果和促进参与者学习至关重要，具体包括以下四个方面。

1. 定期反馈

在模拟过程中，定期向参与者提供反馈，帮助他们了解自己的表现和决策的效果。

2. 模拟结束后的全面总结

在模拟结束后，进行全面的总结，包括讨论成功和失败的经验，分析原因，并制定改进措施。

3. 参与者的反思

鼓励参与者进行自我反思，思考自己的决策和行为，以及如何改进。

4. 教师和参与者的互动

教师应与参与者进行互动，回答问题，并提供额外的指导和建议。

以上措施可以确保 ERP 沙盘教学中的反馈与总结得到有效实施，从而促进模拟活动的成功进行和参与者的学习。

（七）技术与工具的应用

工具是人类文明进步的基石，它们扩展了我们的能力，使我们可以更高效、更精确地完成任务，推动了技术的发展和社会的进步。无论是在手工技艺、工业生产还是现代信息技术领域，合适的工具都是提高生产力、优化工作流程、实现创新和解决问题的关键。

在 ERP 沙盘推演课程中，利用现代信息技术和工具可以极大地提高运营的效率，例如，可以根据需求利用 Excel 公式或者 VBA 自己编制 Excel 表格等，也可下载使用其他人编制的一些工具来提高组织管理的效率。

三、团队的建设与配合

不同职能部门之间应保持密切的信息交流与协作,打破部门壁垒,形成一个协同运作的整体。良好的沟通机制能够确保决策的快速传递和执行,提高企业的运营效率。

新木桶理论:一只沿口不齐的木桶,盛水的多少,不在于木桶上最长的那块木板,而在于最短的那块木板。要想提高水桶的整体容量,就要下工夫依次补齐最短的木板。此外,一只木桶能够装多少水,不仅取决于每一块木板的长度,还取决于木板间的结合是否紧密。如果木板间存在缝隙,或者缝隙很大,那么水桶同样无法装满水,甚至一滴水都装不了。

现代企业的团队工作模式与新木桶理论有着异曲同工之妙:一个团队的战斗力,不仅取决于每一个成员的水平,也取决于成员与成员之间协作与配合的紧密度。

(一)构建高效的团队协作机制

在 ERP 沙盘推演演练中,模拟企业账目不平的现象普遍存在。究其原因,主要涉及以下三个方面。

(1)财务总监角色的专业性不足:由于财务总监缺乏经验或财务知识不足,导致其在账务处理过程中思路混乱、逻辑不清,最终导致账目错误或不平衡。

(2)团队成员对企业运营流程的忽视:部分团队成员未能严格遵守企业运营流程,导致账目混乱。此外,个别成员在操作过程中的不规范行为,如随意拿取或丢失沙盘用具,进一步加剧了账实不符的问题。

(3)部门间沟通不畅:营销总监与生产总监之间沟通不足,导致库存积压或订单无法按时完成,影响整体财务状况。

为了提升团队协作的紧密度,我们提出以下一些优化策略。

1)确立共同目标与愿景:明确团队的共同目标和愿景,确保所有成员对模拟的目的有清晰的认识。

(1)营造积极的团队氛围:团队负责人应在工作中营造积极的团队氛围,凝聚团队精神,教导成员关注并致力于完成团队目标,防止个人主义思想的蔓延。

(2)合理分工:团队负责人应根据成员的能力和特长进行角色分配,确保每个人都能在团队中发挥最大的潜力。例如,团队负责人应将适合的成员安排在关键岗位,以确保团队运作的高效性。

(3)强化向心力和控制力:领导者必须加强控制,及时发现并解决问题,规范流程与制度,强化考核与激励,确保团队成员能够紧密地团结在一起。

2)建立积极的团队文化,鼓励开放沟通、相互尊重和团队协作。

(1)团队成员责任与专业性:团队成员应在其职责范围内,追求最佳的工作表现。通过专注于个人任务的完成,团队成员不仅展现了对其工作的专业承诺,也为实现团队的整体目标做出了重要贡献。

(2)团队协作机制的建设:团队负责人应强化团队的协同作战与互相支持,使不同成员积累的经验能成为团队共同的财富,促进团队成员的沟通交流。

3)避免无原则的团结:团队中不应存在一团和气、没有原则的团结。例如,如果财务部门长期无法平账,严重影响企业运营和竞赛进程,那么团队负责人应及时采取措施,如更换人员,以维护团队的高效运作。

4)冲突解决机制的建立:团队负责人应及时处理团队内部的分歧,确保团队目标的一致性。

5)激励机制的设计:团队负责人应设计激励机制,鼓励团队成员积极参与建言献策,以提升团队的整体表现。

通过采取上述策略,可以有效地提升团队协作的紧密度,从而提高ERP沙盘推演演练的效果。

(二)打造能力发挥的舞台

如果一个木桶若没有坚固的底部,那么它装水时便如同"竹篮打水",徒劳无功;同样,如果一个团队缺乏一个坚实的平台,那么其团队成员的潜力将如同被锁在箱中的宝石,无法绽放光芒,团队也将如同失去舵手的船只,将会在茫茫大海中迷失方向。因此,我们的首要任务是构建一个能够让团队成员展现才华的舞台,即实施合理的授权,就像为一幅精美的画作提供宽敞的画布一样。

在一个团队中,每个成员都应拥有独特的技能,如同乐队的不同乐器,各自发出和谐的音符。即便团队领导再能干,也不可能像独奏家一样演奏整部交响乐。如果团队领导,如CEO,未能有效授权,不仅会让自己感到力不从心,就像一位独挑大梁的演员,最终疲惫不堪,还可能导致团队成员因缺乏发挥空间而选择沉默,如同星星在白日里隐去了光芒。想想苹果公司的联合创始人史蒂夫·乔布斯,他虽然是一位杰出的领导者,但他也深知团队的力量,通过授权让设计师、工程师和市场专家各展所长,共同创造了苹果的辉煌。

团队是一个相互依存的系统,模拟企业更是如此,团队成员的工作方式应当遵循系统的原则和方法,就像一只精密的钟表,每个齿轮都不可或缺,每个部件都需精准配合,才能准确报时。

四、沙盘推演中的行为模式法则

刚接触ERP沙盘推演的学生都会觉得课程虽生动有趣但对综合知识运用能力的要求较高,因此,心理上会产生期盼又畏惧,想又不敢想,摩拳擦掌又缩手缩脚等复杂情绪。其实,管理非常简单,ERP沙盘推演演练就是帮助学生要把复杂的事情简单化。管理模式本身没有对错优劣之分,只有适合不适合或者是否适合之分。

(一)单纯但不简单的思考方式

一项由英国某家报社主办的有奖征答活动,以其高额奖金吸引了广泛的关注。该活动提出了一个假设性的问题。在一个因充气不足而即将坠毁的热气球上，搭载了三位对人类未来具有决定性影响的科学家。第一位是环境科学专家，其研究成果有望拯救无数人，使其免受环境污染的致命威胁；第二位是核物理专家，他拥有防止全球核战争的能力，从而避免地球遭受彻底的毁灭；第三位是粮食科学专家，他能够在不适宜耕作的土地上成功种植物，帮助数以千万计的人口摆脱饥荒的威胁。

面对热气球即将坠毁的紧急情况，必须牺牲其中一位科学家以减轻重量，从而保证其他两位的生存。竞赛的题目是：在三位科学家中，哪一位应当被选择并丢出热气球？

此次活动收到了来自世界各地的众多回应，参与者们竭尽所能地提出了各自的见解，其中不乏深入和创新的思考。最终，一个小男孩以其简洁而幽默的答案赢得了巨额奖金，他的建议是：应当将体重最重的那位科学家丢出热气球。

这位小男孩的答案深刻地启发了我们，在处理复杂问题时，直接的思维方式往往比复杂的逻辑推理更为有效。最有效的解决方案通常是那些能够准确识别并解决核心问题的策略，而不是那些仅仅围绕问题表面进行的繁琐分析。这一案例强调了在解决难题时，应当追求切合实际的方法论。

（二）专注而不盲目的做事风格

一位农场主在日常巡视时，不慎将一只价值不菲的手表遗落在谷仓的某个角落。经过一番徒劳的寻找，农场主决定悬赏 50 美元，以奖励能够找回手表的人。众多响应者被赏金所吸引，纷纷投入到这场寻宝活动中。然而，谷仓内堆积如山的谷粒使得寻找一只细小的手表变得异常困难。随着日暮降临，多数人放弃了寻找，离开了谷仓。

此时，唯一留下的是一位经济条件并不宽裕的儿童，他对找到手表抱有坚定的希望，期望能在夜幕完全降临前获得赏金。随着谷仓内的光线逐渐消失，小孩在恐惧中依然坚持寻找。在这寂静的夜晚，小孩突然注意到一种独特的声音——滴答、滴答的节奏在谷仓内回响。他立刻停止了所有动作，谷仓变得更加安静，手表的滴答声也愈发清晰。凭借这一线索，小孩最终在黑暗中成功找到了那只名贵的手表。

这个案例揭示了成功的一个基本法则：专注于目标，坚持不懈，终将开启成功之门。结合另一个故事中那位小男孩的简洁思维，我们得出一个共同的成功法则：专注与单纯。这两个品质深植于每个人的内心，关键在于如何发掘并利用它们的价值。

我们希望学生们，尤其是那些组成模拟企业的团队，能够从这些故事中汲取教训，认识到专注和单纯在追求目标过程中的重要性，并在实践中发挥这些品质，以实现个人和团队的成功。

五、企业的目标与文化

企业文化，亦称为组织文化（corporate culture 或 organizational culture），是指在组织内部形成的独特价值体系与行为模式，它由价值观、信念、仪式、象征和行事风格等要素构成。简而言之，企业文化是企业日常运营中各种行为和表现的集合体。

（一）企业文化的构成与特性

企业文化是在特定的商业环境和内部管理活动中孕育而生的，它代表了企业的精神资产和物质表现，涵盖了以下要素。

（1）企业愿景：企业未来发展的蓝图。

（2）文化观念：企业对文化价值的认知。

（3）价值观：企业文化的核心，指导员工行为和决策。

（4）企业精神：企业特有的精神风貌。

（5）道德规范：企业行为的伦理标准。

（6）行为准则：员工行为的指导原则。

（7）历史传统：企业的历史积淀。

（8）企业制度：规范企业运营的规则体系。

（9）文化环境：企业内部的文化氛围。

（10）企业产品：企业文化和价值观的物质体现。

企业文化是企业生命的精髓，是推动其持续成长的关键力量。企业文化体现在企业的经营理念、目标、策略、价值观、行为、社会责任和形象等方面，它是企业个性的集中展现，对于企业的生存、竞争和进步具有决定性作用。

（二）建设企业文化的战略意义

（1）激发使命感：企业文化明确了企业的责任与使命，为员工提供了明确的工作方向和动力，是推动企业持续进步的核心动力。

（2）增强归属感：通过传播和内化企业价值观，企业文化促进了不同背景员工之间的团结，促进其共同追求企业的共同目标。

（3）提升责任感：企业文化通过文献和资料强化员工的责任意识，管理层需培养员工面对危机的应对能力和团队协作精神，以增强其对企业共同体的认同。

（4）培育荣誉感：企业文化鼓励员工在各自岗位上贡献力量，追求卓越表现，从而提升个人和集体的荣誉感。

（5）实现成就感：企业的繁荣与员工的个人成就紧密相连，企业文化有助于提升员工的成就感，激励他们为企业的成功不懈努力。

（三）企业文化建设的作用

在 ERP 沙盘推演课程中进行文化建设是一个涉及多方面的任务。文化建设的目的是在模拟的企业环境中建立一种积极向上、增强团队凝聚力和创新能力以及高效率的工作氛围。这有助于培养学生的团队精神和归属感，同时也加强了团队成员之间的沟通和协作。

在 ERP 沙盘推演课程中，文化建设的作用体现在以下五个方面。

（1）增强团队合作：建立积极的文化，可以促进团队成员之间的合作和沟通，这对 ERP 沙盘推演中的团队协作至关重要。

（2）培养决策能力：良好的文化氛围可以鼓励学生更加自信地做出决策，这对他们在模拟的企业环境中实践管理决策非常有帮助。

（3）提高学习效率：一个积极向上的文化环境能够提高学生的学习兴趣和参与度，从而提高整体的学习效率。

（4）促进创新思维：文化建设可以激发学生的创新思维，这对解决 ERP 沙盘推演中的复杂问题非常重要。

（5）模拟真实企业环境：通过文化建设，ERP 沙盘推演课程能够更加真实地反映实际企业环境，为学生提供一个接近真实的工作体验。

我们可以使用流程图工具来更清晰地展示这些重要性，如图 4-19 所示。

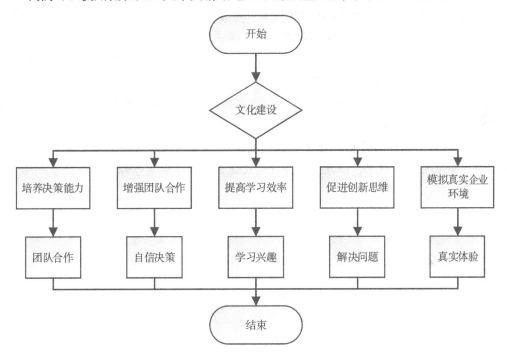

图 4-19　企业文化建设的流程

图 4-19 展示了从文化建设到增强团队合作、培养决策能力、提高学习效率、促进创新思维，以及模拟真实企业环境的整个过程。通过这个流程图，我们可以更清楚地看到文化建设在 ERP 沙盘推演课程中的重要作用。

（四）企业文化的类型

迪尔和肯尼迪把企业文化分为四种类型：强人文化，拼命干、尽情玩文化，攻坚文化，过程文化。

（1）强人文化。这种文化鼓励内部竞争和创新，鼓励冒险，符合竞争性较强、产品更新快的企业文化特点。

（2）拼命干、尽情玩文化。这种文化强调工作与娱乐并重，鼓励员工完成风险较小的工作，符合竞争性不强、产品比较稳定的企业文化特点。

（3）攻坚文化。这种文化具有在周密分析的基础上孤注一掷的特点，一般符合投资大、见效慢的企业文化特点。

（4）过程文化。这种文化着眼于如何做，基本没有工作的反馈，员工难以衡量他们所做的工作，符合机关性较强、按部就班就可以完成任务的企业文化特点。

【课后思考】

1. 数据驱动决策在企业运营中的作用是什么？探讨数据驱动决策如何帮助企业优化资源配置、提高运营效率和质量，以及如何帮助企业通过精准的数据分析来快速适应市场变化。

2. 探讨信息决策支持在ERP沙盘推演中的应用。分析信息决策支持如何帮助学生理解不同投资策略的效果，以及如何在模拟环境中优化资源配置。

3. 组织管理在企业运营中的作用是什么？探讨组织管理如何帮助企业建立清晰的组织结构、规定职务或职位、明确责权关系，以及促进成员之间的协作和配合。

4. 探讨团队建设与配合在企业运营中的重要性。分析团队建设与配合如何提高企业的运营效率和市场竞争力。

5. 企业文化建设的作用是什么？探讨企业文化如何激发员工的使命感、归属感、责任感、荣誉感和成就感，以及如何通过文化建设来增强团队合作和创新能力。

第五章 实习报告的撰写

在当今竞争激烈的职场环境中,实习已成为大学生和初入职场者积累经验、提升能力的重要途径。实习报告的撰写不仅是这一过程中不可或缺的环节,也是个人成长和团队发展的关键。它帮助实习者更好地总结经验、发现不足,并为其他实习者和未来的求职者提供宝贵参考。

实习连接了理论学习与实际工作之间的鸿沟,不仅是检验和应用理论知识的机会,更是提高个人技能、职业素养的绝佳方式。而在这一过程中,撰写实习交流心得则显得尤为重要。它不仅有助于个人对经验的内化与反思,还促进了知识的共享与行业的进步。

在撰写实习报告时,学生应对模拟过程中的数据、决策和结果进行深入分析,并提出合理化建议。报告应包括对实习期间收集的数据的详细分析,对关键决策的评估,对实习成果的反思,以及根据实习经历提出的建议。报告的结构应清晰,以确保内容的连贯性和逻辑性。

通过这样的撰写方式,实习报告不仅成为个人成长的记录,也成为知识共享和行业发展的催化剂,对个人和团队都具有重要的价值。

第一节 心得交流、总结与思考

实习,作为大学生职业生涯中的重要一环,不仅是理论知识与实践操作的结合,更是个人成长与职业认知的深化过程。然而,实习的结束并不意味着学习的终止,相反,实习后的心得交流更是一个不可或缺的环节。

一、实习后心得交流的意义

(一)实习体验的深化

实习提供了一个独特的学习环境,让学生们能够将理论知识应用于实践中。通过实习后的总结交流,学生能够更深入地理解实习内容,将实践经验转化为深刻的见解。

1. 知识与实践的结合

实习是将所学的理论知识与实际工作环境中的实践相结合的过程。它是一种学习模式。在实习的过程中,通过在真实的工作场所中应用学术教育中的概念和技能,学生能够更好地理解课堂上学到的理论知识,并将其转化为实际工作中的能力。实习旨在为学生提供行业经验,增强他们的职业技能,使其为将来的就业做好准备。

2. 反思的重要性

实习后的反思是一个重要的过程,它可以帮助实习者从经验中学习和成长。实习后的反思不仅是对过去经验的总结,更是对未来职业道路的铺垫。通过深入的反思,实习者可以更好地理解自己的职业兴趣、能力和发展方向,从而在职业生涯的早期阶段做出更加明智的选择和规划。

(二)个人成长与自我提升

实习心得交流是一种自我总结的过程。通过对自己在实习过程中的所学、所思、所感进行整理和归纳,学生能够提高自身的总结能力。这种能力对学生今后的学习和工作都具有非常重要的意义。实习心得的总结是个人成长的催化剂。它帮助学生认识到自己的强项和有待提升的空间,促进学生的自我认知和职业素养的提升。

1. 有利于全方位掌握知识

实习是一次难得的实践机会,让我们将所学知识应用到实际工作中,并在真实的职场环境中接受挑战和考验。然而,实习过程中的经历和感悟往往是零散和不成体系的,如果不对其进行及时的梳理和总结,很容易遗忘或忽视。通过心得交流,实习者可以静下心来回顾自己的实习经历,思考自己在工作中取得的成绩、遇到的困难以及解决问题的方法。这有助于他们对自己的表现进行客观的评价,发现自己的优势和不足之处,从而明确未来的发展方向和努力目标。

例如,在实习中,有的实习者可能发现自己在沟通能力方面存在欠缺,导致与同事合作不够顺畅;有的可能意识到自己在专业知识的运用上还不够熟练,需要进一步加强学习。通过心得交流,他们可以发现这些问题,并与其他实习者共同探讨解决方案。同时,实习者在听取他人的经验和建议时,能够拓宽自己的思路,找到更有效的改进方法。这种自我反思和学习的过程,对于个人的成长和职业发展具有重要的意义。

2. 有利于全面培养创新思维

在心得交流中,不同实习者的观点和经验相互碰撞,可能会激发新的想法和创意。这种创新思维的培养对于个人和企业的发展都具有重要意义。

例如,有的实习者可能会提出一些改进工作流程、提高工作效率的新方法;有的可能会对企业的产品或服务提出创新性的建议。这些想法和建议如果能够得到重视和采纳,不仅能够为企业带来实际的价值,也能让实习者感受到自己的价值和影响力,从而进一步激发他们的创新热情。同时,通过参与创新思维的讨论和交流,实习者们也能够学会从不同的角度思考问题,培养自己的创新意识和能力。

3. 有利于明确职业目标

实习不但可以拓宽职业视野，让学生有机会了解不同的职业，帮助他们拓宽职业前景、确定职业方向，同时还能让学生更深入地了解自己的兴趣、优点和缺点，有助于他们对自己的能力和潜力有更清晰的认识，从而确定职业定位。除此之外，实践活动可以帮助学生在实践体验的过程中逐渐地接触社会，了解各行各业对人才的需求，有助于他们正确认识与评价自我，结合社会及自身发展需求，不断完善自己的生涯规划设计。

（三）分享经验，共同成长

每个实习者在实习期间所从事的工作、所在的部门以及遇到的问题都不尽相同，因此，他们所积累的知识和经验也各具特色。心得交流为大家提供了一个平台，让这些宝贵的知识和经验得以在实习者之间广泛传播和共享。

1. 方便知识的共享

一方面，对于即将参加实习的同学来说，听取和查看前辈们的实习心得可以帮助他们提前了解实习的工作内容、职场环境以及可能遇到的困难，做好充分的心理准备和知识储备。他们可以从他人的经验中吸取教训，避免走弯路，从而更好地适应实习生活。另一方面，对于已经完成实习的同学来说，分享自己的经验，不仅能够帮助他人成长，还能够巩固和深化自己对所学知识的理解和运用。在交流的过程中，他们可能会发现一些之前没有注意到的问题，或者对某些问题有新的认识和感悟。这种知识和经验的双向流动，能够使整个实习者群体共同进步，提高实习的整体质量和效果。

实习心得交流可以使学生将自己在实习过程中的经验和感悟分享给其他同学，让大家共同成长。通过交流，学生可以了解到不同行业、不同岗位的工作特点和要求，为自己的职业规划提供参考。

2. 促进知识的内化和吸收

实习过程中，我们接触到了大量的实际工作内容和操作方法。这些实践经验只有经过及时的反思和总结，才能真正转化为我们自身的知识和能力。通过实习后的心得交流，我们可以与同伴或导师分享自己在实习中的所见所闻、所感所想，从而加深我们对实习内容的理解和记忆，促进知识的内化和吸收。

（四）反馈与改进

通过心得交流，实习者可以从导师和同行那里获得反馈，这有助于实习者识别自己的不足并进行改进。

1. 导师的反馈

在企业经营模拟实习过程中，指导教师的点评往往基于丰富的专业知识和经验，能够精准指出学生在实践活动中存在的问题与不足，从而引导学生改进方法、提升专业技能和实践操作能力。点评可以启发学生从不同角度思考问题，鼓励创新思维，帮助学生跳出固有思维模式、探索更多可能性，培养学生的创新意识和解决问题的能力。通过老师的点评，学生可以更清晰地认识到自己的长处和短处，明确个人发展目标，同时根据老师的建议调整学习和实践计划，规划更合理的学习路径。在实践活动中的挫折和困难面前，指导教师的鼓励和肯定能够给学生以情感上的支持，增强学生的自信心和自我效能感，让学生在面对挑战时更加坚韧不拔。总之，指导教师的点评在实践活动中扮演着指导者、激励者和引导者的角色，对学生个人能力的提升、团队合作的促进以及学生职业素养的培养都具有不可替代的作用。

2. 同行的见解

同行或同学的意见，虽然没有指导老师的点评那么系统全面，但不管其评价是否正确，我们都需要认真研究其观点，毕竟"他山之石，可以攻玉"。同行见解可以帮助实践者更高效地工作，并提高工作质量，因为它们提供了不同的视角和解决问题的方法。在实践中与同行交流可以促进个人发展、提升能力水平，因为这种交流本身鼓励反思和学习他人的成功经验。借鉴同行的实践经验可以帮助实践者避免常见的错误和困惑，从而节省时间和精力。与同行的交流可以激发实践者的内在动力，使其看到他人的成就和进步，增强其自信心，从而激励其更加努力地学习和工作。

3. 发现不足，及时改进

实习心得交流有助于学生发现自己在实习过程中的不足，从而及时进行调整和改进。通过与其他同学的交流，学生可以了解到自己在实际工作中的优点和不足，为今后的学习和工作打下坚实的基础。

（五）培养问题解决能力

在实习过程中，实习者不可避免地会遇到各种各样的问题和挑战。心得交流为大家提供了一个共同探讨问题、寻找解决方案的机会，有助于培养实习者的问题解决能力。

总结交流提供了一个反思与学习的机会，让学生思考实习中学到了什么，哪些地方做得好，哪些地方需要改进。反思个人在实习中的表现，评估自己的职业素养和专业技能的成长，可以为未来的职业发展打下基础。通过撰写心得，学生可以加深对实习经历的理解，巩固和整合在实习过程中获得的知识和技能。

当一位实习者提出自己在实习中遇到的问题时，其他实习者可以从不同的角度进行思考和分析，提出各自的见解和建议。在这个过程中，大家可以学习到不同的思维方式和解决问题的方法，拓宽自己的视野和思路。同时，通过对多个问题的讨论和解决，实习者们也能够逐渐掌握解决问题的一般规律和方法，提高自己应对复杂问题的能力。这种能力的培养对于他们未来的职业发展至关重要，无论是在工作中还是生活中，都能够帮助他们更加从容地面对各种挑战。

总之，实习后的心得总结与交流是一个多维度的自我提升过程，它不仅有助于个人发展，也能够为他人和组织带来价值。

（六）促进团队协作与沟通

实习通常是在一个团队或组织中进行的，团队成员之间的协作和沟通对于工作的顺利开展至关重要。心得交流可以加强实习者之间的联系和互动，增进彼此的了解和信任，从而促进团队协作和沟通能力的提升。

1. 表达能力的提高

实习后的心得交流是一个锻炼个人表达和沟通能力的绝佳机会。进行心得交流时，实习者需要将自己观点、想法、感受和经验清晰、准确地表达出来，同时还需要倾听他人的意见和建议，并与他人进行有效的沟通和互动。通过这个过程，实习者可以不断提升自己的表达和沟通能力，为未来的职业发展打下坚实的基础。这对于学生提升表达和沟通能力是一个很好的锻炼机会。

2. 沟通技巧的掌握

在准备交流内容的过程中，实习者需要对自己的实习经历进行整理和提炼，组织语言，使自己的观点具有逻辑性和说服力。在交流过程中，他们需要注意倾听他人的意见和反馈，及时调整自己的表达方式，以确保信息的准确传递。通过多次的心得交流，实习者的表达和沟通能力会得到显著的提升，这对于他们未来在职场中的发展将起到积极的促进作用。

3. 团队合作能力的增强

在交流过程中，实习者们可以分享自己在团队合作中的经历和感受，探讨如何更好地与团队成员配合，提高工作效率。例如，有的实习者可能会分享如何有效地分配任务、协调资源，以及如何处理团队内部的矛盾和冲突。这些经验和方法对于其他实习者来说具有很强的借鉴意义，能够帮助他们在未来的工作中更好地融入团队，发挥自己的作用。同时，通过交流，实习者们还可以发现团队中存在的共性问题，并共同寻找解决方案，从而提升整个团队的凝聚力和战斗力。

撰写和交流心得能够锻炼学生的沟通能力，这对于任何职业都是至关重要的技能。

（七）其他方面的作用

1. 心理调整与适应

实习心得的总结有助于学生做好心理准备，更好地适应未来的工作环境。

2. 文化适应与创新

反思实习经历可以促进实习者对不同工作环境和文化的适应，激发其新的思考和创意，可以帮助实习者反思如何在不同的工作环境和文化中有效工作和交流。反思实习经历可能会激发实习者新的思考和创意，有助于他们在未来的工作中进行创新和改进。

3. 职业规划的指导

实习心得总结有助于学生更清晰地了解自己的职业兴趣和目标，根据自己的兴趣和能力进行职业规划，为未来的职业生涯做出更明智的选择。

二、如何进行有效的实习后心得交流

实习后心得交流是一个非常重要的环节，它在促进知识的内化和吸收、增强团队协作能力、拓展职业视野和认知以及提升个人表达和沟通能力等方面都具有重要的意义。因此，我们应该重视实习后心得交流的过程，并积极参与其中。同时，我们还需要注意选择合适的交流方式和平台、保持开放和包容的心态以及及时反馈和总结等。相信通过我们的不断努力和探索，实习后心得交流一定会成为我们职业生涯中不可或缺的一部分

（一）明确交流目的和内容

在进行实习后心得交流之前，我们需要明确交流的目的和内容。实习后的心得交流，其核心目的与意义在于构建一个反思与成长的平台。通过分享实习经历，我们不仅能总结个人在实践中的收获与挑战，还能从同伴的经验中学习，拓宽视野，增强团队协作与沟通能力。这种交流有助于将实习转化为职业发展的跳板，促进个人技能的提升和职业规划的明晰，同时，它也是企业文化传承与创新的重要环节，为未来职业生涯打下坚实的基础。

1. 确定交流目的

交流的组织者或小组长首先需要了解和确定交流的目的有哪些，然后根据交流的目的来把控交流的内容和节奏。一般情况下，交流有如下一些目的。

（1）知识分享：与同学和同事分享实习经验，提供学习机会。

（2）个人成长：反思实习经历，评估所学知识和技能。

（3）职业发展：探索职业兴趣和职业路径，为未来职业规划提供指导。

（4）反馈获取：从他人那里获得反馈，以识别优势和改进领域。

（5）建立联系：通过交流建立专业网络，为未来的合作打下基础。

2. 定义交流内容

实习交流内容需要组织者提前进行计划和确定，一般包括以下方面。

（1）实习小组介绍：简要介绍实习小组成立的背景、组织文化及实习计划和目标等。

（2）实习实训的经营过程及决策原因：简要地对自己经营的过程以及各种决策的原因进行阐述，并对得失进行分析总结，阐明自己分析出的原因。

（3）挑战与解决方案：讨论遇到的挑战以及如何克服这些挑战。

（4）个人反思：反思实习经历对个人成长的影响，包括自我认知和职业理解。

（5）学习成果与心得体验：分享在实习中学到的专业知识和技能。

（6）职业规划：基于实习经历，讨论对未来职业规划的思考和调整。

（7）建议与见解：提供对实习过程、实习项目或后续实习者的建议。

（二）选择合适的交流方式和平台

实习后心得交流的方式和平台多种多样，我们可以根据具体情况选择合适的交流方式和平台。例如，我们可以选择面对面的方式进行交流，这样可以使我们更加直接地了解彼此的想法和感受；我们也可以选择线上平台进行交流，如社交媒体、论坛等，这样可以使我们更加便捷地分享和获取信息。

1. **选择交流方式**

小组讨论：适合促进深入讨论和集体思考。
主题演讲：适合分享专业知识或个人经验。
案例研究：通过分析具体案例来讨论问题和解决方案。
角色扮演：通过模拟实际情境来增强理解和技能。

2. **选择交流平台模式**

线上平台：选择余地较大，如腾讯会议、微信群、各类BBS等，适合远程参与者。
线下场所：如会议室、教室或研讨室，适合面对面交流。
混合模式：结合线上和线下平台，适应不同参与者的需求。

3. **平台选择依据及注意事项**

（1）互动性和参与度：选择能够促进参与者互动和参与的平台，如带有聊天、投票和实时反馈功能的线上工具。

（2）可达性和便利性：选择易于访问和使用的平台，减少参与者的参与障碍。

（3）安全性和隐私保护：确保所选平台的安全性和隐私保护措施符合要求。

（4）多渠道策略：考虑使用多个渠道进行交流，以覆盖更广泛的受众。

（5）测试和反馈：在正式研讨会前，进行平台测试，收集反馈，确保平台的稳定性和用户的友好性。

（6）其他注意事项：记录和存档、后续跟进、促进互动的工具（使用白板、思维导图、实时投票系统等工具来促进讨论和互动）、材料共享、文化敏感性、时间安排等因素。

（三）保持开放和包容的心态

在进行实习后心得交流时，我们需要保持开放和包容的心态。每个人的实习经历都是独特的，我们需要尊重他人的观点和感受，并倾听他人的意见和建议。同时，我们也需要敢于表达自己的观点和想法，勇于接受他人的批评和指正。

在实习后的研讨会上，保持开放和包容的心态对于促进有效的交流和学习至关重要。以下是一些策略和建议，旨在帮助实习者在研讨会上展现出这种积极的心态。

（1）倾听不同观点：认真倾听他人的意见，即使他们与你的观点不同。

（2）尊重多样性：认识到每个人都有独特的背景和经验，这些多样性丰富了讨论。

（3）避免偏见：尽量排除个人偏见，公正地评价每个观点和建议。

（4）鼓励参与：鼓励所有参与者发言，特别是那些较少发言的人。

（5）接受批评：愿意接受他人的批评和反馈，视其为学习和成长的机会。

（6）分享个人经验：诚实地分享你的实习经验，包括成功和挑战。

（7）保持谦逊：即使你在某个领域很专业，也要保持谦逊，认识到总有更多可以学习的东西。

（8）促进对话：通过提问和评论促进对话，帮助深化讨论。

（9）展现同理心：尝试理解他人的立场和感受，展现同理心。

（10）避免中断：当他人在发言时，不要打断，给予他们充分的表达空间。

（11）使用非言语信号：使用肢体语言，如点头，表明你在倾听和理解。

（12）调整沟通风格：根据受众的不同调整你的沟通风格，确保信息的清晰传达。

（13）认识到学习机会：将每次交流视为一个学习和扩展视野的机会。

（14）保持好奇心：对新信息和不同的观点保持好奇心。

（15）建立信任：通过一致的行为和开放的态度建立信任。

（16）反思和适应：根据反馈进行反思，并选择适应自己的交流方式。

（17）共享资源和知识：不要吝啬分享有用的资源和知识。

（18）维护讨论秩序：确保讨论有序进行，避免偏题或不必要的争执。

（19）使用正面语言：使用积极和鼓励性的语言，避免负面或攻击性的言辞。

（20）总结和整合观点：在讨论结束时，总结和整合不同的观点，寻找共同点。

通过这些策略，你可以在实习后的研讨会上展现出开放和包容的心态，这不仅有助于个人成长，也能够促进一个积极、富有成效的讨论环境。记住，每个人的观点都是宝贵的，而开放和包容的心态是获得新见解和创新解决方案的关键。

（四）及时反馈和总结

实习后心得交流并不是一次性的活动，而是一个持续的过程。在交流过程中，我们需要及时反馈和总结自己的思考和收获，以便更好地规划未来的学习和工作。同时，我们还需要关注他人的反馈和建议，以便及时调整自己的方向和方法。

实习是一个宝贵的学习和成长的机会，及时地反馈和总结对于提升实习效果至关重要。以下是一些关于实习后研讨及时反馈和总结的建议。

（1）及时性：实习结束后，应尽快组织研讨会，确保及时梳理和巩固所学知识和经验。

（2）全面性：反馈和总结应该涵盖实习期间的所有方面，包括专业技能的提升、团队合作的经验、问题解决的能力等。

（3）深度分析：不仅要总结实习经历中的成功之处，也要深入分析遇到的挑战和失败，从中吸取教训。

（4）个人反思：鼓励每位实习者进行个人反思，思考实习经历如何影响了他们的职业规划和个人成长。

（5）互动交流：鼓励实习者之间进行交流，分享各自的经验和看法，以促进他们相互学习和启发。

（6）导师反馈：邀请实习导师或行业专家提供反馈，他们的经验和见解可以为实习者提供宝贵的指导。

（7）行动计划：基于反馈和总结，制订具体的行动计划，明确未来学习和职业发展的方向。

（8）文档记录：将反馈和总结的内容记录下来，形成文档，这不仅有助于个人复习，也可以作为未来求职或进一步学习的参考资料。

（9）持续跟进：将研讨会的成果转化为实际行动，持续跟进实施情况，确保学到的知识和技能得到应用。

（10）评估与调整：定期评估行动计划的执行效果，并根据实际情况进行调整，以确保持续进步。

通过这样的研讨，实习者可以更好地理解自己的优势和需要改进的地方，同时也能够为未来的职业发展打下坚实的基础。

综上所述，实习后心得交流具有多方面的重要性和价值。它有助于促进个人成长与自我提升，促进知识与经验的共享，加强团队协作与沟通，培养问题解决能力，建立职业人脉，增强对企业和行业的了解，提升表达和沟通能力，以及培养创新思维。因此，无论是实习者个人还是实习组织单位，都应该充分重视实习后心得交流这一环节，为实习者创造良好的交流环境和条件，让他们能够在交流中成长和进步。

三、年度模拟经营成果总结

在年度沙盘企业经营结束后，进行全面的总结是至关重要的。指导教师应安排充足的时间，引导各企业受训学生深入反思当年的模拟经营过程。这一过程涉及对各个环节、各人的意见建议的出发点进行细致的审视，以及评估各职能部门经理和CEO的决策对企业经营效果的贡献。同时，应识别和讨论经营过程中存在的主要问题，总结经验教训。

通过这样的总结，学生可以更好地理解模拟经营的关键要素，包括市场分析、产品策略、营销计划、财务管理等。这些经验教训将指导学生在未来年度的模拟经营中制定和实施更有效的经营决策和策略。

总结的过程不仅有助于学生个人能力的提升，也有助于团队整体运营效率的提高。通过反思和讨论，学生能够更好地理解团队协作的重要性，以及如何优化决策流程和提高决策质量。

总结结束后，学生应根据讨论结果制定具体的改进措施和未来规划，以期在下一年度的模拟经营中取得更好的成绩。这将是一个持续学习和改进的过程，有助于学生将所学知识应用于实际商业环境中，为未来的职业生涯打下坚实的基础。

（一）战略规划的总结

1. 战略规划的重要性

战略规划是企业成功的关键，它决定了企业的经营思路和未来发展方向。企业必须制定一个既适合自身特点又能区别于竞争对手的战略，以实现企业可持续增长和获得市场领导地位。

2. 战略目标的确定

在经营开始时，CEO 应组织团队根据市场情况确定要解决的问题，包括企业规模定位、战略目标和经营宗旨（如市场地位、生产目标、收入利润目标等），同时，确定研发方向、市场开拓策略、产能规划、生产线建设以及融资策略。

3. 执行过程的监控与优化

在经营过程中，CEO 应组织团队成员对一年的经营过程及结果进行分析，检讨执行过程中的问题，特别是对于执行不力的员工进行及时的提醒和警示，同时，通过沟通和批评教育，激发员工的工作积极性和使命感，确保他们按照战略规划执行。

4. 利润与亏损分析

分析经营过程中的利润不足或亏损情况，找出真正原因。如果原因是产品销售不足，则应分析广告投入和订单情况；如果原因是生产成本过高，则需找出降低成本的方案；如果原因是利润空间小，则应考虑调整产品结构。如果问题出在管理上，则需细化管理，进行内部整改。

5. 战略调整与优化

CEO 在战略规划的总结过程中应全面引导，重点控制。对于有争议的意见，CEO 应权衡后做出决策。如果战略规划有误，则 CEO 应勇于承认错误并积极进行调整。六年经营过程中，每年的总结重点应根据指导教师的要求不断深入和全面，以确保战略规划的持续优化和执行。

通过这样的战略规划总结过程，企业能够不断优化经营策略，提高市场竞争力，实现长期可持续发展。

（二）市场规划及运营总结

1. 市场规划反思

经过一年的企业生产经营，应对同行其他企业的情况、自身的经营过程和结果进行反思。这包括对最初的市场规划、市场开发计划和投资策略的评估，以及分析成功的经验和失败的教训。

2. 广告与订单分析

评估广告投入的合理性，订单选取的准确性，市场开发的速度、时机和新目标市场的选择。同时，总结市场总监与其他职能部门（如财务管理人员、生产人员、采购人员）之间的信息沟通是否通畅，协作是否有效。

3. 广告费投入调整

应根据市场实际情况来决定广告费投入，并应考虑下一年度的广告投入如何调整，以更有效地吸引客户和提升品牌知名度。

4. 销售订单选择与执行

分析销售订单选择是否存在问题，销售订单是否按照既定的市场投入策略执行，以及所选订单与广告投入的适合度。同时，总结与企业其他部门的沟通协作情况。

5. 市场信息掌握与需求变化

市场规划的关键在于了解市场信息、掌握市场需求变化的趋势。这包括对市场变化的可行性进行总结，判断市场需求的准确性、投入开发和维护市场的费用是否高效。

6. 市场营销战略调整

评估初始制定的市场营销战略是否得当，市场行情判断是否与实际一致，销售额是否受到市场开发的影响。如果需要，应及时进行战略调整。

7. 市场开发与维护经验总结

分析并总结市场开发与维护的经验，找出战胜对手、获得市场先机的策略。这些策略应有助于企业占有市场，实现更多的销售量。

通过这样的市场规划及运营总结，企业能够更好地理解市场需求，优化市场策略，提高市场竞争力，实现可持续增长。

（三）生产线投资规划、产品研发总结

1. 生产线的重要性

生产线是企业生产能力的核心，它必须与企业总体发展战略规划相协调，并与市场开发战略相匹配。这包括对厂房的购买、租用，以及生产线的购买与使用的规划与策略。

2. 投资规划分析

在生产经营过程中，应分析购买或租用厂房、生产线的种类和数量、购买或租用的时机和数量是否合理、有效。同时，应评估生产线使用率，以及其是否促进了生产、满足销售订单和未来经营的需求，为市场扩大和销售量增加打下基础。

3. 产能与生产规划的协调

生产线的产能必须与生产规划相协调，确保企业运营的效率和灵活性。营销总监应进行详尽的分析与总结，确保生产能力与市场需求相匹配。

4. 产品研发策略

在 ERP 沙盘推演课程中，产品研发集中在 P 系列产品，包括 P1、P2、P3、P4 四种产品。研发费用随产品复杂性的增加而递增。企业需要通过研发获得每种产品的生产资格。企业应根据发展战略规划、市场需求、经营年限和产品研发周期，合理地选择研发产品的时机和种类。

5. 研发周期与反思

每年经营结束时，应对研发步骤和环节进行反思，总结哪些环节做得好，哪些环节存在失误。这有助于在后续的生产过程中进行合理的调整与改进，优化企业运营和生产布局。

通过这样的生产线投资规划、产品研发总结，企业能够优化生产能力，提高研发效率，确保产品与市场需求的一致性，从而提升企业的整体竞争力和市场表现。

（四）采购管理总结

1. 采购管理的范畴

采购管理涵盖材料采购、物流运输、仓储管理等多个关键领域。有效的采购计划管理对于节约物流成本和仓储管理费用至关重要，它能够确保资金的合理化配置与运用，避免浪费，从而为企业创造更多的经济效益。

2. 采购策略的反思

在企业经营一年后，采购总监应对采购管理策略进行深入反思。这包括审视物料采购订单的及时性和准确性，评估物料采购类型的选择是否合适，以及采购量是否适量，避免产生库存积压浪费现象。

3. 沟通与协作的评估

采购管理中的一个重要方面是与生产人员、财务人员的沟通与协作。评估在材料采购管理中与这些部门沟通是否到位，以及协作是否有效，对于实现企业总的经营目标至关重要。

4. 持续改进与能力提升

每年的经营总结都应包括对采购管理的深入反思与分析总结。这种持续的自我评估有助于企业提高对经营管理的认知，进而提升对整个企业进行管理的能力。

通过这样的采购管理总结，企业能够优化采购流程，降低成本，提高资金使用效率，确保供应链的稳定性和效率，从而完成企业的整体经营目标和市场竞争力的提升。

（五）财务管理总结

1. 财务战略与策略

财务总监应向 CEO 提出企业财务管理的战略与策略，制订财务预算和资金使用计划，并严格执行。这包括对贷款的类型、结构、数量和时机的合理性进行分析，确保企业融资的低成本和高时效。

2. 融资与运营支持

分析融资问题是否影响了生产总监购买厂房和生产线的决策，是否限制了采购总监的采购活动，导致原材料不足和生产中断。同时，评估现金预算是否影响了新市场开发和广告费用的投入，从而影响市场地位和销售额。

3. 财务管理与控制

评估现金账务记录和管理是否到位，是否存在付款错误、折旧费用的提取错误、贷款和应收款管理失误，以及综合管理费用的支付问题。

4. 会计核算与报表编制

关账，即年末会计核算和编制会计报表，是财务管理中最重要的环节。应检查是否存在记录项目涂改、数字计算错误、核算项目和方法错误、报表编制错误等问题，并了解错误是如何纠正的。

5. 经验与问题的总结

对财务分析和总结中获得的经验予以保留，对存在的问题应请教指导教师并与小组成员讨论解决，避免遗留问题影响后续年度的经营。

通过这样的财务管理总结，企业能够优化财务策略，提高资金使用效率，确保融资的合理性和高效性，从而完成企业的整体经营目标和市场竞争力的提升。同时，通过反思和讨论，团队成员能够提高经营管理的知识水平，培养扎实的企业模拟经营能力，达到课程实训的根本目的。

（六）ERP六年经营成果总结

经过六年的ERP沙盘推演经营实战，各团队经营者需要对企业的最终经营状态进行全面的评估。这包括由各组CEO、财务总监共同核算，编制会计报表，进行经营分析，并结合课程规则由指导教师进行综合评比，评出总分和名次。

1. 经营成果的比较与分析

各组应确认自己的经营成果，并对规则规定的能够积分的项目进行自我分析与总结。通过与领先者和落后者的比较，以及与排名在前面的企业进行比较，找出优劣之处，学习其他企业的成功经验，取长补短。

2. 经营过程的深入分析

企业应对六年的经营过程进行详细的对比与分析，包括战略实施的过程、环节与步骤，以及每年生产经营存在的问题。分析新一年度为下一年度经营提供了怎样的基础，以及市场行情、广告投资策略、市场开发策略、生产线的类型数量是否与企业发展战略和营销策略相符合并相互促进等问题。

3. 全方位总结与经验交流

CEO应组织团队成员进行全方位总结，归纳出整体的成功经验与教训。各小组应撰写企业经营实训总结，用于整个实训班级的经验交流。总结成功的经验和失败的教训，以实现知识的深化与共享。

通过这样的ERP六年经营成果总结，企业能够深入理解经营过程中的成功与失败，优化经营策略，提高市场竞争力，同时促进团队成员之间的经验交流和学习，提升整体的管理水平。

【课后思考】

1. 实习后心得交流的意义是什么？探讨实习后心得交流如何帮助学生深化实习体验、促进个人成长、分享经验、培养问题解决能力，如何促进团队协作与沟通，以及如何通过反馈与改进来提升个人和团队的能力。

2. 如何进行有效的实习后心得交流？分析如何选择合适的交流方式和平台、保持开放和包容的心态、及时反馈和总结，以及如何明确交流目的和内容，实现实习后心得交流的最大价值。

3. 分析年度模拟经营成果总结的重要性。探讨年度模拟经营成果总结如何帮助学生理解模拟经营的关键要素、优化经营策略、提高市场竞争力，以及如何通过反思和讨论来提升个人和团队的整体运营效率。

第二节　撰写总结报告

一、企业经营分析报告概述

企业经营分析报告是一种对企业经营状况进行全面分析和评估的文档，它帮助企业管理层了解公司的经营现状、剖析现状背后的原因，并针对存在的问题提出结论和优化方案。报告通常包括经营与运营概念、经营分析目的、经营分析面向对象、如何撰写经营分析报告等内容。撰写企业经营分析报告时，不仅需要对财务数据进行深入分析，还应进行市场分析、销售分析、客户分析、运营分析等，以提供决策、支持和促进企业持续发展。

（一）企业经营分析报告的主要内容

企业经营分析报告是对企业经营状况的全面评估。撰写报告时，可以参考如下方面。

1. 公司概况

（1）基本信息：详细介绍企业的成立时间、发展历程、经营范围和所在地等，这些信息有助于了解企业的历史和发展背景。

（2）组织结构：描述企业的组织架构，包括各部门的职责和相互关系，这有助于理解企业的运作方式和决策流程。

（3）企业文化：介绍企业的核心价值观、使命和愿景，这些内容对于理解企业的经营理念和战略方向至关重要。

2. 行业背景分析

（1）发展趋势：深入分析行业的发展趋势，包括技术进步、市场需求变化等，这有助于企业把握行业发展的机遇和挑战。

（2）竞争格局：研究行业内的竞争格局，包括主要竞争对手、市场份额等，这有助于企业了解自己在行业中的地位和竞争对手的情况。

（3）政策环境：分析政府对行业的政策支持和监管情况，这有助于企业了解政策环境对行业的影响和潜在机会。

3．财务状况分析

（1）财务报表分析：对利润表、资产负债表和现金流量表进行深入分析，这有助于评估企业的财务状况和健康状况。

（2）盈利能力：评估企业的盈利能力和盈利质量，这有助于了解企业的盈利水平和盈利潜力。

（3）偿债能力：分析企业的债务结构和偿债能力，这有助于评估企业的财务风险和偿债能力。

（4）流动性：评估企业的流动性状况，包括流动比率和速动比率等，这有助于了解企业的短期偿债能力和流动性风险。

4．经营业绩分析

（1）市场份额：分析企业在市场上的地位和份额，这有助于了解企业的市场占有率和竞争力。

（2）销售增长率：评估企业的销售增长情况和增长潜力，这有助于了解企业的增长动力和市场前景。

（3）客户满意度：通过调查和反馈，分析客户对产品和服务的满意度，这有助于了解企业的客户满意度和口碑。

5．风险评估

（1）市场风险：识别和评估市场变化对企业的影响，这有助于企业了解市场风险并制定应对策略。

（2）经济周期风险：分析经济周期对企业经营的潜在影响，这有助于企业了解经济周期风险并制定相应的应对措施。

（3）竞争风险：评估竞争对手的行为对企业的影响，这有助于企业了解竞争风险并制定竞争策略。

6．战略规划和执行分析

（1）战略评估：分析企业的长期战略目标和短期战略计划，这有助于了解企业的战略方向和目标。

（2）执行效果：评估战略计划的执行情况和效果，这有助于了解企业的执行能力和战略实施的效果。

7．市场分析

（1）市场规模：分析目标市场的规模和增长潜力，这有助于了解市场的潜力和机会。

（2）消费者需求：研究消费者的需求和偏好，这有助于了解消费者的需求和偏好。

（3）竞争对手分析：分析竞争对手的策略和市场表现，这有助于了解竞争对手的情况和竞争策略。

（4）行业政策：分析行业政策对企业的影响，这有助于了解政策环境给企业带来的机遇和挑战。

8. 运营分析

（1）生产效率：分析生产流程的效率和质量控制，这有助于了解企业的生产能力和质量控制水平。

（2）销售和营销：评估销售渠道和营销策略的有效性，这有助于了解企业的销售和营销效果。

（3）物流和供应链：分析物流和供应链的管理效率和成本控制，这有助于了解企业的物流和供应链效率。

9. 人力资源分析

（1）员工结构：分析员工的年龄、性别、学历等结构，这有助于了解企业的员工结构和人力资源状况。

（2）培训需求：评估员工的培训需求和提升空间，这有助于了解企业的员工发展和培训需求。

（3）绩效评价：分析员工的绩效评价体系和激励措施，这有助于了解企业的员工激励和绩效管理。

10. 风险管理

（1）市场风险管理：分析和管理市场变化带来的风险，这有助于企业了解市场风险并制定应对策略。

（2）信用风险管理：评估和管理客户和供应商的信用风险，这有助于企业了解信用风险并制定信用风险管理策略。

（3）操作风险管理：识别和管理内部操作过程中的风险，这有助于企业了解操作风险并制定操作风险管理措施。

通过这些详细的分析内容，企业经营分析报告能够为管理层和利益相关者提供全面的企业经营状况，帮助他们制定有效的战略决策和风险管理策略。

（二）企业经营分析报告对企业管理的作用

企业经营分析报告在企业管理中发挥着关键作用，具体包括以下十点。

1. 数据驱动决策

企业经营分析报告基于大量数据的收集和分析，能够为管理者提供客观的决策依据。这种基于数据的决策方式有助于减少主观臆断，提高决策的科学性和准确性。通过深入分析市场趋势、消费者行为、财务状况等关键经营因素，企业能够更好地理解市场动态，制定合理的经营策略，从而提高市场竞争力。

2. 问题识别与机会挖掘

经营分析报告有助于企业及时发现经营中的问题和潜在的机会。通过对业务流程、市场反馈、运营效率等方面的深入分析，企业可以识别出存在的问题和不足，并采取相应的措施进行调整和改进。同时，分析报告也能够帮助企业挖掘潜在的市场机会，如新兴市场的开拓、新产品的研发等，从而为企业带来新的增长点。

3. 风险管理

企业经营分析报告能够帮助企业识别和评估各种风险因素，并采取有效措施管理风险，降低潜在损失。通过对市场风险、信用风险、操作风险等方面的深入分析，企业能够制定相应的风险管理策略，建立完善的风险控制体系，从而实现稳健经营。

4. 绩效评估

经营分析报告中关于业务绩效指标的监控结果，可以为管理者提供参考，有助于企业目标的实现。通过对销售额、市场份额、利润率等关键绩效指标的分析，企业可以了解自身的经营状况和绩效表现，及时调整经营策略，提高业务效率和盈利能力。

5. 战略规划支持

企业经营分析报告为企业的战略规划提供支持。通过对市场趋势、竞争格局、技术进步等方面的深入分析，企业可以制定长期发展战略，根据数据分析做出明智的决策，确保其在激烈的市场竞争中保持竞争优势。

6. 提升经营效率

企业经营分析报告中关于生产、销售等环节的数据分析可以帮助企业改进流程，提高整体运营效率。通过对生产效率、库存周转率、订单履行率等关键指标的分析，企业可以找出存在的问题和瓶颈，并采取相应的措施进行优化和改进，从而提高经营效率和效益。

7. 控制风险

企业经营分析报告有助于企业监控风险并制定风险控制策略。通过对市场变化、竞争对手行为、政策环境等方面的深入分析，企业可以及时识别潜在的风险因素，并采取相应的措施进行应对和化解，从而降低风险对企业的负面影响。

8. 提高盈利能力

企业经营分析报告帮助企业找出盈利点和问题所在，调整经营策略，增强盈利能力。通过对销售收入、成本结构、利润率等关键财务指标的分析，企业可以了解自身的盈利状况和盈利潜力，并采取相应的措施进行优化和改进，从而提高盈利能力和盈利水平。

9. 满足多层次管理需求

企业经营分析报告满足企业高层的战略分析需求、中层的管理需求以及基层的业务发展需求，从而帮助企业实现精细化管理。通过对不同层次的管理需求进行分析和满足，企业可以更好地协调和整合资源，提高管理效率和效果。

10. 提升组织效率

企业经营分析报告作为一种管理工具，使企业能够通过数据分析推动组织优化和能力提升，建立绩效导向的企业文化。通过对组织结构、流程、人员配置等方面的深入分析，企业可以找出存在的问题和瓶颈，并采取相应的措施进行优化和改进，从而提高组织的效率和效能。

综上所述，企业经营分析报告是企业管理中不可或缺的工具，它通过提供深入的数据分析，支持企业在复杂多变的市场环境中做出有效的管理决策。

（三）企业经营分析报告的类型

经营分析报告是企业内部用于评估经营状况、制定战略决策和监测发展进程的重要工具。根据不同的分析内容、时间和目的，经营分析报告可以分为多种类型。

1. 按分析内容分类

（1）综合分析报告。综合分析报告是对企业某一阶段的整体经营情况进行全面分析的文档。它涵盖了企业的各个方面，包括财务状况、市场表现、生产运营、人力资源等，旨在为企业提供全面的经营状况概览。通过综合分析报告，企业可以了解自身的优势和劣势，发现潜在的机会和威胁，从而制定相应的战略和措施。

（2）专题分析报告。专题分析报告是针对某一经营活动或业务单元进行的专项分析。它可以是对某一产品线、市场渠道、客户群体等方面的深入分析，旨在帮助企业深入了解特定领域的经营状况和问题所在。通过专题分析报告，企业可以针对性地解决问题，优化资源配置，提高业务效率和盈利能力。

2. 按分析时间分类

（1）定期分析报告。定期分析报告是商业银行约定俗成的、定期进行的经营情况分析报告。它通常包括月度报告、季度报告和年度报告等，旨在帮助企业监控企业的经营状况和绩效表现，确保企业目标的实现。通过定期分析报告，企业可以及时了解自身的经营状况和问题所在，采取相应的措施进行调整和改进。

（2）不定期分析报告。不定期分析报告是针对业务经营中出现的个别非常规现象而进行的全面或专项经营分析报告。它可以是针对某一突发事件、市场变化或竞争对手行为等方面的深入分析，旨在帮助企业及时应对和解决问题，确保企业的稳健经营。

3. 按分析目的分类

（1）决策性分析报告。决策性分析报告是为企业决策提供支持的分析报告。它可以是针对市场趋势、竞争对手、技术进步等方面的深入分析，旨在为企业提供客观的数据和洞察，支持企业在战略规划、资源配置等方面的决策。

（2）控制性分析报告。控制性分析报告是监控企业经营活动，确保目标达成的分析报告。它通常包括对关键绩效指标、预算执行情况、成本控制等方面的监控和分析，旨在确保企业的经营活动符合既定的目标和计划。

（3）考核性分析报告。考核性分析报告是用于评估企业或个人绩效的分析报告。它可以是针对企业整体绩效、部门绩效或个人绩效的评估，旨在为企业提供客观的绩效评估依据，促进企业的绩效管理和激励机制的建立。

这些报告类型有助于企业从不同角度和层面深入了解经营状况，从而做出更科学合理的决策。通过不同类型的经营分析报告，企业可以全面了解自身的经营状况和问题所在，制定相应的战略和措施，提高经营效率和盈利能力。

（四）企业经营分析报告编制的基本要求

在ERP沙盘推演中，企业经营分析报告的编制需要遵循以下基本要求。

1. 数据准确性

报告编制的基础是准确的数据。在ERP沙盘推演中，数据来源于模拟的经营环境，必须确保这些数据的准确性和可靠性。数据应包括财务数据、市场数据、生产数据等，这些数据应能真实反映企业经营状况。

2. 报告结构清晰

报告的结构应清晰明了，便于读者理解和分析。报告一般包括引言、正文和结论三部分。引言部分介绍报告的目的和背景；正文部分详细阐述分析内容，可以分为多个章节，每个章节围绕一个主题展开；结论部分总结报告的主要发现和结论。

3. 内容完整性

报告内容应全面反映企业的经营状况，包括财务状况、市场表现、生产运营、人力资源等各个方面。报告应包含关键的绩效指标和分析，例如，销售额、利润率、市场份额、员工满意度等，同时也要包含对企业未来发展趋势的预测和展望。

4. 分析深度和广度

报告应具有足够的深度和广度，能够深入分析企业经营中的问题和机会。报告不仅要关注过去和现在的经营状况，还要预测未来的发展趋势，为企业的战略决策提供支持。

5. 客观性和实用性

报告应保持客观性，避免主观臆断和片面性。同时，报告应具有实用性，能够为企业提供具体的建议和解决方案，帮助企业改进经营策略和提高经营效率。

6. 及时性

报告应具有及时性，能够反映最新的经营状况和市场变化情况。在ERP沙盘推演中，由于模拟环境的实时性，报告编制应能够快速响应市场变化和企业经营状况的变动。

通过遵循这些基本要求，企业经营分析报告在ERP沙盘推演中能够为企业提供有价值的经营信息和决策支持，帮助企业更好地了解自身的经营状况和问题所在，制定相应的战略和措施，提高经营效率和盈利能力。

二、企业经营分析报告的编制

(一)企业经营分析报告编制的流程

撰写总结报告是一个将一段时间内的工作、项目或活动成果进行梳理、分析和反思的过程。以下是撰写总结报告的一般步骤。

1. 明确报告目的

在撰写企业经营分析报告之前,首先要明确报告的目的。这包括确定报告的目标受众,如管理层、股东或员工,以及报告的主要目的,如评估企业绩效、制定战略规划或监控市场趋势。明确报告目的有助于确保报告内容的针对性和有效性。同时,明确报告目的还有助于确定报告的重点和范围,使报告内容更加聚焦和有针对性。

2. 收集资料

收集相关资料是编制报告的关键步骤。这包括收集财务数据、市场研究报告、竞争对手分析报告、客户反馈、内部运营数据等。确保资料的准确性和完整性对于报告的质量至关重要。在收集资料时,可以采用多种方法,如问卷调查、访谈、数据分析等。同时,要确保资料的来源可靠,避免使用不准确或过时的数据。

3. 确定报告结构

设计报告的基本结构是确保报告清晰、有逻辑的关键,通常包括摘要、目录、引言、主体和结论等部分。摘要部分提供报告的简要概述,目录部分列出报告的主要章节和子章节,引言部分介绍报告的背景和目的,主体部分详细阐述分析内容,结论部分总结报告的主要发现和结论。在确定报告结构时,要考虑内容的逻辑顺序和层次结构,使报告内容更加连贯和易于理解。

4. 撰写摘要

在报告的开头部分提供简短的摘要,概述报告的主要内容和结论。摘要应简洁明了,能够快速传达报告的核心信息。在撰写摘要时,要确保摘要准确地反映报告的主要内容和结论,避免包含过多的细节或偏离报告的主题。

5. 编写目录

列出报告的主要章节和子章节,以及它们在文档中的页码。目录有助于读者快速找到感兴趣的部分,提高报告的可读性。在编写目录时,要确保章节和子章节的标题准确反映内容的主题,并按照逻辑顺序排列。

6. 撰写引言

引言部分介绍报告的背景、目的和重要性,以及报告涵盖的时间范围和主要内容。引言应引起读者的兴趣,并明确报告的焦点。在撰写引言时,要确保引言内容与报告的其他部分紧密相连,为后续内容提供必要的背景和铺垫。

7. 描述方法和过程

详细说明所采用的方法、策略和执行过程,包括所有特定的工具或技术。这有助于读者认识到报告的可靠性和准确性。在描述方法和过程时,要清晰地说明所使用的数据来源、分析方法、研究设计等,使读者能够对报告的分析和结论有充分的了解。

8. 展示成果

展示项目或活动的成果,使用数据、图表和实例来支持报告撰写人的陈述。成果展示应直观明了,使读者能够清晰地理解项目的成效。在展示成果时,要确保数据准确、图表清晰、实例具有代表性,以便读者能够准确理解成果的含义和影响。

9. 分析和讨论

分析成果的意义,讨论成功的因素和遇到的挑战,以及它们对未来工作的影响。分析应深入透彻,能够揭示问题的本质和潜在的原因。在分析和讨论时,要使用逻辑严密的论述和合理的推理,使读者能够对成果的意义和影响有深刻的理解。

10. 反思和评估

反思项目或活动的执行情况,评估目标的达成程度和存在的不足。反思和评估有助于识别经验教训,为未来的改进提供依据。在反思和评估时,要客观地分析项目的优点和不足,提出具体的改进措施和建议。

11. 提出建议

根据分析和反思的结果,提出改进建议或对未来工作的展望。建议应具体可行,能够指导实际行动。在提出建议时,要确保建议与报告的其他部分紧密相连,为后续行动提供明确的指导。

12. 撰写结论

总结报告的主要发现,重申其重要性和对未来工作的意义。结论应简洁有力,能够概括报告的核心内容。在撰写结论时,要确保结论准确地反映报告的主要发现和结论,避免包含过多的细节或偏离报告的主题。

13. 参考文献

列出报告中引用的所有文献和资料来源。参考文献应遵循一定的格式标准,如APA、MLA等。在列出参考文献时,要确保所有引用的文献和资料都已经在报告中注明,避免遗漏或错误引用。

14. 附录

若有必要,在附录中列出额外的数据、图表、问卷或其他补充材料。附录有助于提供更多详细信息,增强报告的完整性。在提供附录时,要确保附录内容与报告一致。

15. 审阅和修改

完成初稿后,进行仔细的审阅和修改,提高报告的清晰度和准确性。审阅和修改应包括检查数据的一致性、逻辑的连贯性和语言的流畅性。在这个过程中,要特别注意报告的逻辑结构和论点的合理性,确保每一部分都紧密相连,形成一个完整的论述。同时,在审阅过程中也要关注语言表达的准确性和专业性,避免使用模糊或有歧义的表述。

16. 校对

检查语法、拼写和格式错误,确保报告的专业性。校对是确保报告质量的重要环节。在这个过程中,可以使用多种校对工具和技巧,如使用拼写检查软件、进行交叉校对等。同时,也要注意报告的排版和格式,确保标题、段落、图表等元素的格式统一,符合行业标准。

17. 获取反馈

向同事或导师展示报告草稿,获取他们的反馈和建议。反馈可以帮助我们发现报告中的不足和需要改进的地方。在获取反馈时,要主动邀请不同背景和有经验的同事或导师进行审阅,以便从多个角度获得意见和建议。同时,要虚心接受反馈,并认真考虑如何将反馈应用于报告的改进中。

18. 最终审查

根据反馈进行最后的修改,并进行最终审查。在最终审查阶段,应确保报告的质量和完整性。在这个过程中,要再次检查报告的所有部分,确保没有遗漏或错误。同时,也要再次审视报告的整体结构和论点,确保报告的内容和结构都符合最初的目的和要求。

19. 格式和排版

确保报告的格式和排版符合要求,包括字体大小、标题和子标题的格式等。格式和排版应使报告易于阅读和理解。在这个过程中,要特别注意标题和段落的格式,确保它们清晰、有层次感,便于读者快速把握报告的结构和内容。同时,也要注意图表和数据的排版,确保它们与文字内容紧密相连,有助于读者理解和分析数据。

通过遵循这些详细的步骤和原则,企业经营分析报告的编制将更加专业和有条理,这有助于确保报告的质量,并为企业的决策提供有力的支持。

(二)企业经营管理沙盘推演的总结报告

撰写企业经营管理 ERP 沙盘推演的总结报告是一个反思和整合学习经验的过程。以下是撰写此类报告的一般步骤和要点。

1. 报告概述

(1)背景介绍。撰写企业经营管理 ERP 沙盘推演的总结报告时,首先需要对 ERP 沙盘推演的背景进行简要介绍。这包括推演的目的、参与人员、时间安排等基本信息。背景介绍有助于读者了解推演的整体框架和目标,为后续内容提供必要的背景知识。

(2)报告结构。在报告概述部分,需要概述报告的结构和主要内容。报告结构应清晰、有逻辑、便于读者阅读和理解。报告通常包括标题、引言、主体和结论四部分。引言部分介绍推演的背景和目的;主体部分详细阐述推演的过程和分析结果;结论部分总结推演的主要发现和结论。在概述报告结构时,要确保内容与结构相匹配,使报告内容更加连贯和易于理解。

对于标题来说，经营分析报告的标题应简明扼要，准确反映报告的主要内容。标题应能直接传达报告的主题，便于报告的管理和阅读。例如，如果报告是关于年度财务状况的分析，标题可以简洁地表达为"20××年度财务分析报告"。

报告的摘要部分是对本期报告核心内容的高度浓缩。摘要应简单明了，让读者快速了解报告的基本内容。摘要应包括以下要素：企业在一个生产经营周期内的主要成绩，新的重大成果、变化或问题，产生问题的主要原因，主要建议或改进措施，以及预期效果。通过这些要素，摘要能够为读者提供一个全面而简洁的概览，帮助他们决定是否需要深入阅读整个报告。

2. ERP沙盘推演过程

（1）模拟环境。描述模拟的商业环境和条件，包括市场环境、竞争格局、资源限制等。模拟环境应与实际商业环境相似，以便参与者能够更好地理解和应用商业知识和技能。描述模拟环境时，要确保清晰、具体，使读者能够直观地了解推演的环境和条件。

（2）角色分配。说明参与者的角色和职责。在ERP沙盘推演中，参与者通常扮演不同的角色，如CEO、财务总监、市场总监等。进行角色分配时，应确保每个参与者都有明确的责任和目标，以便他们能够更好地投入到推演中。

（3）决策过程。详细记录决策制定的流程和参与者的互动。决策过程是ERP沙盘推演的核心环节，记录决策过程有助于分析和评估策略的有效性和参与者的协作能力。记录决策过程时，要确保记录内容详细、具体，包括决策的时间、地点、参与者、决策内容等。

3. 经营策略分析

经营策略分析主要包括以下四个方面。

（1）市场分析。分析市场状况、竞争对手和客户需求。市场分析是制定经营策略的基础。通过分析市场环境，参与者可以更好地了解市场需求和竞争格局，为制定有效的经营策略提供依据。

（2）产品策略。讨论产品定位、开发和创新策略。产品策略是企业经营的重要方面。通过讨论产品策略，参与者可以了解产品在市场中的定位和如何进行产品的开发和创新。

（3）营销策略。描述营销和推广计划。营销策略是吸引和保持客户的关键。通过描述营销和推广计划，参与者可以了解如何有效地推广产品和服务。

（4）财务策略。分析成本控制、投资回报和风险管理。财务策略是企业经营的重要方面。通过分析财务策略，参与者可以了解如何控制成本、提高投资回报和降低风险。

经营策略分析主要有以下四种方法。

（1）利润分析：采用杜邦分析等财务分析方法，深入探究公司利润变动的原因。分析主要业务（产品）利润在全部利润中的占比，评估其市场吸引力和竞争实力。提出开发和培育"明星"和"金牛"产品，减少"问题"和"瘦狗"产品的建议，通过优化产品组合，提升企业的利润和利润增长潜力。

（2）资金筹集与运用状况分析：分析本期销售收入及现金流入比例，识别大额应收账款的形成原因及坏账处理方法。实时进行应收账款账龄分析，寻找减少应收账款总额和缩短账龄的措施。分析产品销售率，评估库存和原材料积压的原因。分析库存积压产品的处理情况，包括数量、金额及导致的损失。

（3）负债分析：通过负债比率、流动比率及速动比率等财务指标，分析企业偿还债务的能力及财务风险的大小。分析本期负债增加的原因，探讨负债成本的产生原因及其对企业经营的压力。提出降低负债的途径和方法，以减轻企业财务负担。

（4）其他分析或说明：详细说明资产或负债（数额较大）项目的增减变动情况。对预提费用、待摊费用（数额较大）超过限额部分进行具体分析。分析其他影响企业效益和财务状况（数额较大）的项目和重大事件。

通过这些详细的分析，企业经营分析报告能够为企业提供深入的财务洞察，帮助企业优化经营策略，保障财务健康和提高市场竞争力。

4. 模拟结果

（1）业绩评估。展示模拟经营的财务结果和市场表现。业绩评估是评价推演效果的重要环节。通过观察财务结果和市场表现，参与者可以了解推演的经营效果和策略的有效性。

（2）成功与不足。评价策略的有效性和需要改进的地方。通过评价策略的有效性和不足之处，参与者可以了解哪些策略是成功的，哪些策略需要改进，以便在未来的经营中更好地使用策略。

5. 数据收集与分析

（1）展示模拟过程中收集的关键数据。展示模拟过程中收集的关键数据，如销售数据、成本分析、市场份额等。关键数据是评估推演效果的重要依据。通过关键数据，参与者可以了解推演的经营效果和策略的有效性。

（2）使用图表和图形来增强数据的表现力。图表和图形可以直观地展示数据，使数据更加易于理解和分析。在展示数据时，要确保图表和图形清晰、准确，能够准确反映数据的含义和趋势。

6. 经验教训

（1）个人反思。每位参与者对自身角色的反思。个人反思有助于参与者了解自己在推演中的表现和需要改进的地方，为未来的学习和实践提供指导。

（2）团队协作。分析团队合作的效率和协同效应。团队协作是ERP沙盘推演成功的关键。通过分析团队协作，参与者可以了解如何更好地协作和发挥团队的整体优势。

7. 改进建议

（1）策略优化。提出改进经营策略的建议。根据推演的结果和经验教训，参与者可以提出改进经营策略的建议，提高企业的经营效果和竞争力。

（2）风险管理。讨论如何更好地识别和管理风险。风险管理是企业经营的重要方面。通过讨论风险管理，参与者可以了解如何更好地识别和管理风险，降低企业的经营风险。

8. 结论

（1）综合评价。总结ERP沙盘推演的整体效果和学习成果。综合评价有助于参与者了解推演的整体效果和学习成果，为其未来的学习和实践提供指导。

（2）未来展望。提出对未来商业实践的启示和建议。未来展望部分应总结ERP沙盘推演对实际商业实践的启示，包括对管理决策、市场策略、团队合作等方面的思考。同时，可以提出对未来商业实践的具体建议，如改进决策流程、加强市场调研、优化资源配置等。这部分内容应具有前瞻性和实用性，为企业未来的发展提供指导。

9. 附录

（1）数据表格。包括模拟过程中的关键数据和图表。附录中的数据表格应详细展示推演过程中的关键数据，如销售数据、成本分析、市场份额等。这些数据有助于读者深入理解推演的结果和分析过程。

（2）参考文献。列出报告中引用的所有资料和文献。参考文献应按照一定的格式排列，如APA、MLA等。列出参考文献有助于读者了解报告的资料来源，增加报告的权威性和可信度。

按照以上步骤和要点撰写的企业经营管理ERP沙盘推演总结报告将更加全面和系统。报告将反映推演的过程、结果和经验教训，为参与者提供宝贵的学习和反思机会，同时为企业未来的发展提供有益的指导和建议。

撰写实习报告是一个展示实习者实习成果和个人能力的机会。通过上述方法和技巧，参与者可以制作一份全面、深入且专业的报告。

三、撰写报告注意事项

（一）写作提示

1. 要有详细的数据支撑

报告的编写应基于详细的数据支撑，包括销售数据、成本分析、市场份额等。应及时记录并进行认真分析这些数据，量化各类指标及数据，从而进行准确的分析而不是模糊处理。尽量通过数据表格来直观展示模拟结果和比较分析，并对数据进行解释，指出趋势、模式和异常值。在数据支撑的基础上，报告的分析和结论将更加具有说服力。

2. 观点明确清晰

写作时必须坚持自己总结观点并凝练出标题，忌讳长篇大论，让读者去凝练观点。一般采用列要点的方式进行书写。这样可以确保读者能够快速抓住报告的重点，并清晰地理解报告的论点和结论。

3. 逻辑清晰

报告的章节、要点均要符合严谨、科学的逻辑关系，不要想到哪里就写到哪里。在撰写报告时，应确保内容之间的逻辑关系清晰，使报告结构合理，便于读者理解。

4. 报告格式要标准

报告包括标题、子标题、列表和引用，以及公式等。报告的格式应遵循一定的标准，如 APA、MLA 等，确保报告的专业性和规范性。

5. 写作风格与语言

使用清晰、准确、专业的语言。在撰写报告时，应避免使用模糊或有歧义的表述，确保语言的准确性和专业性。同时，应保持客观和中立的语气，避免过度主观的评价，并使用主动语态，使报告更有活力。

6. 批判性思维

在分析和反思部分展示批判性思维能力，评估实习经历的各个方面。批判性思维能力可以帮助参与者更深入地理解实习过程中的经验和教训，为未来的学习和实践提供指导。

7. 校对和编辑

完成初稿后，进行多次校对，检查语法、拼写和格式错误。可以请同学或导师帮忙审阅，提供反馈。多次校对和审阅，可以提高报告的质量和准确性。

8. 使用专业工具

利用项目管理软件、数据分析工具和文档编辑软件来提高报告的质量和专业性。这些专业工具可以帮助参与者更有效地组织和分析数据，提高报告的专业性和准确性。

9. 遵守学术诚信

确保所有引用内容和数据都被正确引用，避免抄袭。遵守学术诚信是撰写报告的基本要求，也是个人能力和素质的重要方面。

（二）在撰写总结报告时要有效利用数据和案例来增强说服力

1. 数据质量的保证

在撰写总结报告时，首要任务是确保所使用数据的可靠性和准确性。这要求我们严格选取最新且权威的数据来源，如公司内部数据库或经过验证的第三方数据，以此确保报告的时效性和准确性。

2. 数据展示的直观性

为了帮助读者更快速地理解数据背后的含义，我们应利用图表和表格等视觉辅助工具。利用柱状图、折线图等直观展示数据，使复杂的数据关系一目了然，增强报告的可读性。

3. 数据的代表性选择

在选择数据时，应注重其代表性，确保所选数据能够直接支持报告的论点，避免引入与主题不直接相关的信息，以免分散读者的注意力，影响报告的说服力。

4. 案例分析的结合

将具体的项目或事件案例融入报告，可以使报告内容更加生动和具体。通过案例分析，可以具体说明工作的成果和挑战，从而加深读者对报告内容的理解。

5. 数据与案例的深入分析

在报告中，我们需要对数据和案例进行深入分析，结合案例中的问题、解决方案和成效，展示数据和案例的实际应用价值。这种分析能够使报告更具深度，增强报告的说服力。

6. 多样化的数据与案例

引用来自不同背景和视角的数据和案例，可以提供更全面的信息，从而增强报告的说服力。这种多样性有助于读者从多个角度理解报告内容。

7. 数据与案例的逻辑安排

在报告中，我们需要合理安排数据和案例的次序，根据报告的逻辑框架逐步引用，构建清晰的思路和观点。这种逻辑安排有助于读者跟随报告的思路，更好地理解报告内容。

8. 案例的详细描述与分析

在引用案例时，我们不仅要说明背景和结果，还要对案例进行详细的描述和分析。这种细致的处理有助于突出案例的价值，同时也为其他类似情况提供可借鉴的经验。

通过上述方法，总结报告将更加具有说服力，能够更有效地支持论点和建议，从而为企业提供更有价值的决策支持。

（三）总结报告中的改进建议应该具备的特点

总结报告中的改进建议应该具备的特点如下：

1. 具体性

改进建议应当详细且明确，针对具体的问题或不足提出。这些建议应具备高度的针对性，能够直接映射到实际工作中的具体环节。在表述时，应避免使用模糊不清的语言，要精确指出改进的具体方向和方法，确保每个接收建议的人都能清晰理解其含义和操作步骤。

2. 可操作性

所提出的建议必须具备实际操作的可行性，要充分考虑组织的现有资源、技术水平、人员配置等因素，确保所提出的建议能够在现有条件下得以实施。同时，建议的操作步骤应简洁明了，便于执行者按照既定计划推进。

3. 目标导向

改进建议应紧密围绕既定目标展开，这些目标应具备明确性、具体性、可衡量性和可实现性。通过设定清晰的目标，可以更好地评估改进措施的实际效果，为后续的调整和优化提供依据。

4. 基于数据和分析

建议的提出应建立在充分的数据支持和深入分析的基础上。通过对相关数据的收集、整理和分析，找出问题的根源，从而确保改进措施的科学性和有效性。这样的建议更具说服力，更容易得到认同并实施。

5. 创新性

在提出改进建议时，应鼓励创新思维，探索新的方法、技术或流程。创新性的建议有助于推动工作的持续改进和优化，提升企业的核心竞争力。

6. 结合实际情况

提出建议时，应充分考虑组织的具体环境、文化背景和现有条件，要确保改进措施与组织的实际情况相契合，以实现最佳的实施效果。

7. 持续改进

改进建议应有助于营造持续改进的组织文化，鼓励员工不断寻求优化和提升的机会。建议中应包含定期评估和调整的机制，以适应不断变化的工作需求和环境，推动企业的长期发展。

8. 明确责任和时间节点

在改进建议中，应明确指出各项措施的责任人和实施的时间节点。确保改进计划的有序推进，提高工作效率，同时，便于对实施情况进行跟踪和监督。

具备以上特点的改进建议将更具实用性和针对性，更容易被采纳并转化为实际行动。这将有助于提升工作的整体表现和成果，为企业的持续发展注入强大动力。

（四）应根据企业的财务报表进行有效的财务状况分析

1. 数据收集与校验

在启动财务状况分析之前，企业必须确保已收集到所有必要的财务报表数据。这包括但不限于资产负债表、利润表、现金流量表以及所有相关的附注和补充信息。数据收集应当详尽无遗，并涉及多个会计周期，以便于进行趋势分析。随后，对这些数据进行逐项校验，检查是否存在计算错误、数据不一致或不符合会计准则的情况。这一步骤可能包括与银行对账、核实应收账款和存货是否实际存在，以及确保所有财务记录的完整性和准确性。

2. 报表准备与标准化

在数据校验无误后，是报表的准备与标准化工作。这要求对财务报表进行格式上的统一，确保所有报表遵循同一套会计准则和披露要求。例如，对于跨国公司，可能需要将本地报表按照国际财务报告准则（International Financial Reporting Standards，IFRS）或美国通用会计准则（Generally Accepted Accounting Principles，GAAP）进行调整。此外，对于不同部门或子公司的报表，需要将其按照统一的分类和科目进行合并，以便于进行跨部门、跨时间的比较分析。

3. 关键财务比率计算

计算一系列关键财务比率，包括流动比率、速动比率、资产负债率、债务比率、净利润率、毛利率、营业利润率、资产周转率等。每个比率都有其特定的经济含义和评价标准。例如，流动比率可以反映企业短期内偿还债务的能力，而资产负债率则用于评估企业的财务杠杆水平。在计算这些比率时，需要考虑到行业标准和企业的历史表现，以便进行更有意义的比较。

4. 财务报表趋势分析

通过将当前财务数据与历史数据进行对比，分析企业财务状况的发展趋势。这包括识别收入、成本、利润等关键财务指标的变化趋势，以及这些变化背后的原因。同时，将企业的财务表现与行业平均水平或主要竞争对手的财务表现进行比较，可以揭示企业在市场中的相对位置和竞争力。

5. 战略决策与财务规划

基于财务状况分析的结果，企业可以制定更为精准的战略决策和财务规划。这可能涉及对现有业务的投资或撤资、新市场的开拓、产品线的调整、成本控制措施的实施等。制定财务规划时，应考虑到预期的市场变化、潜在的财务风险以及企业的长期目标。

6. 综合指标评估

对企业的主要财务指标进行综合评估，包括营收增长、净利润增长、总资产规模、净资产规模等。这一评估应当结合企业的经营战略和市场环境，全面了解企业的财务健康状况和成长潜力。

7. 股东权益回报率与投入资本回报率分析

深入分析股东权益回报率（return on equity，ROE）和投入资本回报率（return on invested capital，ROIC），这两个指标是企业盈利能力和资本效率的重要体现。分析时需要拆分 ROE 和 ROIC 的驱动因素，如净利润率、资产周转率和财务杠杆，以便于识别提升回报率的机会和潜在的风险。

8. 资金来源与财务风险分析

详细分析企业的融资结构和财务风险，包括债务的期限结构、利率风险、汇率风险、流动性风险等。评估企业依赖内部融资与外部融资的程度，以及这些融资方式的成本和可持续性。此外，还需要考虑企业的财务弹性，即企业在面临不利情况时调整财务结构的能力。

9. 主要资产结构与效率分析

对企业的资产结构进行深入分析，评估流动资产和固定资产的比例、质量以及使用效率。这包括对存货周转率、应收账款周转天数、固定资产折旧政策等的分析。通过优化资产配置，企业可以提高资产的使用效率，从而提升整体运营效率。

10. 盈利能力分析

通过对企业的营收来源、成本结构和净利润构成进行详细分析，评估企业的盈利能力和盈利质量。这包括对主营业务盈利能力、非经常性损益的影响以及净利润中现金流的占比等的分析。盈利能力分析有助于企业识别盈利的主要来源，制定提升盈利水平的策略。

通过这些更为详尽的分析步骤，管理层不仅能够全面了解企业的财务状况，还能够获得深入的数据洞察，帮助他们制定更为精准的决策，以应对复杂多变的市场环境，确保企业的长期稳健发展。

【课后思考】

1. 企业经营分析报告对企业管理的作用是什么？分析企业经营分析报告如何通过数据驱动决策、问题识别与机会挖掘、风险管理、绩效评估、战略规划支持、提升经营效率、控制风险、提高盈利能力、满足多层次管理需求、提升组织效率等方式，在企业管理中发挥重要作用。

2. 企业经营分析报告编制的基本要求是什么？分析企业经营分析报告编制的基本要求，包括数据准确性、报告结构清晰、内容完整性、分析深度和广度、客观性和实用性、及时性等，以确保报告的质量。

3. 撰写报告的注意事项有哪些？探讨撰写报告时应注意的事项，包括数据支撑、观点明确、逻辑清晰、报告格式、写作风格与语言、批判性思维、校对和编辑、使用专业工具、遵守学术诚信等，以确保报告的质量和专业性。

附　　录

附录1　整体经营流程

操作顺序	手工操作流程	第1季度	第2季度	第3季度	第4季度
年初	新年度规划会议	第（1）步			
	广告投放	第（2）步			
	制定年度规划/订单登记	第（3）步			
	支付应付税	第（4）步			
	支付长贷利息（四舍五入）	第（5）步			
	更新长期贷款/长期贷款还款	第（6）步			
	申请长期贷款	第（7）步			
1	季初盘点（请填余额）	第（8）步	第（27）步	第（46）步	第（65）步
2	更新短贷款/短贷款还本付息	第（9）步	第（28）步	第（47）步	第（66）步
3	申请短期贷款	第（10）步	第（29）步	第（48）步	第（67）步
4	更新应付款	第（11）步	第（30）步	第（49）步	第（68）步
5	原材料入库/更新原料订单	第（12）步	第（31）步	第（50）步	第（69）步
6	下原料订单	第（13）步	第（32）步	第（51）步	第（70）步
7	更新生产/完工入库	第（14）步	第（33）步	第（52）步	第（71）步
8	新建/在建/转产/变卖生产线	第（15）步	第（34）步	第（53）步	第（72）步
9	向其他企业购买原料或成品	随时	随时	随时	随时
10	开始下一批生产	第（16）步	第（35）步	第（54）步	第（73）步
11	更新应收款/应收款收现	第（17）步	第（36）步	第（55）步	第（74）步
12	出售厂房	第（18）步	第（37）步	第（56）步	第（75）步
13	紧急采购、出售库存或贴现	随时	随时	随时	随时
14	按订单交货	第（19）步	第（38）步	第（57）步	第（76）步
15	产品研发投资	第（20）步	第（39）步	第（58）步	第（77）步

续上表

操作顺序	手工操作流程	第1季度	第2季度	第3季度	第4季度
16	支付行政管理费	第(21)步	第(40)步	第(59)步	第(78)步
17	其他现金收支	第(22)步	第(41)步	第(60)步	第(79)步
18	支付租金/购买厂房	第(23)步	第(42)步	第(61)步	第(80)步
19	支付设备维护费				第(81)步
20	计提折旧				第(82)步
21	新市场开拓/ISO资格投资				第(83)步
22	季末收入合计	第(24)步	第(43)步	第(62)步	第(84)步
23	季末支出合计	第(25)步	第(44)步	第(63)步	第(85)步
24	期末现金对账	第(26)步	第(45)步	第(64)步	第(86)步

附录2 经营规则

1. 生产线

不论何时出售生产线，将生产线净值中相当于残值的部分计入现金，其余计入损失。

生产线	购置费	安装周期	生产周期	总转产费	转产周期	维修费	残值
手工线	5M	无	3Q	0M	无	1M/年	1M
半自动线	10M	2Q	2Q	1M	1Q	1M/年	2M
全自动线	15M	3Q	1Q	2M	1Q	1M/年	3M
柔性线	20M	4Q	1Q	0M	无	1M/年	4M

说明：①只有空的并且已经建成的生产线方可转产。
②当年建成生产线，需要交维修费。

2. 折旧（平均年限法）

生产线	购置费	残值	建成当年	建成后第2年	建成后第3年	建成后第4年	建成后第5年
手工线	5M	1M	0	1M	1M	1M	1M
半自动线	10M	2M	0	2M	2M	2M	2M
全自动线	15M	3M	0	3M	3M	3M	3M
柔性线	20M	4M	0	4M	4M	4M	4M

当年建成的生产线不计提折旧。当净值等于残值时，生产线不再计提折旧，但可以继续使用。

3. 融资

贷款类型	贷款时间	贷款额度	年息	还款方式
长期贷款	每年初	所有长贷和短贷之和不能超过上年权益的3倍	10%	年初付息，到期还本；每次贷款为10的倍数
短期贷款	每季度初		5%	到期一次性还本付息；每次贷款为20的倍数
资金贴现	任何时间	视应收款额	10%（1季，2季） 12.5%（3季，4季）	变现时贴息
库存拍卖		原材料八折，成品按成本价		

4. 厂房

厂房	买价	租金	售价	容量	
大厂房	40M	5M/年	40M	6条	企业出售厂房，可得到4个账期的应收款。紧急情况下，企业可进行厂房贴现，直接得到现金
小厂房	30M	3M/年	30M	4条	

说明：每季均可租或买厂房，并作相应处理；租满一年的厂房在满期的季度，需要用"厂房处置"进行"租转买"、"退租"（当厂房中没有任何生产线时）等处理；厂房不计提折旧；生产线不可在不同厂房间移动。

5. 市场准入

市场	开发费	时间	
本地	1M/年	1年	开发费用按开发时间在年末平均支付，不允许加速投资。 市场开发完成后，领取相应的市场准入证
区域	1M/年	1年	
国内	1M/年	2年	
亚洲	1M/年	3年	
国际	1M/年	4年	

6. 资格认证

认证	ISO 9000	ISO 14000	
时间	2年	2年	平均支付，认证完成后可以领取相应的ISO资格证。可中断投资
费用	1M/年	2M/年	

7. 产品

名称	开发费用	开发周期	加工费	直接成本	产品组成
P_1	1M/季	2季	1M/个	2M/个	R_1
P_2	1M/季	4季	1M/个	3M/个	$R_2 + R_3$
P_3	1M/季	6季	1M/个	4M/个	$R_1 + R_3 + R_4$
P_4	2M/季	6季	1M/个	5M/个	$R_1 + R_3 + 2R_4$

8. 原料

名称	购买价格	提前期	名称	购买价格	提前期
R_1	1M/个	1季	R_3	1M/个	2季
R_2	1M/个	1季	R_4	1M/个	2季

9. 紧急采购

付款即到货，原材料价格为直接成本的2倍，成品价格为直接成本的3倍。

紧急采购时，直接扣除现金。报表中成本仍按标准成本记录，紧急采购多付出的成本计入费用表损失项。

10. 选单规则

市场老大优先选单，其他企业按本市场本产品广告投放额大小顺序选单；如两队本市场本产品广告额相同，则看本市场广告投放总额；如本市场广告总额也相同，则看上年市场销售排名；如仍无法决定，先投广告者先选单。

11. 订单违约

按订单交货可以提前，但不可以推后，违约收回订单并扣违约金，应收账期从实际交货季开始算起。

12. 取整规则

违约金扣除：四舍五入；库存拍卖所得现金：向下取整；贴现费用：向上取整；扣税：四舍五入。

13. 特殊费用项目

库存折价拍卖、生产线变卖、紧急采购、订单违约、增减资（增资计损失为负）操作计入其他损失。

14. 罚分规则

（1）运行超时扣分处罚：按1分/分钟（含1分钟内）计算罚分，最多不能超过10分钟。

（2）报表错误扣分：在总得分中扣罚2分/次。

（3）盘面不实扣分：考虑到商业情报的获取，如果盘面与报表不符，扣5分/次。

15. 破产处理

当参赛队权益为负或现金断流时，企业破产。参赛队破产后，由裁判视情况适当增资，使参赛队继续经营。

附录 3 市场预测

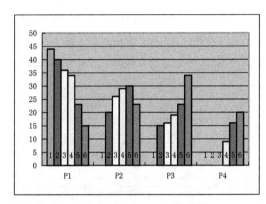
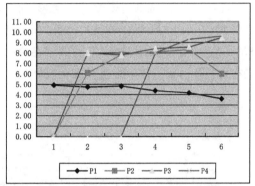

说明：本地市场将会持续发展，对低端产品的需求可能要下滑。伴随着需求的减少，低端产品的价格很有可能走低。后几年，随着高端产品的成熟，市场对 P3、P4 产品的需求将会逐渐增大。由于客户对质量的要求不断提高，后几年，企业可能对产品的 ISO 9000 和 ISO 14000 认证有更多的需求。

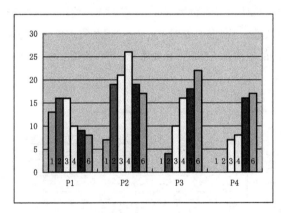
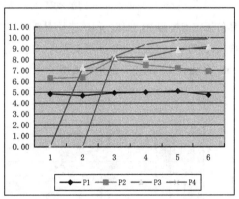

说明：区域市场的客户相对稳定，其对 P 系列产品需求的变化很有可能比较平稳。因紧邻本地市场，所以，区域市场的产品需求量的走势可能与本地市场相似，价格趋势也应大致一样。该市场容量有限，对高端产品的需求也可能相对较小，但客户会对产品的 ISO 9000 和 ISO 14000 认证有较高的要求。

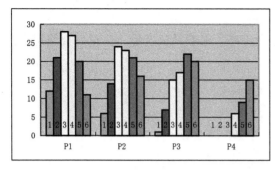 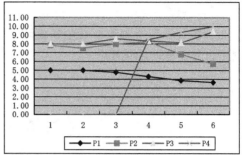

说明：因 P1 产品带有较浓的地域色彩，估计国内市场对 P1 产品不会有持久的需求。但因 P2 产品更适合于国内市场，估计市场对其的需求一直比较平稳。随着对 P 系列产品的逐渐认同，估计市场对 P3 产品的需求会增长较快，但对 P4 产品的需求就不一定像 P3 产品那样旺盛了。当然，对高价值的产品来说，客户一定会更注重产品的质量认证。

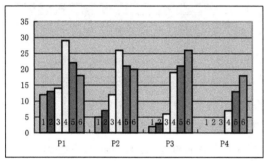 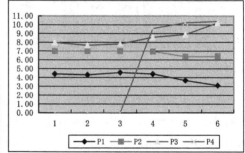

说明：亚洲市场的需求一向波动较大，所以，其对 P1 产品的需求可能起伏较大，估计其对 P2 产品的需求走势与 P1 相似。但该市场对新产品很敏感，因此估计其对 P3、P4 产品的需求量会增长较快，P3、P4 的价格也可能不菲。另外，这个市场的消费者很看重产品的质量，所以没有 ISO 9000 和 ISO 14000 认证的产品可能很难销售。

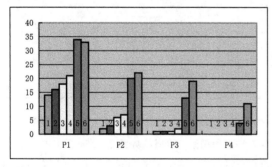 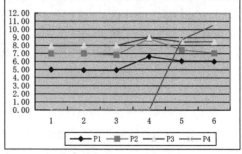

说明：P 系列产品进入国际市场可能需要一个较长的时期。有迹象表明，国际市场对 P1 产品已经有所认同，但还需要一段时间才能接受。同样，国际市场对 P2、P3 和 P4 产品也会很谨慎地接受。国际市场需求增长较慢。当然，国际市场的客户也会关注具有 ISO 认证的产品。

附录4 企业经营记录表

用户 第____年经营

操作顺序	手工操作流程	第1季度	第2季度	第3季度	第4季度
年初	新年度规划会议				
	广告投放				
	制定年度规划/订单登记				
	支付应付税				
	支付长贷利息（四舍五入）				
	更新长期贷款/长期贷款还款				
	申请长期贷款				
1	季初盘点（请填余额）				
2	更新短贷款/短贷款还本付息				
3	申请短期贷款				
4	更新应付款				
5	原材料入库/更新原料订单				
6	下原料订单				
7	更新生产/完工入库				
8	新建/在建/转产/变卖生产线				
9	向其他企业购买原料或成品				
10	开始下一批生产				
11	更新应收款/应收款收现				
12	出售厂房				
13	紧急采购、出售库存或贴现				
14	按订单交货				
15	产品研发投资				
16	支付行政管理费				
17	其他现金收支				
18	支付租金/购买厂房				
19	支付设备维护费				
20	计提折旧				
21	新市场开拓/ISO资格投资				
22	季末收入合计				
23	季末支出合计				
24	期末现金对账				

第____年　　用户名：

订单登记表

订单号							合计
市场							
产品							
数量							
账期							
销售额							

产品核算统计表

项目	P1	P2	P3	P4	合计
数量					
销售额					
成本					
毛利					

综合费用表		利润表		资产负债表			
项目	金额	项目	金额	项目	金额	项目	金额
管理费		销售收入		现金		长期负债	
广告费		直接成本		应收款		短期负债	
设备维护费		毛利		在制品		应交所得税	
厂房租金		综合费用		产成品		—	
转产费		折旧前利润		原材料		—	
新市场开拓		折旧		流动资产合计		负债合计	
ISO资格认证		支付利息前利润		厂房		股东资本	
产品研发		财务费用		生产线		利润留存	
损失		税前利润		在建工程		年度净利	
信息费		所得税		固定资产合计		所有者权益合计	
综合费总计		年度净利润		资产总计		负债所有者权益总计	

注：库存折价销售、生产线变卖、紧急采购、订单违约记入损失。

附 录

用户　第____年经营

操作顺序	手工操作流程	第1季度	第2季度	第3季度	第4季度
年初	新年度规划会议		/	/	/
	广告投放		/	/	/
	制定年度规划/订单登记		/	/	/
	支付应付税		/	/	/
	支付长贷利息（四舍五入）		/	/	/
	更新长期贷款/长期贷款还款		/	/	/
	申请长期贷款				
1	季初盘点（请填余额）				
2	更新短贷款/短贷款还本付息				
3	申请短期贷款				
4	更新应付款				
5	原材料入库/更新原料订单				
6	下原料订单				
7	更新生产/完工入库				
8	新建/在建/转产/变卖生产线				
9	向其他企业购买原料或成品				
10	开始下一批生产				
11	更新应收款/应收款收现				
12	出售厂房				
13	紧急采购、出售库存或贴现				
14	按订单交货				
15	产品研发投资				
16	支付行政管理费				
17	其他现金收支				
18	支付租金/购买厂房				
19	支付设备维护费		/	/	
20	计提折旧		/	/	
21	新市场开拓/ISO资格投资			/	
22	季末收入合计				
23	季末支出合计				
24	期末现金对账				

第____年　　用户名：

订单登记表

订单号									合计
市场									
产品									
数量									
账期									
销售额									

产品核算统计表

项目	P1	P2	P3	P4	合计
数量					
销售额					
成本					
毛利					

综合费用表		利润表		资产负债表			
项目	金额	项目	金额	项目	金额	项目	金额
管理费		销售收入		现金		长期负债	
广告费		直接成本		应收款		短期负债	
设备维护费		毛利		在制品		应交所得税	
厂房租金		综合费用		产成品		—	
转产费		折旧前利润		原材料		—	
新市场开拓		折旧		流动资产合计		负债合计	
ISO 资格认证		支付利息前利润		厂房		股东资本	
产品研发		财务费用		生产线		利润留存	
损失		税前利润		在建工程		年度净利	
信息费		所得税		固定资产合计		所有者权益合计	
综合费总计		年度净利润		资产总计		负债所有者权益总计	

注：库存折价销售、生产线变卖、紧急采购、订单违约记入损失。

附 录

用户 第____年经营

操作顺序	手工操作流程	第1季度	第2季度	第3季度	第4季度
年初	新年度规划会议				
	广告投放				
	制定年度规划/订单登记				
	支付应付税				
	支付长贷利息（四舍五入）				
	更新长期贷款/长期贷款还款				
	申请长期贷款				
1	季初盘点（请填余额）				
2	更新短贷款/短贷款还本付息				
3	申请短期贷款				
4	更新应付款				
5	原材料入库/更新原料订单				
6	下原料订单				
7	更新生产/完工入库				
8	新建/在建/转产/变卖生产线				
9	向其他企业购买原料或成品				
10	开始下一批生产				
11	更新应收款/应收款收现				
12	出售厂房				
13	紧急采购、出售库存或贴现				
14	按订单交货				
15	产品研发投资				
16	支付行政管理费				
17	其他现金收支				
18	支付租金/购买厂房				
19	支付设备维护费				
20	计提折旧				
21	新市场开拓/ISO资格投资				
22	季末收入合计				
23	季末支出合计				
24	期末现金对账				

第____年　用户名：

订单登记表

订单号								合计
市场								
产品								
数量								
账期								
销售额								

产品核算统计表

项目	P1	P2	P3	P4	合计
数量					
销售额					
成本					
毛利					

综合费用表		利润表		资产负债表			
项目	金额	项目	金额	项目	金额	项目	金额
管理费		销售收入		现金		长期负债	
广告费		直接成本		应收款		短期负债	
设备维护费		毛利		在制品		应交所得税	
厂房租金		综合费用		产成品		—	
转产费		折旧前利润		原材料		—	
新市场开拓		折旧		流动资产合计		负债合计	
ISO 资格认证		支付利息前利润		厂房		股东资本	
产品研发		财务费用		生产线		利润留存	
损失		税前利润		在建工程		年度净利	
信息费		所得税		固定资产合计		所有者权益合计	
综合费总计		年度净利润		资产总计		负债所有者权益总计	

注：库存折价销售、生产线变卖、紧急采购、订单违约记入损失。

用户　第____年经营

操作顺序	手工操作流程	第1季度	第2季度	第3季度	第4季度
年初	新年度规划会议				
	广告投放				
	制定年度规划/订单登记				
	支付应付税				
	支付长贷利息（四舍五入）				
	更新长期贷款/长期贷款还款				
	申请长期贷款				
1	季初盘点（请填余额）				
2	更新短贷款/短贷款还本付息				
3	申请短期贷款				
4	更新应付款				
5	原材料入库/更新原料订单				
6	下原料订单				
7	更新生产/完工入库				
8	新建/在建/转产/变卖生产线				
9	向其他企业购买原料或成品				
10	开始下一批生产				
11	更新应收款/应收款收现				
12	出售厂房				
13	紧急采购、出售库存或贴现				
14	按订单交货				
15	产品研发投资				
16	支付行政管理费				
17	其他现金收支				
18	支付租金/购买厂房				
19	支付设备维护费				
20	计提折旧				
21	新市场开拓/ISO资格投资				
22	季末收入合计				
23	季末支出合计				
24	期末现金对账				

第＿＿年　用户名：

订单登记表

订单号								合计
市场								
产品								
数量								
账期								
销售额								

产品核算统计表

项目	P1	P2	P3	P4	合计
数量					
销售额					
成本					
毛利					

综合费用表		利润表		资产负债表			
项目	金额	项目	金额	项目	金额	项目	金额
管理费		销售收入		现金		长期负债	
广告费		直接成本		应收款		短期负债	
设备维护费		毛利		在制品		应交所得税	
厂房租金		综合费用		产成品		—	
转产费		折旧前利润		原材料		—	
新市场开拓		折旧		流动资产合计		负债合计	
ISO 资格认证		支付利息前利润		厂房		股东资本	
产品研发		财务费用		生产线		利润留存	
损失		税前利润		在建工程		年度净利	
信息费		所得税		固定资产合计		所有者权益合计	
综合费总计		年度净利润		资产总计		负债所有者权益总计	

注：库存折价销售、生产线变卖、紧急采购、订单违约记入损失。

用户　第＿＿＿年经营

操作顺序	手工操作流程	第1季度	第2季度	第3季度	第4季度
年初	新年度规划会议				
	广告投放				
	制定年度规划/订单登记				
	支付应付税				
	支付长贷利息（四舍五入）				
	更新长期贷款/长期贷款还款				
	申请长期贷款				
1	季初盘点（请填余额）				
2	更新短贷款/短贷款还本付息				
3	申请短期贷款				
4	更新应付款				
5	原材料入库/更新原料订单				
6	下原料订单				
7	更新生产/完工入库				
8	新建/在建/转产/变卖生产线				
9	向其他企业购买原料或成品				
10	开始下一批生产				
11	更新应收款/应收款收现				
12	出售厂房				
13	紧急采购、出售库存或贴现				
14	按订单交货				
15	产品研发投资				
16	支付行政管理费				
17	其他现金收支				
18	支付租金/购买厂房				
19	支付设备维护费				
20	计提折旧				
21	新市场开拓/ISO资格投资				
22	季末收入合计				
23	季末支出合计				
24	期末现金对账				

第____年　　用户名：

订单登记表

订单号								合计
市场								
产品								
数量								
账期								
销售额								

产品核算统计表

项目	P1	P2	P3	P4	合计
数量					
销售额					
成本					
毛利					

综合费用表		利润表		资产负债表			
项目	金额	项目	金额	项目	金额	项目	金额
管理费		销售收入		现金		长期负债	
广告费		直接成本		应收款		短期负债	
设备维护费		毛利		在制品		应交所得税	
厂房租金		综合费用		产成品		—	
转产费		折旧前利润		原材料		—	
新市场开拓		折旧		流动资产合计		负债合计	
ISO 资格认证		支付利息前利润		厂房		股东资本	
产品研发		财务费用		生产线		利润留存	
损失		税前利润		在建工程		年度净利	
信息费		所得税		固定资产合计		所有者权益合计	
综合费总计		年度净利润		资产总计		负债所有者权益总计	

注：库存折价销售、生产线变卖、紧急采购、订单违约记入损失。

用户　第____年经营

操作顺序	手工操作流程	第1季度	第2季度	第3季度	第4季度
年初	新年度规划会议				
	广告投放				
	制定年度规划/订单登记				
	支付应付税				
	支付长贷利息（四舍五入）				
	更新长期贷款/长期贷款还款				
	申请长期贷款				
1	季初盘点（请填余额）				
2	更新短贷款/短贷款还本付息				
3	申请短期贷款				
4	更新应付款				
5	原材料入库/更新原料订单				
6	下原料订单				
7	更新生产/完工入库				
8	新建/在建/转产/变卖生产线				
9	向其他企业购买原料或成品				
10	开始下一批生产				
11	更新应收款/应收款收现				
12	出售厂房				
13	紧急采购、出售库存或贴现				
14	按订单交货				
15	产品研发投资				
16	支付行政管理费				
17	其他现金收支				
18	支付租金/购买厂房				
19	支付设备维护费				
20	计提折旧				
21	新市场开拓/ISO资格投资				
22	季末收入合计				
23	季末支出合计				
24	期末现金对账				

ERP 企业经营（沙盘推演）模拟

第___年　用户名：

订单登记表

订单号									合计
市场									
产品									
数量									
账期									
销售额									

产品核算统计表

项目	P1	P2	P3	P4	合计
数量					
销售额					
成本					
毛利					

综合费用表		利润表		资产负债表			
项目	金额	项目	金额	项目	金额	项目	金额
管理费		销售收入		现金		长期负债	
广告费		直接成本		应收款		短期负债	
设备维护费		毛利		在制品		应交所得税	
厂房租金		综合费用		产成品		—	
转产费		折旧前利润		原材料		—	
新市场开拓		折旧		流动资产合计		负债合计	
ISO 资格认证		支付利息前利润		厂房		股东资本	
产品研发		财务费用		生产线		利润留存	
损失		税前利润		在建工程		年度净利	
信息费		所得税		固定资产合计		所有者权益合计	
综合费总计		年度净利润		资产总计		负债所有者权益总计	

注：库存折价销售、生产线变卖、紧急采购、订单违约记入损失。

附　录

用户　第____年经营

操作顺序	手工操作流程	第1季度	第2季度	第3季度	第4季度
年初	新年度规划会议				
	广告投放				
	制定年度规划/订单登记				
	支付应付税				
	支付长贷利息（四舍五入）				
	更新长期贷款/长期贷款还款				
	申请长期贷款				
1	季初盘点（请填余额）				
2	更新短贷款/短贷款还本付息				
3	申请短期贷款				
4	更新应付款				
5	原材料入库/更新原料订单				
6	下原料订单				
7	更新生产/完工入库				
8	新建/在建/转产/变卖生产线				
9	向其他企业购买原料或成品				
10	开始下一批生产				
11	更新应收款/应收款收现				
12	出售厂房				
13	紧急采购、出售库存或贴现				
14	按订单交货				
15	产品研发投资				
16	支付行政管理费				
17	其他现金收支				
18	支付租金/购买厂房				
19	支付设备维护费				
20	计提折旧				
21	新市场开拓/ISO资格投资				
22	季末收入合计				
23	季末支出合计				
24	期末现金对账				

第____年 用户名：

订单登记表

订单号									合计
市场									
产品									
数量									
账期									
销售额									

产品核算统计表

项目	P1	P2	P3	P4	合计
数量					
销售额					
成本					
毛利					

综合费用表		利润表		资产负债表			
项目	金额	项目	金额	项目	金额	项目	金额
管理费		销售收入		现金		长期负债	
广告费		直接成本		应收款		短期负债	
设备维护费		毛利		在制品		应交所得税	
厂房租金		综合费用		产成品		—	
转产费		折旧前利润		原材料		—	
新市场开拓		折旧		流动资产合计		负债合计	
ISO资格认证		支付利息前利润		厂房		股东资本	
产品研发		财务费用		生产线		利润留存	
损失		税前利润		在建工程		年度净利	
信息费		所得税		固定资产合计		所有者权益合计	
综合费总计		年度净利润		资产总计		负债所有者权益总计	

注：库存折价销售、生产线变卖、紧急采购、订单违约记入损失。

附录5　物流运营记录表

组　　第　年度																	
请按顺序执行下列各项操作。各总监在方格中填写原材料采购/在制品/产品出库及入库情况。 其中：入库数量为"+"，出库数量为"−"。季末入库合计为"+"数据相加，季末出库合计为"−"数据相加。																	
新年度规划会议																	
参加订货会/ 登记销售订单																	
制订新年度计划																	
支付应付税/ 支付广告费																	
支付长贷利息																	
更新长期贷款/ 长期贷款还款																	
申请长期贷款																	
	一季度				二季度				三季度				四季度			
	P1/R1	P2/R2	P3/R3	P4/R4	P1/R1	P2/R2	P3/R3	P4/R4	P1/R1	P2/R2	P3/R3	P4/R4	P1/R1	P2/R2	P3/R3	P4/R4
原材料库存台账																
在制品库存台账																
产品库存台账																
季初盘点（请填数量）																
更新短期贷款/ 短期贷款还本付息																
申请短期贷款																
原材料入库/ 更新原料订单																
下原料订单																
更新生产/完工入库																

续上表

项目											
新建/在建/转产/变卖生产线											
紧急采购原料（随时进行）											
开始下一批生产											
更新应收款/应收款收现											
厂房—出售（买转租）/退租/租转买											
按订单交货											
产品研发投资											
支付管理费											
更新厂房租金											
出售库存											
厂房贴现											
应收款贴现											
季末出库合计											
季末支出合计											
季末数额对账[1项+20项+21项]											
缴纳违约订单罚款											
新市场开拓/ISO资格投资											
支付设备维护费											
计提折旧											
结账											

附录6 生产计划表

生产线		第1年				第2年				第3年				第4年				第5年				第6年			
		1季度	2季度	3季度	4季度	1季度	2季度	3季度	4季度	1季度	2季度	3季度	4季度	1季度	2季度	3季度	4季度	1季度	2季度	3季度	4季度	1季度	2季度	3季度	4季度
1	产品																								
	材料																								
2	产品																								
	材料																								
3	产品																								
	材料																								
4	产品																								
	材料																								
5	产品																								
	材料																								
6	产品																								
	材料																								
7	产品																								
	材料																								
8	产品																								
	材料																								
9	产品																								
	材料																								
10	产品																								
	材料																								

附录7 物流采购计划表

项目		第1年				第2年				第3年				第4年				第5年				第6年			
		1季度	2季度	3季度	4季度	1季度	2季度	3季度	4季度	1季度	2季度	3季度	4季度	1季度	2季度	3季度	4季度	1季度	2季度	3季度	4季度	1季度	2季度	3季度	4季度
P1	数量																								
	材料																								
P2	数量																								
	材料																								
P3	数量																								
	材料																								
P4	数量																								
	材料																								
R1	数量																								
R2	数量																								
R3	数量																								
R4	数量																								

附录 8 广告策划表

产品	第0年 本地		第1年 本地		第2年 本地		第3年 本地		第4年 本地		第5年 本地		第6年 本地	
	广告 9K	14K	广告 9K	14K	广告 9K	14K	广告 9K	14K	广告 9K	14K	广告 9K	14K	广告 9K	14K
P1														
P2														
P3														
P4														

产品	第0年 区域		第1年 区域		第2年 区域		第3年 区域		第4年 区域		第5年 区域		第6年 区域	
	广告 9K	14K	广告 9K	14K	广告 9K	14K	广告 9K	14K	广告 9K	14K	广告 9K	14K	广告 9K	14K
P1														
P2														
P3														
P4														

产品	第0年 国内		第1年 国内		第2年 国内		第3年 国内		第4年 国内		第5年 国内		第6年 国内	
	广告 9K	14K	广告 9K	14K	广告 9K	14K	广告 9K	14K	广告 9K	14K	广告 9K	14K	广告 9K	14K
P1														
P2														
P3														
P4														

产品	第0年 亚洲		第1年 亚洲		第2年 亚洲		第3年 亚洲		第4年 亚洲		第5年 亚洲		第6年 亚洲	
	广告 9K	14K	广告 9K	14K	广告 9K	14K	广告 9K	14K	广告 9K	14K	广告 9K	14K	广告 9K	14K
P1														
P2														
P3														
P4														

产品	第0年 国际		第1年 国际		第2年 国际		第3年 国际		第4年 国际		第5年 国际		第6年 国际	
	广告 9K	14K	广告 9K	14K	广告 9K	14K	广告 9K	14K	广告 9K	14K	广告 9K	14K	广告 9K	14K
P1														
P2														
P3														
P4														

参考文献

［1］孙伟力. ERP 沙盘模拟经营［M］. 吉林：吉林大学出版社，2021.

［2］孙宜彬，薛彦登，于美玲. ERP 沙盘模拟实战经营［M］. 北京：煤炭工业出版社，2016.

［3］孙金凤. ERP 沙盘模拟演练教程［M］. 北京：清华大学出版社，2010.

［4］孙平. ERP 企业经营沙盘模拟实训手册［M］. 北京：清华大学出版社，2010.

［5］夏远强，叶剑明. 企业管理 ERP 沙盘模拟教程［M］. 北京：电子工业出版社，2007.

［6］冯俊华. 企业管理概论［M］. 北京：化学工业出版社，2006.

［7］宁凌，唐楚生. 现代企业管理［M］. 北京：机械工业出版社，2011.

［8］王新玲，柯明，耿锡润. ERP 沙盘模拟学习指导书［M］. 北京：电子工业出版社，2006.

［9］丁沧海，于秋红，施晓岚. ERP 沙盘模拟经营对抗进阶实训教程［M］. 北京：北京交通大学出版社，2013.

［10］袁航. ERP 原理与实操教程［M］. 北京：中国原子能出版社，2013.

［11］路晓辉. ERP 制胜：有效驾驭管理中的数字［M］. 北京：清华大学出版社，2005.

［12］刘国艳，勾丽华，吕瑶，等. 沙盘企业模拟经营高级指导教程：新创业者［M］. 北京：清华大学出版社，2017.

［13］中南大学商学院.《项目管理》精品课程［EB/OL］. https://bs.csu.edu.cn/index.htm.